全国革命老区县发展史丛书·广东卷

深圳市宝安区革命老区发展史

深圳市宝安区革命老区发展史编委会 编

SPM 南方出版传媒 广东人民出版社
·广州·

图书在版编目（CIP）数据

深圳市宝安区革命老区发展史 / 深圳市宝安区革命老区发展史编委会编. —广州：广东人民出版社，2021.11
（全国革命老区县发展史丛书·广东卷）
ISBN 978-7-218-14814-4

Ⅰ.①深…　Ⅱ.①深…　Ⅲ.①宝安区—地方史　Ⅳ.①K296.54

中国版本图书馆CIP数据核字（2020）第258430号

SHENZHEN SHI BAOAN QU GEMING LAOQU FAZHANSHI

深圳市宝安区革命老区发展史

深圳市宝安区革命老区发展史编委会 编　　　　　版权所有　翻印必究

出　版　人：肖风华

责任编辑：范先鋆　刘　思
装帧设计：张力平等
责任技编：吴彦斌　周星奎

出版发行：广东人民出版社
地　　址：广州市海珠区新港西路 204 号 2 号楼（邮政编码：510300）
电　　话：（020）85716809（总编室）
传　　真：（020）85716872
网　　址：http://www.gdpph.com
印　　刷：广州市浩诚印刷有限公司
开　　本：715mm×995mm　1/16
印　　张：22.75　插页：4　字　数：306 千
版　　次：2021 年 11 月第 1 版
印　　次：2021 年 11 月第 1 次印刷
定　　价：78.00 元

如发现印装质量问题，影响阅读，请与出版社（020-85716849）联系调换。
售书热线：（020）85716826

广东省编纂《革命老区县发展史》丛书
指导小组

组　长：陈开枝（广东省老区建设促进会会长）

副组长：林华景（广东省老区建设促进会常务副会长）

宋宗约（广东省农业农村厅二级巡视员、广东省老区建设促进会副会长）

刘文炎（广东省老区建设促进会副会长）

郑木胜（广东省老区建设促进会副会长）

姚泽源（广东省老区建设促进会副会长兼秘书长）

谭世勋（广东省老区建设促进会副会长）

办公室

主　任：姚泽源（兼）

副主任：廖纪坤（广东省农业农村厅扶贫协作与老区建设处处长）

柯绍华（广东省老区建设促进会副秘书长）

伍依丽（广东省老区建设促进会副秘书长）

微信扫描二维码 ◀◀◀
您立即获得本书作者的
相关资料。

在举国欢庆新中国成立 70 周年前夕，中国老区建设促进会王健会长请我为《全国革命老区县发展史》丛书作序，作为一名在老区战斗过并得到老区人民生死相助的老兵，回首往事，心潮澎湃，感慨万千，深感义不容辞，欣然应允。

中国革命老区，是以毛泽东为代表的中国共产党人在领导人民推翻帝国主义、封建主义和官僚资本主义三座大山，争取民族独立和人民解放伟大斗争中建立的革命根据地，在这片红色的土地上，诞生了无数可歌可泣的革命英雄儿女，为后人树起了一座不朽的丰碑，她是新中国的摇篮，是党和军队的根。

在艰苦卓绝的战争年代，老区人民把自己的命运与中华民族的命运紧紧地联系在一起，与中国共产党和人民军队的命运紧紧地联系在一起，他们生死相依，患难与共。我曾亲历过战争年代，并得到过老区红哥红嫂的救助，切身感受到发生在身边的一幕幕撼天动地的革命故事，在那极其艰难的条件下，老区人民倾其所有、破家支前，不怕艰难困苦，不怕流血牺牲。"最后一碗米送去做军粮，最后一尺布送去做军装，最后一件老棉袄盖在担架上，最后一个亲骨肉送去上战场"，这是当时伟大的老区人民为建立新中国做出巨大牺牲的真实写照，它将永远镌刻在中国共产党、中国人民解放军、中华人民共和国的历史丰碑上。他们的光辉业绩永载史册，他们的革命精神必将影响一代又一代的革命新人，造就一代又一代的民族脊梁。

在社会主义革命和建设时期，革命老区和老区人民响应党的号召，面对落后的面貌、脆弱的经济、恶劣的生态环境，他们本色不变，精神不丢，自力更生，艰苦奋斗，干一行爱一行。始终坚持"革命理想高于天"，自觉做共产主义远大理想的坚定信仰者和忠实实践者，勇于向恶劣的自然环境和贫穷落后宣战，他们在各条战线上为国建功立业，用平凡的双手创造了一个又一个不平凡的奇迹，彰显了老区人的崇高精神和人格力量。

在改革开放的伟大进程中，老区人民解放思想，勇于创新，发奋图强，攻坚克难，老区的经济社会建设取得了辉煌成就。特别是在改变中国的面貌、中华民族的面貌、中国人民的面貌、中国共产党的面貌的伟大实践中发挥了至关重要的作用。老区人民既是改革开放的参与者，也是改革开放的推动者。

艰苦练意志，危难见精神。老区人民在近百年的革命战争、社会主义建设和改革开放的伟大实践中，孕育形成了伟大的老区精神：爱党信党、坚定不移的理想信念；舍生忘死、无私奉献的博大胸怀；不屈不挠、敢于胜利的英雄气概；自强不息、艰苦奋斗的顽强斗志；求真务实、开拓创新的科学态度；鱼水情深、生死相依的光荣传统。这是党和人民宝贵的精神财富、丰厚的政治资源，是凝心聚力、振奋民族精神的重要法宝，也是社会主义核心价值观的重要内容。

中国老区建设促进会怀着强烈的政治责任感和历史使命感，组织全国各地老促会人员克服困难，尽心竭力编纂《全国革命老区县发展史》丛书，记录老区的光辉历史和辉煌成就，传承红色基因，弘扬老区精神，是功在当代，利及千秋的一件大事。手捧这部丛书的部分书稿，读着书中的故事，倍感亲切，深感这部丛书具有资政、育人、存史的社会功能，有着重要的时代和历史价值。它是不忘初心、牢记使命的源头活水，是赞颂共产党、讴歌老区人民的一部精品力作，是弘扬老区精神、传承红色记忆的丰厚载体，是一项继承优秀传统文化、弘扬革命文化、发展社会主义先进文化，坚定"四个自信"的宏大文化工程。它必将成为一种文化品牌，为各界人士了解老区宣传老区支持老区提供一部有价值的研究史料。希望读者朋友们能从中了解并牢记这些为党和民族的利益不断奉献的老区人民，从中得到教益，汲取人生奋斗的精神动力。

新时代赋予新使命，新起点开启新征程。让我们更加紧密地团结在以习近平同志为核心的党中央周围，坚持以习近平新时代中国特色社会主义思想为指导，增强"四个意识"，坚定"四个自信"，做到"两个维护"，弘扬老区精神，铭记苦难辉煌。为实现"两个一百年"奋斗目标，实现中华民族伟大复兴的中国梦作出新的更大的贡献！

邹清田

2020 年 4 月 11 日

  2017 年 6 月，中国老区建设促进会组织全国各地老促会启动编纂《全国革命老区县发展史》丛书，按照"建立中国共产党、成立中华人民共和国、推进改革开放和中国特色社会主义事业"三大里程碑的历史脉络，系统书写革命老区百年历史，深入挖掘革命老区红色文化资源，这对于充实丰富中国革命史籍宝库、在新时代传承红色基因、弘扬革命精神、强固根本，对于激励人们在新的历史条件下夺取中国特色社会主义伟大胜利，实现中华民族伟大复兴的中国梦具有重要意义。

  丛书编纂以习近平新时代中国特色社会主义思想为指导，以《中国共产党历史》《中国共产党的九十年》等重要文献为基本依据，以党的领导为核心，以老区人民为主体，以老区发展为主线，体现历史进程特征，突出时代发展特色，坚持辩证唯物主义和历史唯物主义相统一、历史真实性与内容可读性相统一的原则，书写革命老区从站起来、富起来到强起来的光辉革命史、不懈奋斗史、辉煌成就史，把老区人民的伟大贡献、伟大创造、伟大成就、伟大精神充分展示出来，形成一部具有厚重历史特征和鲜明时代特色的精品力作。这是一部培根铸魂、守正创新，既为历史立言，又为时代服务，字里行间流淌着红色血脉、催生着革命激情的传世之作。丛书的编纂出版将成为讴歌党讴歌人民讴歌时代、传播红色文化、为革命老区和老区人民树碑立传的重要载体。

丛书按照编年体与纪事本末体相结合、以编年体为主的编写体例确定框架结构；运用时经事纬、点面结合的方式记述史实；坚持人事结合、以事带人的原则处理人与事的关系；采取夹叙夹议、叙论结合以叙为主的方法展开内容。做到了史料与史论、历史与现实、政治与学术统一，文献性、学术性、知识性相兼容。

为编纂好《全国革命老区县发展史》丛书，打造红色文化品牌，中国老区建设促进会认真组织积极协调，提出政治立场鲜明、史料真实准确、思想论述深刻、历史维度厚重、时代特色突出、编写体例规范、篇目布局合理、审读把关严格、出版制作精良的编纂出版总要求，力求达到革命史籍精品的精神高度、思想深度、知识广度、语言力度，增强丛书的权威性和社会影响力。各省（区、市）、市（州、盟）、县（市、区、旗）老促会的同志，以强烈的使命感、责任感和紧迫感，勇于担当，积极作为，认真实施，组织由老促会成员、专家学者等参加的十余万人编纂队伍。编纂工作主体责任在县，省、市组织协调、有力指导、审读把关。各方面人员以高度负责的精神和科学严谨的态度，满腔热情地投入工作，为丛书编纂出版作出了重要贡献。丛书编纂工作还得到了党和国家有关部委、地方各级党委政府及有关部门的大力支持和积极参与，社会各界也给予了热情帮助。中共中央政治局原委员、中央军委原副主席、原国务委员兼国防部长迟浩田上将，对老区人民怀有深厚感情，对革命老区建设发展十分关注，欣然为《全国革命老区县发展史》丛书作总序。

丛书由总册和1599部分册（每个革命老区县编纂1部分册）组成，共1600册。鉴于丛书所记述的史实内容多、时间跨度长和编纂时间紧，不妥之处，敬请批评指正。

中国老区建设促进会

1926年宝安县农民自卫军模范队训练旧址

宝安县农民协会旗帜

庄南烈士墓

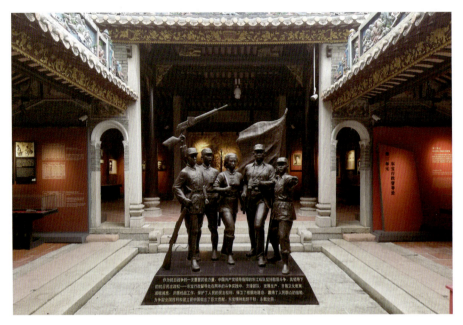

东宝行政督导处（泽培陈公祠）内景

广东省第一个县一级抗日民主政权——东宝行政督导处

洪田七烈士墓

黄田阻击战遗址

龙眼村蕉窝山秘密接待站旧址——龙眼村第一排右侧第二间

龙眼山革命烈士墓

榕树下的党课

乌石岩革命烈士墓

兴围烈士纪念碑

羊台山

中共宝安县第一次党员代表大会旧址场景模拟

中共宝安县第一次党员代表大会纪念馆

微信扫描二维码
您立即开展本书的
延伸阅读。

序　言 / 001

第一章　区情略述 / 001

第一节　概　况 / 002

　　一、历史沿革 / 002

　　二、地形地貌 / 004

　　三、气候 / 004

　　四、资源 / 004

第二节　宝安革命老区情况 / 008

　　一、宝安老区人民对革命的贡献 / 008

　　二、老区划分及分布 / 011

　　三、老区扶持与建设 / 014

第三节　经济社会概况 / 018

　　一、经济总量及结构 / 018

　　二、交通、邮电与旅游 / 019

　　三、投资和消费 / 020

四、财政和税收 / 021

五、城市环境 / 021

六、人民生活与社会保障 / 021

第二章　工农运动的兴起和宝安党组织的建立 / 023

第一节　宝安农民运动的兴起 / 024

第二节　宝安人民支援省港大罢工 / 028

一、香港罢工人员回广州的中转中枢 / 028

二、组织和参与封锁香港 / 029

三、省纠察队与铁甲车队在宝安 / 031

第三节　宝安党组织的建立与发展 / 034

第四节　宝安三次武装暴动 / 042

一、第一次暴动 / 043

二、第二次暴动 / 045

三、第三次暴动 / 046

第三章　巍巍羊台　鼎峙华南 / 049

第一节　全面抗战初期宝安形势 / 050

第二节　抗日武装与根据地的创建与发展 / 052

一、羊台山抗日根据地的创建和巩固 / 052

二、抗日武装的组建和抗日反顽斗争 / 054

第三节　宝安党组织的恢复和发展 / 067

一、中共东宝边区工作委员会、中共东宝县委成立 / 067

二、中共惠宝工作委员会成立 / 070

三、中共东江特别委员会成立 / 071

四、中共宝安县工作委员会、中共宝安县委员会成立 / 071

五、中共路东、路西县委，路东新二区委员会成立 / 073

第四节　宝安抗日民主政权的建立 / 075

第五节　抗日根据地经济社会建设 / 081

一、医疗卫生体系建设 / 081

二、财政与税收 / 083

三、创办东宝中学 / 086

四、秘密交通站、线建设 / 088

第六节　秘密大营救与宝安接待站 / 091

第七节　宝安光复 / 097

第四章　重建武装　拥抱黎明 / 101

第一节　抗战胜利初期的局势 / 102

第二节　东江纵队北撤 / 107

第三节　武装斗争的恢复和发展 / 110

第四节　解放区建设 / 117

一、土地及租税变革 / 117

二、财政税收 / 118

三、医疗卫生 / 118

四、情报与交通 / 119

第五节　宝安解放和新政权的建立 / 120

第五章　探索中的曲折与发展 /127

第一节　巩固政权和生产资料与生产关系变革 / 128

一、巩固政权 / 128

二、"三大改造"运动 / 130

第二节　"大跃进"和人民公社化 / 131

一、反右及"反右倾"运动 / 131

二、人民公社化运动 / 131

三、经济领域的"大跃进" / 131

第三节　宝安的"文化大革命" / 135

第四节　拨乱反正在宝安 / 138

第六章　腾飞的宝安 / 143

第一节　荒地上建设新县城 / 144

第二节　农业改革与工业化 / 147

一、农业、农村改革与发展 / 147

二、以"三来一补"为突破口发展工业 / 150

第三节　改革开放的先行者 / 154

一、第一家来料加工企业——怡高发热线圈厂 / 154

二、新中国第一只股票——深宝安（000009） / 156

三、"万丰模式"——第一家农村股份制公司 / 159

四、"有事 CALL"——第一家电脑传呼台 / 162

五、"老吾老以及人之老"——全省第一个建立农村养
老制度 / 162

六、"一张白纸选村干"——中华人民共和国成立后第

一例村民自治 / 164

七、"一社区一健康中心"——全省第一个建成社区健

康服务框架 / 166

八、建成全国第一家县级法律援助中心 / 169

第四节　产业结构转型升级 / 171

第五节　城市化 / 173

第六节　五年"再造一个宝安" / 177

第七章　湾区核心　智创高地 / 181

第一节　特区一体化 / 182

一、撤销二线关 / 182

二、宝安的特区一体化进程 / 183

第二节　宝安中心区建设 / 202

一、总体规划 / 204

二、发展方向 / 204

三、分片区功能配置 / 205

四、打造深圳西部文化体育中心 / 205

五、建立完善的交通系统 / 206

第三节　城市更新 / 211

一、建立区政府领导下城市更新协同工作机制 / 214

二、强化规划统筹，片区规划研究抬高更新规划门槛

/ 215

三、空前重视城市更新公共资源配建与管理 / 215

四、保障产业发展，明确重点企业与产业空间对接平台运作机制 / 216

五、从"综合整治"到"整治提升" / 217

六、将棚户区改造与城市更新工作结合统筹安排，参照城市更新审批流程实施 / 218

七、细化搬迁补偿安置规则 / 218

八、明确项目实施监管资金的计算方式 / 219

九、细化土地权属认定规则 / 220

第四节　智慧宝安建设 / 224

第五节　创新驱动　质量双升 / 237

附　录 / 251

附录一　革命历史文献 / 252

附录二　革命烈士名录 / 282

附录三　革命旧址　纪念场馆　文物 / 293

附录四　大事记 / 322

附录五　主要资料来源及主要参考文献 / 339

后　记 / 342

　　宝安，是一方神奇的土地。在这方土地上，崛起了两个现代化国际大都市——香港和深圳。

　　宝安原为清代新安县。道光二十二年（1842）八月，清政府签订《南京条约》，割新安县属之香港岛79.77平方千米给英国。咸丰十年（1860）三月，清政府将南九龙租给英国。同年十月，中英缔结《北京条约》，将九龙半岛今界限街以南11.7平方千米租借地改为割让地给英国。光绪二十四年（1898）六月，《展拓香港界址专条》在北京签字，再将新安县属之深圳河以南、界限街以北，连同235个岛屿共973.84平方千米土地租给英国（这部分土地，后称"新界"）①。割让和租借新安县土地，曾是宝安人民的切肤之痛，也铸就了宝安人民强烈的家国情怀和对国富民强的殷切期望以及革命传统。故《展拓香港界址专条》签字后，新安县（宝安县）划入香港"新界"的民众联合新安和东莞县民，奋起反抗英人的统治。孙中山领导的旧民主主义革命首次尝试以武力推翻清王朝统治的三洲田起义（又称庚子首义），就发生在新安（宝安）与惠州交界地带的三洲田，参加者多为新安县和惠州的民众。香港建成远东地区自由港之后，宝安又是一个较早与西方文明交流、碰撞、融合，得开放风气之先的地区。这些，为

————————

① 宝安县地方志编纂委员会编：《宝安县志》，广东人民出版社1997年版，第16页。

较早地建立中国共产党组织、开展新民主主义革命奠定了思想基础。

中国共产党成立后，宝安于1924年开始发展中国共产党党员，1925年成立了中国共产党宝安县支部，是广东地区最早成立中共党组织的县份之一。宝安地方党组织成立后，在党的领导下，宝安人民积极参与省港大罢工，开展农民运动，先后举行三次武装暴动。抗日战争时期，宝安人民积极参加中国共产党领导的抗日武装——东江纵队，在宝安创建了华南地区重要抗日根据地——羊台山抗日根据地，在宝安境内，与日军发生了大大小小的反侵略的战斗数十起；建立了宝安地区中共领导的抗日民主政府——宝四区人民政府和路东新一区人民政府。解放战争时期，宝安人民踊跃加入中国共产党领导的惠东宝人民护乡团、广东人民解放军江南支队，以推翻国民党的反动统治。在抗日战争和解放战争时期，无数优秀的宝安儿女血洒故土，迎来了宝安的解放、中华人民共和国的成立。

中华人民共和国成立后，宝安迎来了历史上最好的发展时期。特别是中国共产党十一届三中全会、改革开放以后，宝安以敢为人先的觉悟和勇气，在宝安土地上创造了多项全国第一。以发展"三来一补"实现了农业向工业化的转变，以产业转型升级实现了工业化、城市化、现代化，以创新战略把宝安建成了中国的创新高地，海陆空立体交通发达，成为名副其实的宜业宜居之都。

随着国家粤港澳大湾区发展战略的实施，地处大湾区核心位置的宝安，未来不可限量。

《深圳市宝安区革命老区发展史》编委会
2020年5月

1

第一章
区情略述

　　宝安于331年（晋成帝咸和六年）置县，至今已有近1700年历史，又地处南海之滨，风景秀丽，自然资源丰富。自改革开放以来，宝安的发展日新月异，已成为中国经济发达、交通便利、社会发育程度较高的地区之一。

第一节 概　况

宝安区位于深圳市西北部，北纬22°32′—22°51′，东经113°44′—114°07′；地处珠江口东岸发展轴，是连接穗深港黄金走廊的重要节点。境内有海岸线45千米，海域220平方千米。全区土地面积397平方千米，辖新安、西乡、航城、福永、福海、沙井、新桥、松岗、燕罗、石岩10个街道124个社区。区委、区政府驻宝安中心区创业路1号，属新安街道辖区。区内有宝安国际机场、大铲湾港、107国道、宝安大道等重大交通基础设施，有广深高速、机荷高速、沿江高速、南光高速、龙大高速等5条高速公路和地铁1号、5号、11号线贯穿全境，宝安国际机场与香港机场实现海陆联运，地铁6号、9号、12号、13号、15号、20号、26号线、穗莞深城际线、港深机场快轨、深中通道等规划建设有的已完工，有的仍在进行，海陆空铁立体交通网络初步形成。

一、历史沿革

晋成帝咸和六年（331）置县，因县境北有宝山，取"得宝而安"之意，命名宝安，为宝安置县和得名之始。同时置东官郡，治城子冈（后名南头，今属深圳市南山区），宝安属东官郡所辖六县之首，东官郡辖境含今深圳、香港、东莞、中山等地。南北朝时期，宝安先属刘宋皇室封邑，继属南朝齐，恢复县制，移东官郡治到怀安县（今东莞市境内）。梁时，郡治移到增城，改东官郡为东莞郡，宝安属之；陈时，移郡治到政宾县（今清远县境），宝安辖属不变。隋文帝开皇十年（590），废东莞郡，宝安改隶广州总管府；文帝仁寿元年（601），改广州为番州；隋炀帝大业三年（607），改番州为南海郡，宝安属之。唐初，在岭南设五总管府，宝安属广州总管府。唐至德二年（757），宝安县更名东莞县，移治到涌（东莞老城）。五代后梁贞明三年（917）至北宋开宝四年（971），宝安属南汉地。嗣后迄元、明，宝安属广州府（路）东莞县辖地，其间，于宋开宝五年（972）省入增城县，次年复置。明万历元年（1573），析东莞县置新安县（辖地含除龙岗部分地区外的今深圳市和香港全境）。清康熙五年（1666），因迁界，人口大减，省入东莞县，八年（1669）复置。道光二十二年（1842）8月，中英政府签订《南京条约》，割香港岛；清咸丰十年（1860）三月，清政府将南九龙租借给英国；10月，中英缔结《北京条约》，将九龙半岛今界限街以南割让给英国。清光绪二十四年（1898）6月，《展拓香港界址专条》在北京签字，将深圳河以南、界限街以北，连同235个岛屿等土地租给英国（这部分土地，后称"新界"），期限99年。1914年，复宝安县原名。1979年3月，撤销宝安县建立深圳市。1980年8月，划出327.5平方千米建立深圳经济特区，以特区外地域复置宝安县。1992年12月底，析宝安县建立宝安、龙岗两个深圳市辖区。2007年，析宝安区光明、公明街道置光明新区。2011年，再分出龙华、观澜两个街道置龙华新区。

二、地形地貌

宝安区地形以丘陵、台地及平原为主：中部为丘陵谷地区，北部为台地丘陵区，西部为滨海平原区，西南为滨海台地平原区，地势中间高四周低。山脉海拔多在400米以下，其中羊台山主峰海拔最高，为587米。河流集雨面积大于100平方千米的河流有茅洲河，10—100平方千米的有西乡河。以羊台山脉和海岸山脉为主要分水岭，位于西部注入珠江口伶仃洋的西乡河、茅洲河，属珠江水系——珠江干流。

三、气候

宝安区属南亚热带海洋性季风气候，年平均气温23.6℃，年均降水量1 935.8毫米。

四、资源

（一）海岸与海洋资源

本区西南部为珠江口、伶仃洋，海岸线长达30.62千米。大铲湾港区（一期）工程于2008年完工并投入运营，海岸线可建中小型码头的有10多处。宝安区海域、江域辽阔，海洋资源丰富，鱼、虾、蟹、贝类达100多种，其中沙井蚝是本区历史悠久的名产，享誉海内外，名列"鹏城八珍"之首。

（二）旅游资源

宝安区依山面海、风光秀丽，区内文化旅游资源丰富，羊台山、凤凰山、海上田园、西湾公园等生态旅游景区成为深圳市民度假休闲的热点地区。羊台山险峻雄伟、层峦叠嶂，2004年获评"深圳八景"——羊台叠翠，每年重阳节宝安区都在此举办登山比赛；凤凰山奇拔高耸，西眺伶仃洋，南瞰深圳湾，集自然优美山色、文物古迹、神话传说和宗教景点于一体，是宗教、人文休闲度假之旅游景点；大、小铲岛有良好的自然生态环境，灌木丛生，林间有猿猴出没嬉戏，四季有各种鸟类自由飞翔，是集生态保护与观光功能于一体的旅游胜地；西部海上田园是深圳市西部海岸线的"沙田基塘"景观保护区和"三高"农业示范基地，集休闲度假、观光娱乐和生态生产示范功能于一体，具有浓郁的田园气息；西海堤堤外是珠江入海口，堤内是2万亩渔场，传统渔村与江南水乡相结合，风光旖旎。宝安历史人文旅游景点众多，包括深圳最早的革命旧址——中共宝安县第一次党员代表大会旧址、最大的古建筑——绮云书室、最大的宗祠——曾氏宗祠、唯一的古阁——文昌阁、唯一的石拱桥——永兴桥等。

（三）文化、教育、体育资源

2018年末，宝安全区有区图书馆1个，区图书馆直属分馆8个，街道图书馆5个，社区阅读中心及社区图书馆83个，全区公共图书馆总藏书量404.54万册；区级群艺馆1个，街道级文化馆（站）10个，博物馆15个，影剧院68个。2018年，全区有公园178个，其中社区公园156个，人均公园绿地面积16.47平方米。全年共开展各类文化活动7 000场次，其中送电影进社区4 504场，送文艺进社区进企业160场。全年获省级以上文化艺术奖项20项，其中国际级1项，国家级5项，省级14项。全区有各类区级文学艺术协会12个，会员5 700多人，宝安又是中国劳动者文学发源地，宝安区与深圳市承办的中国劳动者文学论坛已连续举办十四届。全区有省级文物保护单位4处，市级7处，区级20处。有区级非物质文化遗产项目28个。

2018年末，宝安全区学校总数530所，其中职业技术学校4所（含民办2所），十二年一贯制学校11所，完全中学7所（其中民办1所），初级中学3所，九年一贯制学校63所（其中公办

25所，民办38所），小学56所（其中公办44所，民办12所），幼儿园384所（其中公办20所），特殊教育学校1所，教育基地1个。全年各类教育招生人数11.52万人，在校生50.08万人，毕业生6.11万人。年末各类学校教职工总数4.2万人，其中专任教师2.93万人。

全区有各类体育设施3 612个。其中，游泳馆（池）136个，篮球场863个，足球场116个，健身路径573条。全年举办群众性体育活动7 523场次，参加人数58万人次。国民体质测试有效人数12 414人，达标率90.3%。全年获得各类赛事奖牌835枚，其中金牌257枚，银牌250枚；其中国际级8枚，国家级347枚，省级139枚，市级341枚。宝安区体育场占地面积11.973 5万平方米，总建筑面积9.771 2万平方米，建筑总高度55米，观众座席4万个。其中，残疾人座位70个，主席台坐席80个，贵宾座位268个，贵宾包厢22间。主场面积5.945 5万平方米，为9跑道设计，场地内设备设施完善，可举办国际级足球比赛及各种田径赛事。其中，体育馆占地4.74万平方米，拥有观众席8 188个，其中主席台位置96个，固定座位5 848个，活动座位2 228个，残疾人座位16个，由比赛馆和赛前练习馆构成。比赛馆面积为2 400平方米，练习馆1 540平方米。馆外设有15片户外篮球场，拥有600个停车位。体育馆于2003年9月投入使用，先后承办第十一届省运会体操、跆拳道比赛，第17届U–18亚洲女子篮球赛，中国羽毛球奥运精英对抗赛，世界第二十六届大学生运动会相关项目等大型体育比赛。区体育中心三大场馆在深圳市率先推行白天免费开放政策。

（四）医疗卫生资源

2018年末，全区共有医疗卫生机构1 254个，其中医院22家，卫生监督所6个，门诊部、诊所1 088个，社区健康服务中心138个。医疗卫生机构拥有病床8 397张，病床使用率84.6%。2018

年年末，各类卫生技术人员17 123人，其中执业（助理）医师6 589人，注册护士6 924人。全年总诊疗2 078.43万人次，其中门诊诊疗1 921.26万人次。

第二节 宝安革命老区情况

一、宝安老区人民对革命的贡献

自大革命时期到解放战争时期，宝安老区人民在中共地方党组织的领导下，怀着对幸福生活的向往，追随理想，向往光明，不屈不挠，勇于牺牲，为新民主主义革命的成功和中华人民共和国的成立作出了自己的贡献。

大革命时期，宝安农民在中共地下党员黄学增、龙乃武等人组织领导下，积极参加农民协会、农民自卫军，全县共成立了1个县农民协会、4个区农民协会、34个乡农民协会，开展向土豪劣绅和贪官污吏的斗争与减租减息运动。1925年7月，中共宝安县支部成立后，农民自卫军在党的领导下，在驱逐国民党军张我东部的战斗中，死5人，重伤7人。

1925年，省港大罢工开始后，宝安人民按照省港罢工委员会封锁香港的通告，全民参与，配合省港罢工委员会派驻宝安的工人纠察队3个支队，封锁宝安东至惠州、北至东莞的香港与宝安的边界，查缉越界走私物资；同时组织人力和物资，帮助从香港罢工返回内地的水手、工人，安全地从宝安中转回到广州。

在土地革命战争时期，为策应广州起义，在中共宝安县委领导下，宝安的原农民自卫军改编为拥有2 000余人的工农革命军，先后举行三次武装暴动。由于暴动失败，周家村、楼村等地被国民党军队洗劫，农民伤亡3人，许多房屋被烧，财物被掠。

抗日战争期间，宝安人民积极开展抗日救亡活动。中共领导的抗日游击队成立后，在党的领导和游击队组织、帮助下，宝安人民或踊跃参加抗日游击队打击日军，或成立农民、青年、妇女、抗日自卫队等群众组织，从事情报收集、抗日宣传、物资供应、掩护伤病员等后勤工作，其中民兵组织抗日自卫队则与游击队配合，从战场上正面抗击日军。1941年，宝安已有一个抗日自卫总队，曾鸿文任队长，刘宣任政训员，下辖8个抗日自卫中队，初步建立了羊台山抗日根据地，多次反击、打破日军和国民党顽固派军队对羊台山抗日根据地的"扫荡"和进攻。1941年底，马鞍山抗日自卫队组编为海上护航队，正式列入游击队序列。1942年，在抗日游击队准备开辟梧桐山抗日根据地之前，在游击队民运工作队帮助下，梧桐山一带人民组成护路队、护青苗队、联防队、姐妹会等抗日群众组织，继而组成抗日自卫队、青年抗日先锋队、妇女会、儿童团等组织。广东人民抗日游击总队成立，东江游击区的人民提供的税收成为抗日游击队的主要经费来源。1944年，东江抗日根据地群众缴纳抗日公粮5万担，1945年增加到20万担。东宝行政督导处成立后，路东、路西解放区的人民普遍建立起农抗会、青抗会、妇抗会、儿童团、生产救济会、备耕队等群众组织。路东行政委员会所辖各乡村，普遍建立献谷委员会，为部队捐献粮食。各乡村分别召开献谷大会，群众争先恐后捐献粮食。1944年7月7日，东宝解放区一致通过《拥军公约》。在解放区，各区、乡普遍建立起民兵组织。区有基干民兵，成立民兵大队；乡、村有普通民兵，乡成立民兵中队，村成立民兵小队，其中路西解放区有民兵7 000人，路东解放区有民兵3 000多人，担负锄奸、清匪、缉私、保卫地方和协同部队作战等任务。民兵队伍的人数远远超过东江纵队。这1万余名民兵，担负着配合游击队抗击日、伪军和发展生产的双重任务。1944年土洋会议后，才开始普遍建立脱产的自卫队与脱产的常备队。

抗日战争胜利后，东江纵队北撤，部分东江纵队战士复员。复员人员、民兵干部、农会会员和进步青年等，在广东国民党当局组织的"绥靖""清乡"中，受到广东国民党当局残酷迫害，不少人被捕或被杀害。但宝安老区人民并没有被吓倒。根据广东区党委保存力量、保存骨干、长期积蓄力量、等待时机的斗争方针，宝安老区人民顶着白色恐怖，舍生忘死，掩护留下来的地下党员和革命骨干分子，掩埋、隐藏东江纵队北撤时留下来的武器弹药和物资。上木古村的梁联、梁炳兴、蔡焕兴、张养等群众，花了十多天时间，在蔡焕兴的直坑沙梨园（地名）和横垅（地名）的深沟里，分别挖了两个比较深的地洞，一次就掩埋了东江纵队北撤时留下的步枪300多支，并由蔡焕兴负责保管，为解放战争时期的重建武装打下了基础。

解放战争时期，1947年，开始重建武装、恢复武装斗争。宝安人民群众在党的领导下，纷纷建立不脱产的武工队，镇压反动地主，收缴其武装，粉碎国民党广东当局的"清剿"。惠东宝人民护乡团（后改编为广东人民解放军江南支队）成立后，宝安人民积极输送自己的子弟参加部队，其中仅上木古村1个村，就有蔡官贤、蔡桂金、张盘仕、蔡顺、曾昌、张佛带、蔡连妹、蔡锦东等农民子弟参加了惠东宝人民护乡团。1949年路东解放区东宝县人民政府成立后，随野战军南下作战在即，宝安人民按照粤赣湘边党委的指示，组织起来，积极准备慰劳南下大军的柴草、粮米及各种常用品，参加修桥筑路、磨军米、送军粮等劳军活动。1949年，解放两广的人民解放军南下，宝安老区人民为部队贡献军粮10万担。

自大革命时期到中华人民共和国成立的革命历程中，宝安地区共有739人为革命捐躯。其中大革命时期9人，抗日战争时期372人，解放战争时期358人。

二、老区划分及分布

1957年，根据国务院有关评划革命老区根据地（简称"革命老区"）的规定，全县划定有老区的乡20个（当年全县共31个乡）、自然村330个，1959年自然村调整为321个。老区又分为红色游击区（1927—1945）、抗日根据地（1934—1949）、抗日游击区（1938—1949）三种类型。其中有1个乡包含三种类型的老区，有6个乡包含两种类型的老区。

红色游击区：分布在平湖乡山下村和大鹏岭澳村两处。

抗日根据地：分布在龙华乡、布吉乡、石岩乡、南头乡、观澜乡、平湖乡、沙头乡、西乡乡、公明乡、松岗乡、福永乡、沙井乡、大鹏乡、坪山乡、横岗乡、葵沙乡、南平乡、龙江乡、黄江乡，共19个乡。

抗日游击区：分布在南头乡、平湖乡、东和乡、西乡乡、坪山乡、南平乡、龙江乡，共7个乡。

深圳经济特区成立后，部分革命老区自然村被划入特区。1985年，宝安全县有老区自然村284个，分布在16个区镇，合计15 656户67 846人，耕地93 868亩。

1986年，老区自然村有11个迁散，其中大鹏迁散4个、葵涌迁散6个、布吉迁散1个、石岩迁散1个、观澜迁散1个，全县有273个老区自然村。

表1-1 1985年宝安县革命老区自然村分布

区镇	自然村数（个）	户数（户）	人数（个）	耕地面积（亩）
大鹏	59	2 595	10 533	7 802
葵涌	29	1 304	5 615	7 210
坪山	69	2 270	10 647	20 752
龙岗	22	1 195	5 225	1 440
横岗	3	275	1 589	1 966
坪地	5	222	1 246	2 468
布吉	23	1 251	5 186	6 175
龙华	25	1 662	7 781	10 871
石岩	12	904	4 072	4 793
观澜	16	766	3 644	6 445
平湖	6	748	3 115	5 632
西乡（新安镇）	6	584	2 335	4 826
福永	1	296	946	1 313
沙井	1	29	112	375
松岗	4	1 256	4 624	9 898
公明	3	299	1 176	1 902

表1-2 1986年宝安县老区自然村分布

区镇	自然村
石岩	罗租、龙眼山、麻布、料坑、泥岗、水王田、石龙仔、应人石、塘头、上排、坑尾
布吉	马安堂、杨美、禾塘岗、王和社、禾沙坑、三联、大径、大望、吓村、塘径、牛角龙、上水径、龙坑、细岭窝、大岭、岗头仔、新田仔、甘坑、上坑、雪竹径、象角塘、吉下

（续上表）

区镇	自然村
葵涌	屯洋、洞背、溪涌、新围、石场、上塘、东心、坳子下、田寮下、屯围、岭村、澳头、高源、上径心、下径心、大埔峯、契爷石、深水田、坝岗、洞梓、西乡、盐灶、产头
大鹏	乌涌、四和、东南、西南、西北、东北、校场尾、岭下、大坑上、大坑下、大石里、沙尾、大围、上围、木棉树、涌街、碧洲、横岗、新大、岭澳、长湾、大岗前、欧屋围、上围、高屋围、油草棚、王母、鸭背脚、下围、咸头岭、中山里、王母围、王同山、西贡、学斗、沙岗、格田、南沙、兰新（牙山）、大礁、高岭、杨梅坑、布棉、南坑埔、布尾、石桥头、新桥、水头、水沙石、龙歧、上企沙、下企沙、半天云、鹅公、风木浪
坪山	硬角围、沙梨园、杜岗岭、水租坑、散屋、新地、新联、塘外口、屋场下、和利、坎堂下、荔果园、松子坑（大屋）、牛角龙、黄果坜、马岑、禾场头、曾卓、大万、永仁、新作陂、安田、嘉迹、碧岭、沙坑、洋母嶂、浪尾、新和、正坑、坳子头、赖屋、径仔、嶂顶、马峦、红花岭、香园墩、江边、江岑、石灰陂、竹园、果园背、吓陂、黄竹坑、汤坑、下陂、乌泥浪、薛屋、新横、墩头、叶屋、李屋、长龙、石井、大坪、岑脚、谢陂、三家村、石陂头、竹坑、茜坑、蓝布、谷仓下、金成、同石、金地、半坝、田作、新塘、坪头岭
坪地	渡头、马塘村、牛眠岭、白石塘、富乐村
横岗	茜坑、深坑、溪上
观澜	大水坑、桔岭、嶂阁、塘前、陂角排、老围、新村、库坑、老村、新老村、江屋村、乌莞、南木峯、松园围、丹坑
龙岗	丘屋、拦水壆、大埔、上井、下井、沙背坜、新坑、积谷田、三岭、陈谷坑、炳坑、水背龙、丁甲岭、老大坑、长湖围、阳和朗、朗背、白沙水、芋地埔、楼吓、瓦窑坑、江背
平湖	平湖、红朱岭、简头岭、上木古、下木古、山厦
龙华	三合村、早禾坑、元芬、陶吓、赤岭头、鹊山、龙华圩、龙胜堂、上芬、龙堂、姜头、马村、山咀头、狮头岭、牛地埔、望天湖、白石龙、樟坑、雷公径、横岭、大船坑、石坳、共和、青湖、水斗

（续上表）

区镇	自然村
西乡	林屋、鹤洲、蔗园埔、勒竹角、凤凰岗、麻布
松岗	罗田、燕川、谭头、塘下涌
公明	长圳、红星、永福围
福永	怀德
沙井	洪田

　　1989年，根据广东省政府办公厅〔88〕129号文件精神，宝安县补划33个老区自然村，其中坪山3个：罗谷、三洋湖、马鞍岭；坑梓1个：下陂；坪地1个：坪西；龙岗9个：麻岭、新布村、石溪、上寮、下寮、伯公坳、崀下、田寮、嶂背；横岗7个：辛塘、上中、龙村、下中、大凤、大万、福田；观澜9个：长坑、上围、下围、白鸽湖、张屋、田心、老围、龙兴、凌屋；石岩1个：园岭；公明1个：玉律；新安1个：黄麻布。全县共有306个老区村庄（不包括已迁散的11个）。[①]

　　1993年撤县建区后，宝安区有革命老区自然村172个，其中抗日根据地自然村88个，解放战争游击根据地自然村50个。

三、老区扶持与建设

　　扶持老区事务由各级民政部门主管。宝安县民政局在1988年6月调整内部机构时，撤销人秘股，设立办公室；撤销社救股、优抚股、盲聋哑协会，合并设立社会保障股，保留老区建设办、退伍办、民政股。

　　各级党委、政府十分重视老区建设。恢复宝安县建制后，分别采取财政拨款拨发物资，帮助老区创办实业，动员各部门支持

①宝安县地方志编纂委员会编：《宝安县志》，广东人民出版社1997年版，第762页。

老区建设、多方为老区建设筹措资金，财政拿出资金定期慰问老干部、帮助老干部解决困难等措施。

1982—1986年，宝安县拨给老区用于发展生产的贴息贷款303万元，市、县财政平均每年拨给老区专款260万元。在"七五"规划中，县政府规定每年从地方财政拨出老区专款250万元，重点帮助坪山、石岩、大鹏、葵涌、坑梓、南澳等较困难的老区发展起步性项目。县有关部门拨给老区钢材210吨、水泥1 795吨、化肥3 900吨、木材656立方米，重点解决老区交通、水利、办医、办学、办敬老院等困难。1984—1986年，县财政从老区经费中拨出130多万元，支持葵涌、坪山、坪地、石岩、龙华、龙岗等老区镇兴办来料加工厂7间，厂房面积10 020平方米，引进玩具、手套、塑胶、电子、五金等项目。这些工厂投产后，每年获利润60万元以上。县财政又投资113万元，改造和兴办老区种养场，扶持老区军烈属、堡垒户、复退军人和贫困户发展生产。1986年底，建设种养场16个，其中龙华老区果场面积达200多亩。1982—1986年，各部门支持老区建设的资金达1 277万元，仅葵涌老区地方财政就自筹116万元。至1986年，促进老区发展的福利设施工程项目722宗，其中老区专项投资项目320宗；兴办各类经济实体94个，其中老区投资专款的有24个；扶持老区210户贫困户发展生产（含扶贫对象）脱贫致富。1986年底，全县老区年平均收入559元，比1978年的94元增长约5倍，老区人民的温饱问题基本得到解决。全县老区已基本实现三通（通自来水、通公路、通电）。①

撤县建区后，1993—1994年，区政府下拨扶持老区建设资金

---

① 宝安县地方志编纂委员会编：《宝安县志》，广东人民出版社1997年版，第762—763页。

50万元，帮助有困难的老区村庄修路建桥、安装自来水等基础设施，完善投资环境。

1995年，政府下拨扶贫资金150万元，安排项目17个，帮助有困难的老区和贫困村庄修路建桥、安装自来水等基础设施。

1996年，下拨老区扶贫资金200万元（其中有偿137万元，无偿63万元），安排项目12个，帮助部分贫困的老区村庄发展生产和完善投资环境。同时，做好老区扶贫资金的到期回收工作。1996年到期51万元，延期21万元，应回收30万元，已回收26.5万元，回收率达88%。

1997年，下拨老区建设资金300万元，共建扶贫项目18项。其中无偿项目14项，投资229万元；有偿项目4项，投资71万元。较好地发挥了"造血"功能，改善老区的投资环境，收到较好的经济效益和社会效益。

1998年，区安排扶持老区贫困村发展资金350万元，无偿扶持扶贫项目28个。

1999年，区扶持老区贫困村项目28个，扶持资金400万元，并减免568.5万元的到期老区扶贫有偿资金。2002年，老区建设资金由400万元增加到500万元，用于46个建设项目。慰问老区村庄3个，慰问金10万元。

2003年，区建设资金由500万元增加到600万元，用于55个革命老区贫困村基础设施建设项目。慰问老区村庄3个，慰问金9万元。[1]

2004年之后，宝安区推进城市化，所有村民委员会改居民委员会、村改社区，不少村庄的行政区划都进行了合并改革。随着

---

[1] 深圳市宝安区志编纂委员会编：《深圳市宝安区志》（1987—2003年），方志出版社2012年版，第894—895页。

经济的发展，宝安区又开展同富裕工程，老区建设又被纳入同富裕工程之中，协同推进老区建设。

第三节 经济社会概况

自改革开放以后，在经济持续快速发展的同时，宝安在基本公共服务、生态文明建设、文化、卫生、体育、教育、科学技术、医疗卫生、城市建设、环境保护等方面，全方位取得了不俗的成就，促进了投资与消费增长，人民生活和社会保障水平持续提升。

一、经济总量及结构

宝安始终坚定坚守实体经济和工业制造、高端制造和智能制造，巩固提升电子信息产业优势地位，做大做强智能制造产业，经济发展稳中有进、稳中提质，是深圳的经济大区、工业大区、出口大区和实体经济之区，外向型特征明显，形成以战略性新兴产业为先导、电子信息产业为龙头、装备制造业和传统优势产业为支撑的产业结构。2018年年末，全区登记注册商事主体72万家，其中制造业企业47 778家，规模以上工业企业2 765家，居全市第一位；国家高新技术企业3 941家，总数居全省区、县第一。2018年，实现地区生产总值3 612亿元，规模以上工业增加值1 788亿元，固定资产投资完成额1 063亿元，一般公共预算收入260亿元，税收收入657亿元，综合实力居全国百强区第八，工业居全国百强区第六，创新居全国百强区第二。①

---

① 深圳市宝安区档案局（馆）、深圳市宝安区史志办公室编：《宝安年鉴》（2019卷），深圳报业集团出版社2020年版，第46—47页。

（一）工业和建筑业

2018年，宝安区全年全部工业增加值1 723.83亿元，占地区生产总值的比重为47.7%。规模以上工业企业2 765家，实现总产值7 370.77亿元，其中内资企业产值4 257.03亿元，民营企业产值2 960.25亿元，港澳台及外商企业产值 3 113.74亿元。通信设备、计算机及其他电子设备制造业产值3 707.73亿元，占规模以上工业总产值的比重为50.3%。规模以上工业企业销售产值7 066.79亿元，工业产品销售率95.9%。出口交货值2 913.23亿元，规模以上工业企业实现利润总额335.32亿元，工业经济效益综合指数为199.7%，总资产贡献率6.8%，资产负债率55.7%，资产保值增值率111.4%，成本费用利润率5.1%，全员劳动生产率18 9037元/人，流动资产周转率1.4次。全区资质等级以上建筑企业87家；实现建筑业增加值123.85亿元，占地区生产总值的比重为3.4%。

（二）农业

2018年，宝安区全年农业总产值2.42亿元。

（三）对外经济

2018年，宝安区全年进出口总额3 713.45亿元，其中出口总额2 399.36亿元，进口总额1 314.09亿元，贸易顺差1 085.27亿元。全年新批外商直接投资项目1 582宗，协议（合同）外资金额10.42亿美元，外商实际投资额4.99亿美元。

二、交通、邮电与旅游

2018年，宝安区全年货物运输周转量285.28亿吨千米，其中公路99.54亿吨千米，民航9.30亿吨千米，水运176.44亿吨千米。旅客运输周转量481.25亿人千米，其中公路32.19亿人千米，民航448.72亿人千米，水运0.34亿人千米。

全年邮政业务总量3.04亿元；全年邮政国内汇款0.73亿元；

年末邮政储蓄余额118.94亿元。电信业务收入（纳税收入）35.52亿元，固定电话用户66.21万户，互联网宽带用户68.22万户。

全区星级酒店12家。其中，五星级2家，四星级5家，三星级5家。全年接待游客784.94万人次，过夜游客218.08万人次。其中，接待过夜国内游客189.38万人次，过夜海外游客28.70万人次，一日游游客566.86万人次。全年旅游总收入38.00亿元，与2017年相比增长5.6%。其中，宾馆酒店收入12.73亿元，旅行社收入2.97亿元，景点收入3.41亿元。

三、投资和消费

2018年，宝安区全年超额完成固定资产投资任务，其中，非房地产项目投资增长27.4%，占固定资产投资完成额的64.2%；房地产项目投资增长35.7%。从投资方向看，工业投资比上年增长21.7%，其中技术改造投资增长40.3%，占固定资产投资完成额的9.3%；水利、环境和公共设施管理业投资增长26.3%；基础设施建设投资增长23.8%。

全年107个重大建设项目累计完成投资253.95亿元，完成年度计划的127.1%。其中，政府投资项目82个，完成投资140.84亿元；社会投资项目25个，完成投资113.11亿元。项目分类别看，其中道路交通15个、宜居环境43个、社会民生24个、重大产业项目18个、城市更新7个。

全年批发业商品销售额2 293.23亿元，零售业商品销售额594.39亿元，住宿业营业额12.48亿元，餐饮业营业额80.27亿元，社会消费品零售总额811.99亿元。在限额以上批发和零售业商品零售额中，汽车类商品零售额193.19亿元，石油及制品类36.66亿元，粮油、食品、饮料、烟酒类15.12亿元，服装、鞋帽、针纺织品类10.09亿元，日用品类9.41亿元。

四、财政和税收

2018年，宝安区全年税收收入656.91亿元，其中国税收入387.18亿元，地税收入269.73亿元。全年一般公共预算收入260.03亿元，一般公共预算支出436.86亿元。其中，公共安全支出38.76亿元，比2017年增长13.3%；教育支出80.05亿元，比2017年增长16.7%；医疗卫生和计划生育支出29.86亿元，比2017年增长2.4%；社会保障和就业支出33.17亿元，比2017年下降7.9%。

五、城市环境

2018年，全区公共厕所532座，垃圾转运站235个，全年处理垃圾219.7万吨，其中采取卫生填埋处理的达67.5万吨，采取焚烧处理的达152.2万吨，全区城市生活垃圾无害化处理率100%。

全年环境空气质量AQI指数范围在23～205之间，空气质量优良天数294天，空气质量优良率82.6%。二氧化硫年平均浓度9微克/立方米，二氧化氮年平均浓度44微克/立方米，可吸入颗粒物（PM10）平均浓度61微克/立方米，细颗粒物（PM2.5）平均浓度32微克/立方米。区域环境噪声（昼间）平均等效声级均值58.3分贝；道路交通噪声（昼间）平均等效声级均值69.9分贝。

六、人民生活与社会保障

2018年，根据居民家庭抽样调查资料，全年城市居民人均可支配收入52 718.04元，比上年增长9.0%；居民人均消费性支出36 046.28元，比2017年增长7.8%，恩格尔系数为30.2%。

年末各险种参保总人次达1 220.49万人次，其中养老保险207.63万人次、医疗保险294.32万人次、工伤保险237.55万人次、失业保险233.02万人次、生育保险247.97万人次。

全年实缴各项社会保险费196.79亿元，比上年增长21.4%。其中，养老保险累计征收140.21亿元，医疗保险42.11亿元，失业保险8.10亿元，工伤保险2.76亿元，生育保险3.61亿元。

全区有社区老年人日间照料中心和长者家园31家，星光老年之家155个，社会福利院1个，福利院床位数400张。城镇居民家庭最低生活保障标准1 070元/（人·月）。年末领取最低生活保障人数400人，发放最低生活保障金349.40万元。

全年受理治安案件38 076宗，查处案件38 356宗。全年刑事案件立案数14 651宗，破案数7 586宗。

2018年9月，《2018年中国百强区发展白皮书》发布。白皮书以高质量发展为导向，以统计数据为依据，以创新资源要素最为集中、管理服务体系最为健全、基础设施最为完善为标准，从经济实力、增长潜力、绿色发展、民生幸福和质量效益等方面筛选了17个指标，综合评估了全国968个地级市市辖区发展情况，量化评选出2018年中国百强区，宝安区在排行榜上排名第八。宝安，正在逐步成为"滨海名城，宜居之都"。

第二章
工农运动的兴起和宝安党组织的建立

　　大革命时期、第一次国共合作期间，宝安人民在中国共产党地下党员及中共地方党组织的领导下，广泛建立农民协会，积极开展反帝反封建的农民运动；省港大罢工期间，宝安人民协助广东省工人纠察队，封锁香港、查缉走私、协助香港罢工工人经宝安转回广州。1925年，建立了中国共产党宝安县支部（后改组为委员会），隶属中共广东区委领导，是广东地区最早建立党组织的县份之一。土地革命战争时期，在党的领导下，举行三次武装暴动，以反抗国民党的统治。虽然暴动失败，但为以后的革命播下了种子、提供了革命经验。

第一节 宝安农民运动的兴起

党组织成立初期，主要党员和党的负责人都是以国民党党员的身份开展工农运动。宝安当时是农业县，工人不多，故工农运动的发展，主要体现为农民运动。通过建立农民协会逐渐掌握基层政权、开展抗税抗捐、减租减息、打倒和惩治土豪劣绅等运动，进而在农会中建立由中共领导的农民武装。

宝安农民协会的建立，最初由与东莞接壤的乡村发起。东莞霄边乡的蔡如平（后任东莞县农民协会委员长），首先发起组建东莞农民协会，并联合多人分赴各乡联络农民加入。一时风起云涌，农民相率加入农会。与东莞毗邻的宝安县罗田、燕川、楼村、水贝、沙浦等乡村农民相继加入东莞农民协会，划归东莞农会特别区。[①]

1925年3月22日，宝安第二区楼村农民协会开会成立。黄学增以国民党中央执行委员会农民部代表身份参加。东莞一区农民代表蔡日新，宝安的李松蒀、燕川、罗田村农民协会代表与东莞的霄边、锦厦、涌头村农民协会代表亦到会祝贺，参会共500多人。

4月，由海员蔡旺牵头组织的宝安第一区农民协会在沙浦召开成立大会，与会者达三四百人。农民部代表黄学增、东莞县农

---

①深圳市宝安区文体旅游局编：《宝安历史文选·近现代文献辑要》，中州古籍出版社2017年版，第177页。

会代表韦启瑞、东莞第一区农会代表蔡日新、霄边乡农民协会代表蔡启芬、涌头乡农会代表蔡日升等与会并发表演说、赠送匾额。会后举行武装示威大巡行。

4月26日，宝安县农民协会成立。郑奭南、陈芬联、潘寿延任县农会常务委员，会址设在南头关口郑氏宗祠。至此，宝安已有区农民协会4个、乡农民协会34个，正在筹建的有20余个乡，"要求往组织者，西路有福永一带，中路有南园西乡一带，东路有深圳一带"。①县农会从协会会员中选拔精锐者组建农民自卫军模范队，军营亦设在郑氏宗祠。为提高农民自卫军的思想和战斗力，省农民协会派来3名黄埔军校学生作为训练教官。训练班设有军事课和政治课，3个月为一期，每期50人（每区10人，成立党小组），军服、枪械、膳食由各区农会负责，其他费用由县农会负责解决。后因形势变化，军校学生调走，只办了2期，共训练100人。

宝安县农民协会成立第二天即4月27日，东宝两县农民联欢大会在东莞霄边乡召开。②到会的有70多个乡1 000多名农民代表，武装农民自卫军数百人。农民部派有特派员黄学增、龙乃武参加。大会选出蔡如平、陈庆东、秦有生、邓一舟、蔡廷谦五人为主席，邓一舟致开幕词，蔡如平演述孙中山先生事略，黄学增、龙乃武致训词，至下午三时茶会而散。

当时，四、五区的土豪劣绅与官僚勾结，操控民团，欺压农民、破坏农会，当地有"三大害""四大臭""八大魔王"的称谓。其中沙井陈炳南、新桥曾亦樵、岭下文侣臣三人为"三大害"，加上沙井陈翼朝为"四大臭"，再加上周家村麦成泰、潭

---

① 深圳市宝安区文体旅游局编：《宝安历史文选·近现代文献辑要》，中州古籍出版社2017年版，第178页。

② 同上。

头文槐轩、沙井陈素学（陈葆真）、燕川村陈僚初（陈了楚）为"八大魔王"。农民自卫军首先攻打最反动的沙井民团，豪绅陈炳南、陈翼朝连夜潜逃，沙井民团瓦解，次之四、五、二区民团亦瓦解。一区民团团长郑鄂廷倚仗官僚庇护，拒不解散民团，县农民协会传讯并责令其解散民团，将民团武器交由农民自卫军使用。

8月初，当广宁农会受到进攻、农会会员死伤惨重的消息传到宝安后，上步、罗湖、岗厦、蔡屋围、笋岗、黄贝岭等各乡农会立即召开全体会员约2 000人参加的大会，一致表决通电国民党中央、国民政府、广东省政府、中华全国总工会、省港罢工委员会、中国青年军人联合会、广东省农民协会，声援广宁农会兄弟，要求铲除地主、防军、地方官僚，秉公处理。

8月底，东莞、宝安两县农军与陈炯明部队激战约2小时，打败陈炯明军，乘胜克复云霖、松岗，俘陈炯明军营长谭金、书记谭士茂等多人，缴枪22支。

9月1日，蔡屋围乡农会举行成立大会。参会会员有100多人，各界来宾200多人。大会推举蔡建民、郑奭南、任芝舒为主席团成员，由主席郑奭南宣布开会，授予农会会旗、印鉴。纠察队队长陈剑夫，第十一支队队长罗光华，训育员潘岳南，铁甲车队队长周士第，农会代表蔡建民、任芝舒、文季彬，区党部代表郑庭芳等发表演说。

9月底10月初，宝安农民协会与驻军爆发严重军事冲突，宝安县政府卷入。

9月底，国民革命军第一军第三师补充第二团第二营营长钟尧光率2个连，称"奉蒋校长命令，派营长钟尧光带兵一连，日间到西路保护省港罢工工人纠察队"，驻南头。但后来却偕同宝安县长梁树熊，进驻宝安西路云霖，与当地劣绅勾结，包围农民

协会和农民自卫军。据宝安县农会的通电称：逆军（张我东部）
乃乘机赴云霖一带农村如塱头冈、马鞍山大王山、后亭等村抢
劫，纵横四里，惨无人烟，暴戾凶残，古今为极。各村之奔走呼
号流离迁徙，哀鸿遍途，见者莫不伤心下泪。逆军复派队尾追屠
杀，渡河不及而死者数十人。

10月13日，黄学增以国民党中央执行委员会农民部特派员身
份，向广东省农民部详细报告了此次事件的原委、农军与张我东
部交战和伤亡情况以及交战地带农村被破坏、财产损失情况。黄
学增在报告末尾，详列了阵亡农军姓名。

宝安县农民协会还开展了反对苛捐杂税和减租减息的斗争。
在农民协会的争取和斗争下，宝安县取消了启征税、户口税及其
他杂税。其中坪山减租一年，其他一些地区减租二至三年。

1926年春，农民协会在鼎盛时期，全区有94个乡成立了农
会，会员人数达到13 759人，会员人数居全省各县第10位[1]。

---

[1]深圳市史志办公室：《中国共产党深圳历史》修订本第一卷，中共党史出版社
2012年版，第30页。

第二节 宝安人民支援省港大罢工

1925年6月至1926年10月，在香港和广州发生的大规模、长时间大罢工，数以十万计的工人在中国国民党及广州国民政府、中国共产党的支持和组织下离开香港的工作岗位。其间，广州国民政府封锁香港交通运输，断绝一切生活必需品供应。此次罢工，史称省港大罢工。宝安县，既是此次香港罢工工人回到内地的中转中枢，又是封锁香港的最前线。

一、香港罢工人员回广州的中转中枢

省港大罢工开始后，首先是海员、电车、印务工人罢工，接着是洋务、起落货、煤炭工人等其他工种工人相继罢工。据统计，总共参与罢工的工人约为25万。由于港英当局在罢工初期对工人提出的要求不作回应，反而采取封锁和戒严的高压手段，并且四处张贴警示性布告，说上海五卅反帝爱国运动与香港无关，工人应安心乐业，如有参加罢工，将会被严惩。由于规模浩大，港英当局宣布戒严令，宣布禁止粮食出口令，海军陆战队全体登陆，香港顿时面临战时状态。大批工人在罢工委员会组织下，开始撤离香港，回到广州。

从香港到广州，宝安是一个重要的中转站，也是工人们的必经之地，宝安成为广州与香港罢工工人的联络点和工人运动的第二战场。省港大罢工爆发后，广九铁路英段停开，罢工工人需要徒步数十千米来到宝安，然后再转往广州或就地留在宝安。而参与罢工的工人中，有不少就来自宝安县。中华全国总工会派员在宝安深圳镇设立香港罢工工人接待站，接待站就设在今天东门老街的思月书院——罗湖一个大家族张氏的宗祠。站长由中华全国总工会委员、中共广东区委监察委员会副书记、罢工特派员梁桂华担任。接待站的任务，是安排香港返回内地的工人分批坐火车去广州。6月19日凌晨，香港电车工人分别乘火车或步行到深圳镇，在思月书院集中，每日由深圳乘火车回广州的罢工工人有1 000多人。当时，深圳各大小商号以及各乡的农民，积极置办茶粥，欢迎香港工友。罗湖、南塘、水贝、黄贝岭等处的居民还将自己的房屋腾出来，给工友临时住宿。据当时罢工委员会主办的《工人之路》报道："自香港工友罢工后，每日由深圳搭车上省者有千数百人。该处并有罢工委员会特派员，办理招待粮食等事。工友由英界到者，极受英人虐待及鞭打。由九龙至深圳车费，原价四角，近忽起价二元。工友愤激异常，誓死打倒帝国主义，华界（深圳）则有车务科专理工友免费车票，秩序甚好。至该处各商号及各乡农民多有备办茶粥，欢迎工友，尤以农民为踊跃云。"据统计，从香港回到广州的工人中，80％都是经深圳镇再中转的。

二、组织和参与封锁香港

省港大罢工开始后，中华全国总工会成立了若干个工人纠察队，分别封锁华南特别是南海海岸线东至惠州南至澳门一带。宝安属第七纠察队负责封锁区。稍后，又派出广州孙中山大元帅府的铁甲车队到宝安，加强封锁力量。处在罢工斗争前线的宝安士绅和工农群众，配合铁甲车队和工人纠察队，封锁香港，禁运粮食物资，援助省港大罢工。为联合各阶层、各团体一致对外，筹集经费援助罢工，深圳商会、学会、农会、工会发起成立对外协会深圳分会，以支援罢工斗争。

1925年7月5日，对外协会深圳分会成立大会在深圳镇召开。到会的有中华全国总工会、广东省农民协会、中国青年军人联合会和宝安40多个乡的代表、工农商学兵各界代表共数百人。中华全国总工会暨省农民协会代表梁桂华、黄埔军校代表洪剑雄、新学生总社代表沈后坤先后在会上讲话，大会号召"全国各阶层宜趁此团结一致，并联合世界一切被压迫者共同打倒帝国主义，废除不平等条约"。会后推选李耀先等九人为对外协会深圳分会委员，拟定了协会的宗旨，完全同意广东对外协会关于上海五卅惨案的主张；对于沙基惨案，除呼吁国民政府向英、法帝国主义提出赔偿、惩凶、道歉的要求外，还提出收回沙面、九龙、澳门、广州湾及海关，断绝与英、日、美、法经济联系，严密封锁沙面、香港等要求。

同时，在宝安县党组织的领导下，宝安农民自卫军积极配合、协同纠察队封锁香港。

7月9日，省港罢工委员会发出通告，宣布"自10日起实行封锁香港及新界口岸，所有轮船轮渡一律禁止开往香港新界，务使绝其粮食致其死命"。宝安社会各阶层积极行动，截留英货不许入口，同时检查或扣留内地奸商劣绅偷运出口的土货，不允许接济香港。沙井劣绅陈炳南、陈伯苏，土豪陈寿康、陈伯勋，奸商陈协容、茶安号等，竟组织民团土匪殴打、抢劫，致使纠察队员、农军有6人受伤，1人失踪，农会蚝船1只并物件多项被劫往港澳。纠察第三大队总教练富恩助一方面报请省港罢工委员会派员到该处从严查办；另一方面协同农军围攻沙井，用煤油火烧沙井豪绅、官吏的坚固木栅防御，迫使陈炳南、陈翼朝潜逃。①

三、省纠察队与铁甲车队在宝安

组织农民自卫军1万多人，协助省罢工工人纠察队和铁甲车队封锁香港，是宝安民众对省港大罢工的另一贡献。

省港大罢工爆发后，为了反击英帝国主义在上海、广州沙基的大屠杀，中共广东区委、全国总工会省港罢工委员会在取得广东革命政府的同意支持后，决定封锁香港，并派出省港罢工工人纠察队到广东沿海港口，执行封锁香港、抵制英货、反对走私、维持秩序等任务。与此同时，又派铁甲车队到宝安及所属之深圳、南头、沙头角等地，协助省港罢工工人纠察队，严密封锁香港；还决定调铁甲车队的军事教官赵自选、铁甲车队第一排长莫奇标等军官兼任省港罢工工人纠察队（简称纠察队）教练，调铁甲车队队员符福明任纠察队小队长。铁甲车队到达深圳、沙头角等地后，同纠察队并肩战斗，封锁香港。

当时，英军警大队人马开到边界，在深圳对面的山岗安装了大炮。英军舰不时在沙头角附近海面巡逻。

1925年8月20日，中国国民党中央工人部长、全国总工会省港罢工委员会顾问廖仲恺被暗杀，由大元帅府改组而成的国民政府决定采取措施，肃清内奸。铁甲车队奉令参加了解除驻在深圳、东莞等地的郑润琦等反革命军队的武装，控制了广九铁路，为第二次东征、讨伐军阀陈炯明开辟了前进的道路。

8月中旬，驻深圳沙头角的省港罢工工人纠察队发现走私船两艘，装满谷米，计划走私到境外，就前去检查，突然发现英舰

---

① 深圳市宝安区档案局（馆）、深圳市宝安区史志办公室编：《中共宝安地方史大事记》（1924—2000），2003年，第2—7页。

两艘驶到附近的田心防线并向纠察队开枪扫射，掩护走私船逃跑。铁甲车队获悉驰援，英军舰逃走。

因为封锁、抵制英货，香港百物涨价，供应紧张。有一些人由深圳山区越界到香港九龙卖一些瓜菜、家禽等，获取暴利。对普通民众，纠察队、铁甲车队拘押后进行教育，讲明政策后放走；对奸商、走私、贩运大批货物偷运出境者，则坚决打击。某日，有一走私奸商由沙头角偷运一大批生猪出境被纠察队发现。在铁甲车队支援下，纠察队马上将其逮捕。后来，中华全国总工会省港罢工委员会把所有走私生猪没收，并对奸商进行大额罚款后释放。

省港罢工工人纠察队与铁甲车队在宝安深圳封锁香港时，还积极支援当地农民运动，与农民密切联系，尊重农村风俗习惯，重点宣讲省港大罢工反帝反军阀与封锁香港和工农联盟、农兵联合的重大意义。9月初，蔡屋围乡农民协会成立时，铁甲车队队长周士第、纠察队中队长、铁甲车队代表马维楚出席会议并发表讲话，在讲话中重点讲述省港大罢工和封锁香港的重要性，希望农民大众行动起来，忍受暂时困难，协助省港罢工工人纠察队、铁甲车队封锁香港，抵制英货，置帝国主义于死地。

10月，陈炯明残部与郑润琦残部约400人，在英方支持下，在深圳附近的大鹏等地活动，并逮走驻沙鱼涌王母圩（镇）省港罢工工人纠察队员10多人。铁甲车队知道后，马上派周士第和中共党代表廖乾五带领四个班从深圳出发，奔赴沙鱼涌。铁甲车队到达沙鱼涌后，多次接获宝安农民协会提供的情报，提及香港同大鹏之间，经常有船来来去去，每次都送许多人上岸，并运输内藏枪支弹药的棺材等物登陆。而敌方亦侦知纠察队、铁甲车队驻在当地人数不多，计划进行打击。铁甲车队获此情报后，迅速同纠察队联系，增加岗哨，密切注意局势发展。11月4日凌晨，敌方向沙鱼涌南部一高地进攻，与队长周士第和中共党代表廖乾五率领的铁甲车队发生战斗。因敌我力量悬殊，铁甲车队的黄华然班全部牺牲，省港罢工工人纠察队与铁甲车队共100多人突围而出的仅有罢工工人纠察队员5名，以及铁甲车队周士第、廖乾五、蔡方铎等12人。

1925年11月，中国共产党以铁甲车队为基础，扩大组编为第四军叶挺独立团，参加北伐战争。

第三节 宝安党组织的建立与发展

1921年7月，中国共产党成立。

1923年1月12日，共产国际执行委员会通过《关于中国共产党与国民党的关系问题的决议》，指出中国的中心任务是反对帝国主义者及其在中国的封建代理人的民族革命，并认为国民党与年轻的中国共产党合作是必要的。[①]

1923年6月12日至20日，中国共产党第三次全国代表大会在广州召开，大会的中心议题是讨论全体共产党员加入国民党、建立国共合作统一战线的问题。大会接受共产国际执行委员会于1923年1月12日通过的《关于中国共产党与国民党的关系问题的决议》，通过了《关于国民运动及国民党问题的议决案》，决定采取共产党员以个人身份加入国民党的形式实现国共合作，同时保持共产党在政治上、思想上和组织上的独立性。

1924年1月20日至30日，国民党第一次全国代表大会提出和通过由共产党人起草的、反帝反封建的新三民主义宣言，确定了联俄、联共、扶助农工的三大政策，以及接受共产党员和社会主义青年团员以个人身份加入国民党的决定。大会选举出中国国

[①] 1923年1月12日《共产国际执行委员会关于中国共产党与国民党的关系问题的决议》，深圳市史志办公室：《中国共产党深圳历史》上卷，中共党史出版社2012年版，第18页。

民党中央执行委员会，共产党员李大钊、谭平山、毛泽东、林祖涵、瞿秋白等10人当选为国民党中央执行委员或候补执行委员。随后，全国大部分地区以共产党员和国民党左派为骨干改组或建立了各级国民党党部。

国民党的一大，标志着第一次国共合作正式建立。

为实现"扶助农工"的政策和发展工农运动的需要，1924年7月，中国国民党中央执行委员会在广州开办了实际由共产党人主持的农民运动讲习所，前后举办了6期，培养了近800名学员。

1924年8月21日，中共广东区委派遣具有国民党员、共产党员双重身份并在国民党内担任职务的广州农民运动讲习所第一、二届学员黄学增、龙乃武、何友逖，以国民党中央农民部特派员身份来到宝安，在开展农民运动、组建国民党县党部的同时开展建立中共宝安地方组织的工作，吸收农民运动中涌现出来的骨干入党。1924年底，在当时的四、五区发展了第一批党员[①]，其中有麦福荣、麦金水、陈细珍、麦牛、潘寿延、潘国华、潘满容等。1925年上半年，又在三区发展了一批党员，其中有蔡子如、

---

① 当时宝安划分为7个区，共99个乡、3个镇。各区所辖范围：第一区辖九街、十约2镇，第一甲、向南、北头、南园、南山、湾下、上沙河、下沙河8个乡；第二区辖西乡、上川、固戍、钟屋、林屋、臣田、流塘、隔岸、凤凰岗、铁岗、庄边、公爵薮、更鼓岭下莆13个乡；第三区辖深圳1个镇，上梅林、向西、笋岗、南塘、皇岗、下梅林、凹厦、塘尾、沙尾、新洲、福田、丰田、布吉、湖贝、石厦、罗湖、沙头角、沙湾、下沙头、沙嘴、贝岭、蔡屋围、上沙头、盐田、上步、岗厦、赤尾27个乡；第四区辖新桥第一、新桥第二、新桥第三、新桥第四、万家蒪、辛养、衙边、垦岗、凤岭、桥头、塘尾、怀德、三星堂、白石下、步涌、两山、后头、东塘、沙头、沙井20个乡；第五区辖报美、水贝、罗田、田寮、许屋、江边、上头田亚山、谭头、大围、沙莆、楼岗、将军围、木杰、塘尾围、塘下涌、楼村、薯田莆、李松蓢、马山头、合水口、燕川、石围、松岗、山门、山尾25个乡；第六区辖乌石岩、龙华、杆栏（观澜）、平湖4个乡；第七区辖溪涌湾、油福沙2个乡。

蔡励卿、蔡子湘、郑泰安、文季彬、郑庭芳等。嗣后，党组织继续发展到二区、一区、六区。

随着党员人数增加，各区相继成立了党小组。至1925年底，先后在5个区建立了11个党小组：

第五区，楼村党小组，组长陈义妹；周家村党小组，组长麦福荣；燕川村党小组，组长陈细珍。

第四区，福永党小组，组长潘满容；新桥（含玉律村）党小组，组长曾发。

第三区，黄贝岭党小组，组长张国勋；蔡屋围党小组，组长蔡励卿；上步党小组，组长郑公法；皇岗党小组，组长庄泽民。

第二区，固戍党小组，组长苏仲生。

第一区，陈屋党小组，组长陈芬联。

各乡党小组以国民党区乡分部为活动中心，先号召群众加入国民党，再从中吸收中共党员，最后发展成立乡农民协会，掌握乡村基层政权。党小组每月进行一次政治学习，党的负责人巡回主持。

1925年7月，根据中共广东区委指示，成立了中国共产党宝安县支部，这也是宝安县最早的党支部。黄学增任书记，龙乃武和刚入党不久的郑奭南任支部委员，隶属于中共广东区委领导。黄学增于年底调离宝安后，由龙乃武接任支部书记。

中共宝安地方党组织成立之后，在发展巩固党组织的同时，第一次国共合作期间，主要任务和主要工作是发展和建立农民协会、打倒土豪劣绅、废除苛捐杂税、打倒军阀等，与当时国民党的目标相一致。其次是改组国民党。1925年12月27日成立的中国国民党宝安县党部，就是在共产党员黄学增等人推动下成立的，共产党员郑奭南、潘寿延、陈绍芬当选为国民党宝安县党部常务委员。

1926年3月，宝安各区党组织负责人会议召开，决定撤销县党支部，建立中共宝安县党部（当时县一级党组织明确建制为中共宝安县党部，虽产生了中共宝安县执行委员会，但行使职权不在执委会而在县党部），推选龙乃武为县党部负责人，龙乃武、郑奭南、潘寿延为县党部常务执委，隶属中共广东区委领导。县党部设在县城南头郑氏宗祠。县党部直接行使职权，并确定当前的主要任务是：发动群众继续援助省港大罢工，开展减租减息、反对苛捐杂税、打倒贪官污吏和豪绅恶霸的斗争。随着县党部建立，一至五区相继建立了党部，区党部设在各区农会会址。各区区党部书记分别是：一区陈绍芬，二区梁永康，三区庄泽民，四区曾发，五区文展朝。六区党员少，七区无党员，故未建区党部。

1927年，蒋介石发动了四一二反革命政变，并开始"清党"和逮捕、杀害中共党员，国共合作破裂。几天后，国民党广东省党部派遣宝安籍的郑启中、潘佑临、文栋卿3名"清党"委员，以"清党"特派员身份到宝安进行"清党"。国民党宝安县长邓杰率警察队和当地民团"围剿"农民自卫军的最后据点乌石岩和楼村等地。因实力悬殊，农民自卫军分散撤退。农会骨干有的被杀害，有的出走香港。据不完全统计，被杀害的中共党员和群众达15人，被捕的有10多人。中共宝安县党部负责人龙乃武出走香港，农会自行解散。县党部临时决定：将党的所有证件迅速销毁，整体撤退到陈氏宗祠，继续领导群众与当局周旋。

6月，中共宝安县党部召集四、五区农会领导人联席会议，要求各区农军实行武装戒严，并派陈绍芬到香港找中共广东特委常委陈郁汇报。约一周后，陈郁代表特委指示：县党部改组，由郑奭南任书记，产生了中共宝安县第一届委员会，委员郑奭南、麦福荣、陈义妹、张丽川、陈细珍。县委设在五区陈氏宗祠，隶属中共广东特委领导。特委要求宝安县委部署潜伏活动，鼓动农民进行有计划的暴动或开展秘密工作，活动情况向特委负责人李源、沈宝同汇报，并要求县委在深圳河附近设立交通站，以方便联络。根据特委指示，宝安县委决定分派党员潜驻各区：陈绍芬驻一区，陈忠侠驻二区，张国勋驻三区，潘寿延驻四区，张丽川驻五区，郑奭南巡回督导。同时整顿农民自卫军，派陈细珍到五区周家村、燕川村改编农民自卫军并公开活动，派麦福荣到一、二、四区与农军联系，进行秘密活动。

1927年12月初，为做好配合广州起义准备工作，中共宝安县委调整，刘伯刚任书记，县委机关设在五区楼村。

1927年12月宝安第一次武装暴动后，1928年2月20日，中共广东省委派巡视员阮峙垣到宝安指导工作。宝安县委常委按省委指示，决定召开县党代表大会，民主改选县委，同时派员到各区指导各支部选出参加县党代会代表。

1928年2月23日，中国共产党宝安县第一次代表大会在燕川村召开。会期一天，到会代表19人，大会主席团成员麦福荣、吴学、麦志兴。郑奭南宣布开会并作党务报告，省委巡视员阮峙垣作政治报告、传达省委指示精神并总结第一次暴动攻打深圳的经验。各区代表汇报国共分裂后本区工作情况。其中，三区代表庄年桂汇报说，自暴动后，本区国民党政权采取白色恐怖手段，大肆搜捕革命同志，区乡各级党组织负责同志尽皆逃避，各乡党员没有人指导开展工作，丧失了奋斗能力，各级党组织无形中被消灭，而全区详细情形则不甚明确。皇岗乡的土豪劣绅活动频繁，时时准备向农民进攻。二区党员潘柏熙于2月11日从石厦村秘密潜入皇岗村准备开会，被土豪庄灯笼在半途截获，次日被枪杀。湖贝、向西两乡土豪劣绅大办反动民团。如果县委不派人去指导工作，三区形势不堪设想。一区代表郑大就在汇报中说，该区虽有30多个乡，但有党员活动的乡很少，而且党员缺乏训练，党组织不健全，各级党组织有名无实。经过一个月努力，各乡党员比以前有了新的精神，党员人数增多，其中燕川乡党员从2个增加到5个，罗田乡由3个增加到6个，周家村由5个增加到20个，其他乡也有增加，只是区委还不健全，原因在于县委指导不当。六区代表钟永恩报告说，本区虽有党员10多人，但两乡反动势力也极为深固，自暴动后政治环境更加恶劣，党员不但不敢活动，而且不敢在乡村居住，有的党员到外地做雇工，党组织等于被无形消灭。郑爽南则批评第二届县委最大的错误是军事投机，有些党员工作散漫，暴动失败之后又灰心丧气。大会通过五项主要的提案大纲：

（1）组织问题。重新整顿原有的区委、支部及小组，健全各级党部；没有党组织的区必须设法加紧发展组织；没有党组织的乡必须加紧发展组织；代表大会结束后一个月内要增加党员200人。

（2）宣传问题。对内的：巡视训练。对外的：甲、有可能的乡必须设立农民学校、夜校；乙、每周必须翻印《红旗》《布尔什维克》等党的刊物及各种宣传品。

（3）民众运动问题。执行省委通告成立士兵运动委员会；执行省委通告成立工人运动委员会：甲、设法秘密恢复被解散的工会，使其受党指挥；乙、凡有工人的地方必须设法发展党的组织。

（4）共青团问题。执行省委关于共青团问题的一切决议案；指定3位同志负责共青团的工作；有党组织的地方必须发展共青团组织；县委对于共青团应给予物质、精神的帮助。

（5）各种斗争。开展土地革命；抗租、抗捐、抗税及抗缴一切行政费。

大会选举产生了中共宝安县第三届委员会，郑大就、麦福荣、麦德明、陈昌盛、庄玉堂、谭少华、蔡励卿、陈义妹等9人为县委委员，陈细珍、麦齐亮、麦志兴为县委候补委员。大会结束后随即召开县委第一次常委会议，议事日程分为六项：（1）推举郑奭南为常委会主席；（2）接受代表大会决议案；（3）分配工作，决定由郑大就、麦德明、蔡励卿、陈义妹等4人组成县委常委，县委书记由省委指派，指派前由郑奭南代理，常委经常会议每五日一次，县委经常会议每月一次；（4）各区工作分配：一区由徐启华同志负责，二区由一区兼理，三区请省委派该区籍工人同志回乡负责，四区派谭少华同志负责，五、六区由常委兼理，各区委支部限两星期内一律以民主改选组成；（5）共青团问题：指派蔡励卿、张丽川、张国勋三人负责发展工作；（6）其他事项：①决定县委设常备交通员一人，指定张全寿同志负责；②陈绍芬同志是海员工人，由县委介绍去海员处工作，陈芬联、刘伯刚两位同志由县委介绍去省委安排工作，张作铿同志留县委担任特别交通员并负责印刷等工作，张金满同志负责共青团所办农民学校的杂役。

中共宝安县委改组后，各区区委也于3月进行了改组。县委设5名巡视员，分别到各区督促工作和训练新党员。为宣传土地革命，3月下旬，县委创办了农民子弟学校和农民补习夜校，共招收学生50多人。3月29日，宝安县委向省委报告有关农会、工会及党的组织宣传工作和暴动准备情况，决定做好4项工作：（1）发动群众反抗恢复民团；（2）反抗苛捐杂税；（3）宣传各县革命形势，鼓起农民暴动的勇气；（4）凡有可能的乡立刻组织赤卫队。

在省委直接领导下，宝安县党组织经过整顿，重新焕发了活力，党员队伍迅速壮大。至3月底，全县有党员197名，其中分布在一区的8名，三区34名，四区17名，五区110名，六区8名，

二、七两区20名。[1]到第二次宝安暴动前的1928年4月,全区党员已发展到280名,其中三区增加16人、四区增加5人、五区增加34人、六区增加25人。三、四、五区均已成立区委,一区与六区均成立了独立支部但不健全。

1928年5月,宝安第三次暴动失败后,面对国民党政府组织的对共产党及共产党领导的农民自卫军的"清剿",为保存实力,宝安党组织决定将全部革命力量转移到香港等地,斗争转入地下。1931年3—4月,宝安三区地下党组织恢复。年底,曾品贤、庄海添先后被逮捕,后叛变,致使蔡子湘、林权初、蔡成汉、庄泽民、潘兴达、庄林贵、潘柏芳、潘火有、潘丁等9名党员被抓;在纪勋劳学校任教的刘伯刚、刘仲德二位党员在抓捕过程中被党员叶庆光组织的当地商民、店员、农民等救出。其后,刘伯刚流亡新加坡,刘仲德流亡越南。蔡子湘、潘兴达被押往广州杀害,潘柏芳经保释出狱,其余6人直至1936年6月宋庆龄、何香凝等提出释放政治犯后始获自由。已知在大革命时期被杀害的共产党员除蔡子湘、潘兴达外,确知姓名的还有:

麦福荣,周家村人,县委委员,在广州被杀害。

陈凤莲,南头人,被派往广西从事地下活动,在梧州被捕杀害。

苏仲生,固成人,被捕后杀于县城南头。

钟添,钟屋村人,被杀害于县城南头。[2]

---

① 深圳市史志办公室:《中国共产党深圳历史》第一卷,中国党史出版社2007年版,第48页。

② 中共深圳市委党史办公室编:《深圳党史资料汇编》第一辑(内部资料),1985年版,第65—66页。

第四节 宝安三次武装暴动

　　1927年四一二反革命政变后，国共第一次合作破裂。在宝安的中共党员遭到逮捕和驱逐、杀害。据不完全统计，被杀害的共产党员和群众达15人。中共宝安组织负责人避走香港，农民协会自行解散。

　　1927年6月，中共宝安县党组织召集第四、第五区农会负责人联席会议，要求各区农军实行"坚壁清野"，进行秘密活动，并派监委委员陈绍芬到香港找中共广东特委常委陈郁汇报情况。约一星期后，陈郁代表特委指示，宝安县党部改组，成立中共宝安县委员会，由郑奭南任书记。委员有郑奭南、麦福荣、陈义妹、张丽川、陈细珍。县委机关设在五区楼村陈氏宗祠，隶属中共广东特委领导。

　　1927年8月1日，南昌起义爆发。同日，中共中央命令："粤省委即刻以全力在东江接应"。8月7日，中共中央在汉口召开紧急会议，史称八七会议。会议结束了陈独秀的右倾错误，吸取了大革命失败的经验教训，确定了土地革命和武装反抗国民党反动派的总方针。8月11日，根据中共中央临时政治局的决定，正式成立中共广东省委，张太雷任书记。8月20日，广东省委通过《中共广东省委拥护中央紧急会议之决定》，并制定了《暴动后各县市工作大纲》。11月下旬，中共广东省委召开会议，认为广州暴动的时机已到，但认为要保卫广州的胜利，需要各地农民一起暴动方有把握，特别是海陆丰暴动必须向惠州之南发展，直趋广九路与东莞、宝安的农民会合，还特别指出东莞、宝安目前工作很重要，已派专人去要他们组织起来暴动。①

一、第一次暴动

为贯彻八七会议精神，以革命武装反对反革命武装，11月，广东省委派候补委员赵自选，在东莞常平周屋厦村召开东莞、宝安两县党组织领导人联席会议，决定共同组织东宝两县工农革命军，并立即成立东宝工农革命军总指挥部：指挥部顾问赵自选，总指挥蔡如平，副总指挥郑奭南，军令处陈兆魁，秘书处谭适存，总务处潘寿延。下设4个大队，第一大队、第二大队属东莞，第三大队、第四大队属宝安，其中宝安两个大队队长分别由麦福荣、陈义妹担任。会后，郑奭南回到宝安，在楼村召开会议，决定改编农军，作为工农革命军的基本队伍，随时准备起义。至1927年12月上旬，宝安工农革命军已拥有2 000多人，人员主要来源于农民。因给养困难，秘密分散在原籍进行训练。枪支、弹药极少数由上面拨给，一部分在民间搜集，还有一部分自购自用。

暴动前，中共广东省委派傅大庆到宝安县委机关所在地楼村，向宝安县委传达省委指示，限于12月13日前进军深圳，会同铁路工人夺取火车，直赴广州接应起义。县委立即从2个大队的工农革命军中抽调200多人，于12月12日集中于楼村，将原来的三、四2个大队混编于一、二大队。第一大队由郑奭南、麦福荣、陈义妹带领，第二大队由潘国华、潘寿延、陈绍芬带领。

---

① 《中共广东省委给中央的报告》1927年11月，深圳市史志办公室：《中国共产党深圳历史》第一卷，中共党史出版社2007年版，第42页。

当晚，第一大队经观澜、龙华，向深圳进军。13日凌晨抵达梅林径时接铁路工人传报得知，广州起义已于11日提前举行，不幸失败，队伍已退出广州，令宝安工农革命军退回原地候命。郑奭南召集各领导同志磋商，将接应广州起义的计划临时改为攻打深圳。14日，工农革命军分四路突破深圳东西南北圩门，包围军政机关，郑奭南带队挺进警局，击毙警局巡官江秀词，俘虏区长兼警察局局长陈杰彬和两名局员，缴获长枪10多支。暴动队伍于当日下午开出深圳到乌石岩集中；第二大队攻县城未下，亦到乌石岩集中。其后，宝安县长邓杰督率县城、沙井、新桥三倍于革命军的民团包围乌石岩，工农革命军先是转移至东莞梅塘东山庙屯扎，然后分散隐蔽。县长邓杰所率武装随后攻打楼村，烧毁中共宝安县委驻地陈氏宗祠。深圳理发工人何连、商人何梅、黄贝岭教师张沛、医生张炳寿因平时参加农民运动，被抓后杀害。

中共广东省委得知宝安暴动后，分别致函东江特委、海陆丰和惠阳县委，要求他们立即组织和帮助邻近宝安的平山、淡水、三多祝等地的暴动，以与宝安的暴动会合。函中均转告："平山、淡水、三多祝一带，必须坚决勇敢地起来"，"并与东莞、宝安会合，以至直达广州"。

中共广东省委在听取了到宝安指挥暴动的傅大庆的报告后，于12月19日致函宝安县委，对宝安县委组织农军攻打深圳提出批评意见，认为事前没有作具体的计划，也没有充分发动群众，且对土地革命的宣传不够。另外特别提出四条指示：

（1）宝安决不能因广州暴动之暂时停止而不争斗。

（2）惠州农民已经起来，他们特别注意平山、淡水一带，海陆丰工农革命军第二师现亦积极帮助惠州农民起来争斗，以期与东宝会合直达广州，你们必须与之联络。

（3）暴动必须是群众的。群众不起来，徒然指挥一些农民或利用土匪攻打某处，结果必然是失败的。你们应不迟疑地把土地革命不还债等口号积极宣传并切实使其实现，只有这样才能使各乡村农民起来，这样才能破坏金融税收、动摇反革命政权、分散敌人武装，使其穷于应付，最后我们才能得到完全的胜利。

（4）以后应注意党的发展和整理。省委通讯以及一切重要通告都应在党员大会中报告讨论，使党员群众有深切的了解，必须在争斗中建立党的基础。[①]

1928年2月23日，中共广东省委巡视员阮崎垣，总结第一次暴动的经验教训，调整领导班子，明确斗争方向。

二、第二次暴动

1928年4月上旬，中共宝安县委根据广东省委关于东江总暴动策略报告的要求，决定再次发动暴动并开始制订暴动计划，决定组织第二次暴动，明确暴动的任务是：响应东江各县暴动，造成东江割据局面；实行土地革命，建立"苏维埃的宝安"。暴动前组织侦探队、交通队、破坏队，由赤卫队指挥部指挥；组织宣传队，由县委指挥。计划于4月12日召集全县农民代表大会宣布暴动。暴动时以五区为中心首先暴动，向附近几个区发展，然后进攻县城，形成全县总暴动局面。4月19日，广东省委派黄学增到宝安指挥暴动。由于未及时得到省委有关暴动的指示，暴动时间后延。4月26日，六区迳背、四区长圳、玉律、新桥反动派，勾结县兵包围迳背，抢走农民财物，六区区委负责人钟永恩被捕。27日，四区沙井豪绅又捕抓中共党员陈榜、陈耀。29日，宝安县农会集中各乡农民武装包围迳背，毙4人，伤2人。焚烧地主

---

① 《中共广东省委致宝安县委函》1927年12月19日，中共深圳市委党史办公室编：《深圳党史资料汇编》第一辑（内部资料），1985年版，第1页。

屋宇4间。慑于暴动的声势，四、五区区长、巡官和豪绅地主相继逃走，宝安县县长及沙井、新桥豪绅地主纷纷告急，到广州、虎门、深圳搬兵。宝安县委本来决定集中全县农民武装，进一步扩大暴动成果并攻占县城南头。但一些农民与豪绅地主之间存在各种利益纠结，对土地革命的意义和目的缺乏明确认识，同时害怕报复，因而不愿继续参加。四、五两区农会有2 000余人的武装，仅有不足200人参加暴动；暴动中农民伤亡3人，有房屋被烧、财物被抢等，后各乡负责人动摇，致使这次暴动未能按中共广东省委对东江总暴动的统一部署进行，也没有得到邻近地区的及时配合和声援，致使暴动未能按计划完成。

暴动失败后，中共广东省委给宝安县委发来指示：（1）必须使暴动成为土地革命的行动，不能只是单纯的军事行动，而忽略了没收地主的土地分配给农民和建立苏维埃；（2）必须使此次暴动积极扩大，向三区发展，与东莞、惠阳会合，造成大的暴动；（3）必须召集每乡开群众大会，扩大土地革命及苏维埃的宣传；（4）必须积极注意党及群众组织的发展，在已发动暴动的区域，组织要极力扩大，可公开征求党员、扩大赤卫队。

三、第三次暴动

1928年5月初，根据广东省委指示，中共宝安县委再次集中武装，在黄学增领导下，决定举行第三次暴动。计划在五区发起，然后向三区发展。上旬，暴动在第五区发起，因被国民党军队、民团包围于新围，被迫撤出，第三次暴动计划流产。

5月下旬，宝安县委再次集中力量，继续进行武装斗争。当时可动用和集中的武装力量有周家村、楼村、燕川、罗田、圳尾等乡村常备力量约180人，东莞有180人，准备进攻东坑、木墩、塘尾、长圳、玉律等乡村。宝安县委要求省委指示东莞县城、石龙、虎门、太平、增城等加紧做好暴动工作，以免宝安孤立；同时要求省委给予武器援助。省委迅速回复宝安县委，不能孤注一掷，应该先在楼村发动群众起来反对他们最痛恨的豪绅地主，或集中力量攻打塘尾或青坑；宝安目前的工作是斗争，而不是暴动；不要过于依靠武装，而要普遍进行土地革命宣传和开展各种小的斗争，注意恢复党的组织和有计划地开展县城职工运动和士兵运动；在香港行刺由宝安逃出的豪绅地主的计划和用手榴弹搞赤色恐怖的观念是不正确的，要改正。

省委决定将宝安与东莞的一部分武装联合起来，实行游击战争。宝安、东莞两县武装约300人，于5月下旬分别由东莞、宝安两县军事负责人周满、周光赤带领，进入东宝交界之东山，并在东山庙举行联席会议，按红军制度进行整编；决定以东山为中心，扩大红军和赤卫队，向东宝乡村发展，深入开展土地革命。但在国民党"围剿"下，部队粮草、武器缺乏，武装斗争被迫停止，人员疏散到香港等地待命。共产党领导的宝安县的武装革命斗争从此处于低潮，党组织活动基本停顿，各级农会也大部分解散，极少部分农会则以协耕会、银会、谷会、牛会等名义分散继续活动。

第三章

巍巍羊台　鼎峙华南

　　抗日战争时期，宝安是广东22个沦陷区之一。从抗战初期始，中国共产党即派遣地下党员在宝安从事抗日救亡宣传活动并组织由中共领导的抗日武装。随着东江纵队的成立，以羊台山为中心的宝安地区成为华南重要抗日根据地。中共领导的抗日武装在极为艰苦的条件下顽强地开展抗日游击战争、创建抗日民主政府、驱逐日本侵略者，直至抗战胜利。

第一节 全面抗战初期宝安形势

1937年七七事变后，全国划分为五个战区，其中广东属第四战区。

同年秋，日军飞机多次轰炸深圳至平湖铁路和公路桥梁，以图阻断国际货物运输通道。

1938年1月，日军军舰驶进宝安县城南头附近海面并炮轰南头城。

1938年3月始，日军先后在3月16日、30日与5月2日、9日、12日，利用飞机、军舰炮击马鞍山、宝太公路桥、西乡、平湖等地。其中轰炸平湖时，29名平民死亡。

1938年10月4日，日军4万余人在华南派遣军司令官古庄干郎指挥下入侵南海，其先头舰艇于10月10日黄昏时进抵大亚湾附近海面。11日晚上，敌方全部陆、海、空军都集中到这个海面，并完成强行登陆的各种准备。

10月12日凌晨，日军第十八师团、第一〇四师团和及川先遣支队在大亚湾登陆。11月22日，日军在大鹏湾登陆，对沙头角进行狂轰滥炸，民众逃难涌入香港。11月23日，占领广州日军回师"扫荡"广九铁路中段两侧中国军队，中国军队溃败，大部经深圳、沙头角进入香港。26日，深圳失守。12月2日，宝安县长梁宝仁率军1 000人，收复宝安部分失地。[①]

12月底，日军占领宝太线、宝深线和沙头角、布吉等地。

1939年8月13日，日军第十八师团重占宝安，国民党守军一五三师、一五九师溃败，宝安大部沦陷。宝安县政府撤驻东莞石马村。至此，宝安成为广东省的22个沦陷区之一。

9月初，日军500多人再次在大亚湾登陆，击溃守军罗坤支队，占领澳头、葵涌、沙鱼涌一带，封锁海面，切断内地与中国香港、南洋联系的国际通道。

宝安沦陷后，抵抗和反击日军的战争主要是游击战争，而中共领导的东江抗日游击队则是当时抗日游击战争的主力。

---

①深圳市宝安区文体旅游局编：《宝安历史纪事——宝安的抗日战争》，中州古籍出版社2015年版，第207页。

第二节 抗日武装与根据地的创建与发展

一、羊台山抗日根据地的创建和巩固

羊台山位于宝安西部[①]，地域面积700多平方千米，附近共6个乡，人口约10万。区域内除羊台山外，还有鸡公头山、塘朗山和一些小山。东邻广九铁路塘（厦）深（圳）段，西临宝太（南头至太平）公路至珠江口，南接宝深（南头至深圳）公路，北连东莞县（今东莞市）大岭山区。羊台山周围驻有日、伪军约3 000人，顽军约1 000人。

1940年9月中共前东特委书记尹林平在上下坪召开会议，决定：曾生领导的第三大队70多人，开赴东莞大岭山区；王作尧领导的第五大队，开赴羊台山地区，开展敌后游击战争，创建抗日根据地。

10月，王作尧、周伯明、蔡国梁率领由30多人、1个长枪队、1个短枪队组成的第五大队进入羊台山区，面对数十倍于己的敌军，开始羊台山抗日根据地艰苦的创建工作。首先组建成民运队，在中共宝安工委领导下，发动和组织群众，配合武装部队锄奸肃特，铲除投靠日军充当汉奸、密探或充当国民党顽军奸细的反动分子，打开了斗争的局面。其次，仅有30多人的第五大

---

① 位于今龙华区与南山区交界处，山体横跨宝安区的石岩、龙华区的大浪和南山区的西丽三个街道。主峰位于石岩境内，海拔587米，是深圳西部的最高峰。

队，面对数十倍于己之敌，采取灵活机动的战术，抢抓战机，瞄准小股敌人，与敌军迂回周旋，打得赢就打，打不赢就走，力争以最小的代价消灭敌人，同时在战斗中发展壮大自己。

1941年1月，第五大队在上下坪鸡公头俘来犯日军1人、缴三八式步枪1支。此战虽小，但影响很大，群众奔走相告：抗日部队回来了。消息惊动了国民党顽军徐东来支队，该支队集中1 000多人向羊台山地区的望天湖、布吉一带搜索，企图消灭第五大队。第五大队采取"敌进我退"战法，飞兵奔袭清溪苦草洞国民党顽军武器库，全歼守军，缴获重机枪6挺、步枪数十支、子弹10箱。在军事斗争取得胜利的同时，大队、民运队配合宝安工委，恢复和发展各乡村地方党组织，发展一批农民先进分子入党。在各乡村党组织配合下，普遍建立起抗日自卫队等各类群众性组织。到4月，已组建了有600多人的8个抗日自卫中队，并成立抗日自卫总队，曾鸿文任总队长。同时，动员了100多名青年农民参加第五大队，各乡村均普遍建立起乡村两级抗日民主政权。

苦草洞战斗后，以缴获的武器和参军的农民组建了第五大队第一中队、重机枪队和短枪队。到1942年5月，大队作战人员已发展到300多人。至此，羊台山抗日根据地形成，并逐渐向周边地区扩展，与东莞大岭山抗日根据地以及之后新开辟的坪山抗日根据地连成一片。

仅1941年，羊台山根据地军民先后8次粉碎日军对羊台山根据地的"扫荡"，根据地日益巩固。香港沦陷、1942年元旦之后，羊台山根据地安置了很多从香港抢救回来的著名文化民主人士短暂停留，如茅盾、邹韬奋等，再经羊台山转移到大后方。

二、抗日武装的组建和抗日反顽斗争

九一八事变之后，中共地下党组织和党员，发动和带领倾向抗战的进步青年，在宝安开展多种形式的抗日救亡活动。七七事变之后，中共地方党组织即开始组建抗日武装，发动民众投身持久的民族抗战的洪流。

1938年初，东莞中心县委张广业、王启光、黄木芬等人，到宝安开展抗日救亡宣传活动、组建民众救亡团体和民间武装。黄木芬争取到观澜乡抗敌后援会副主任、开明绅士吴盛堂和曾鸿文的支持，在开展抗日救亡运动的同时，在观澜、龙华地区征集民间枪支，组建抗日自卫队等民间抗日武装。5月，蓝造等进步青年在坝岗一带组织了由黄岸魁任队长、有30多人和20多支枪的坝岗乡抗日自卫队。之后，坪山、盐田、大鹏等地相继建立了民间抗日武装队伍。

1938年10月14日，八路军驻香港办事处主任廖承志遵照中共中央要在东江敌占区后方开辟游击区的指示，召集中共香港海员工委书记曾生、中共香港市委组织部长周伯明、香港区委书记谢鹤筹等人开会，廖承志主张在惠东宝地区建立抗日游击武装，并确定由曾生、周伯明、谢鹤筹等带领一批党员和积极分子回惠东宝地区，组织完善党的组织和建立抗日武装。

10月24日，曾生等人带领共产党员、进步青年60多人，从香港回到坪山。随后，中共香港海员工委和九龙区委又动员68人回到坪山。在建立、完善党的组织的同时，曾生、周伯明、郑香、叶汉生等人着手组建惠宝人民抗日游击队。稍后，中共东南特委选派土地革命战争时期东江革命根据地的军事骨干彭沃、翟信、陈石甫等18人回到惠阳淡水，地方党组织又选送了10多名自卫队员，形成了最初的队伍骨干。由于缺乏武器弹药，惠宝工委又以香港惠阳青年回乡救亡工作团的名义，以自卫需要为理由，向国民党驻军第四五一旅温淑海部和地方武装大队罗坤部借了17支步枪和1 000发子弹。叶汉生和叶维儒从家乡收集12支枪送给部队，又在沙头角向民众收集到国民党军队溃逃时丢弃的轻重机枪3挺、步枪10余支。为便于部队公开合法进行活动，根据中共东南特委指示，曾生、周石水、刘宣、陈铭炎等，与驻军温淑海联系，要求授予这支部队正式番号。经协商，温淑海同意授予惠宝人民抗日游击总队番号。12月2日，惠宝人民抗日游击总队在惠阳县沙坑周田村正式成立，惯称"曾生部队"。曾生任总队长，周伯明任政委，郑晋任副总队长兼参谋长，共有100多人。

为使惠宝人民抗日游击总队迅速成长壮大，中共东南特委决定，将东莞抗日模范壮丁队部分队员70余人，以及香港九龙大同罐头厂党支部书记蔡国梁带领的18名青年工人，编入惠宝人民抗日游击总队。又通过香港惠阳青年会、余闲乐社、惠坪公所等中共在香港的社会团体，先后动员了7批人回到惠阳，编入游击总队。中共惠宝工委又从坪山、淡水、坑梓等地动员一批中共党员和抗日自卫队员参加游击总队。至1939年初，惠宝人民抗日游击总队已发展到200多人120支枪，编成两个中队、一个特务队和一个政工队：第一中队长李燮邦，指导员李守仁；第二中队长叶清华，指导员黄业；特务队队长彭沃，指导员刘云龙；政工队队长蔡国梁。①

1938年12月中旬，东宝惠边人民抗日游击队在观澜章阁村成立，分为两个大队，第一大队长黄木芬，第二大队长蔡子培，游击队共有约200人。1939年1月1日，东宝惠边人民抗日游击队第一大队和王作尧带领的东莞抗日模范壮丁队部分队员，以及各

① 深圳市史志办公室著：《中国共产党深圳历史》（修订本）第一卷，中共党史出版社2012年版，第90—91页。

区地方党组织动员参加的武装人员共约200人，在东莞苦草洞整编，组成东宝惠边人民抗日游击大队，大队长王作尧，政训员何与成，党总支书记黄高阳，惯称"王作尧部队"。这支部队，以爱国青年群众抗日武装的名义，改称为国民革命军第四战区第四游击纵队直属第二大队（简称"第二大队"），主要活动于宝太线、宝深线沿线地区。5月，惠宝人民抗日游击总队以华侨港澳同胞群众抗日武装的名义，改为国民革命军第四战区第三游击纵队新编大队（简称"新编大队"），曾生任大队长，主要活动于惠宝边地区。

两支部队虽然接受了国民革命军番号，但始终坚持中国共产党的绝对领导和独立自主原则，部队中中共党组织保持不变，作战行动、军政训练、干部任免不受国民党限制。为了加强对东江地区曾生、王作尧部两支人民抗日武装的统一领导，5月，在坪山建立了东江军事委员会，梁广任书记，梁鸿钧负责军事指挥，委员尹林平、曾生、王作尧、何与成，隶属中共广东省委，工作上由当地特委领导。

从1939年夏开始，曾、王两部互相配合，打击日军。新编大队在葵涌、盐田、沙头角、横岗一带，与日军作战30余次，初步开辟了惠宝沿海游击区。9月12日，新编大队出击葵涌和沙鱼涌日军，迫使日军撤回澳头，一举收复沙鱼涌、葵涌，缴获一大批军用物资，是东江地区抗击日军第一次较大的胜利。12月，新编大队在横岗鸡心石伏击日军一个大队，毙、伤敌30多人。1940年1月，新编大队收复深圳墟。活动于东莞、宝安一带的第二大队于1939年8月上旬，深入宝深公路沿线，摧毁南头大涌桥，破坏日军的通信、交通设施，袭击日军车辆。11月下旬，第二大队挺进南头外围，对县城南头日军包围封锁，守城日军被迫于11月30日晚上从海上逃窜。12月1日，第二大队收复南头，这是广东省在抗日战争首次解放县城的胜利。到1940年初，新编大队发展到500多人，第二大队200多人。以惠宝边、东宝边为中心的抗日根据地初具规模。

1939年1月，国民党召开五届五中全会，提出了"溶共、防共、限共、反共"的方针，并制定了《防制异党活动办法》。1940年2月底，东江军事委员会接到在第四战区东江游击指挥所工作的地下党员李一之、张敬人送出的紧急情报，得知国民党东江当局正部署进攻新编大队和第二大队，于3月1日在坪山竹园村召开紧急会议，考虑敌强我弱，决定两支部队向大革命时期广东农民运动的中心海陆丰转移，史称"东移"。两部突破国民党东江当局纠集的第一八六师五五八团、保安第八团2个营、汕头与东江地区4个支队及地方武装共3 000余人的围攻，突围东移过程中两部从800多人减员到100多人。

中共中央获悉东江游击队东移海陆丰受到严重挫折的消息后，于4月1日致电广东省委，要求"立即将东江发生之重大事变的真相，查明电告"①。4月23日，廖承志将东江游击队受挫情况及困难处境电告中共中央南方局（简称南方局）和中共广东省委书记张文彬。廖承志随后又转达了中共中央书记处5月8日的电文指示（"五八"指示），指出曾、王两部仍应回到东宝惠地区，在日本与国民党矛盾间，大胆坚持抗战与打摩擦仗。5月17日，中共广东省委根据中央"五八"指示，提出了给曾、王两部的意见。曾生、王作尧接到中央指示后，部队集中在海丰县大安洞稍事休整，于7月下旬回到坪山东南小三洲。9月上旬，部队越过广九铁路，秘密重返宝安布吉乡的雪竹径、杨尾、上下坪一带集结。

①《中央关于时局逆转与党的应付措施给粤委的指示》，深圳市史志办公室著：《中国共产党深圳历史》（修订本）第一卷，中共党史出版社2012年版，第107页。

1940年9月中旬，为贯彻中央"五八"指示，中共前东特委在布吉乡上下坪召开由尹林平主持，梁鸿钧、曾生、王作尧、周伯明、邬强、卢伟良、蔡国梁、阮海天、黄高阳等参加的部队干部会议，传达、讨论中央"五八"指示和广东省委指示，总结东移海陆丰的严重教训，深入分析了东江地区敌后抗日武装斗争发展形势和时局，决定：

第一，坚持在惠阳、东莞、宝安敌后开展独立自主的游击战争，放手发动群众、组织群众、武装群众，迅速扩大人民抗日武装，建立抗日根据地，并确定了成立抗日民主政权的基本方针和基本任务。

第二，坚持抗日民族统一战线，坚持党对抗日战争的领导权和独立性。对国民党顽固派实行既联合又斗争、以斗争求团结的政策，坚持"人不犯我，我不犯人；人若犯我，我必犯人"的自卫立场和"有理、有利、有节"的原则，要敢于反击国民党顽固派的军事进攻。

第三，组织上坚持独立自主原则，不再使用第四战区给予的部队番号，改称广东人民抗日游击队等。会议决定将部队改编为第三、第五两个大队，即广东人民抗日游击队第三大队、第五大队。东江特委、前东特委书记尹林平兼任两个大队政委，梁鸿钧负责军事指挥。第三大队大队长曾生，副大队长邬强，政训员卢伟良，活动于东莞大岭山一带。第五大队大队长王作尧，副大队长周伯明，政训员蔡国梁，活动于宝安羊台山和广九铁路两侧。

为深入发动群众，1941年初，第五大队成立民运委员会，书记王作尧，副书记刘宣。民运队到龙华、布吉、石岩、观澜等地，在地方党组织配合下，成立农民、青年、妇女等抗日群众组织；组建了8个抗日自卫队并成立抗日自卫总队，曾鸿文任总队长，刘宣任政训员。在部队统一领导下，这些自卫队在后来各次战斗中都发挥了重要作用。到5月，东移回来时30多人的部队已发展到300多人，编成3个中队，组织8个民兵（抗日自卫）中队，初步建立了以羊台山为中心的抗日根据地。

6月17日，驻南头日军40多人向羊台山望天湖、油松进犯，第五大队在油松设伏，迫使日军逃回南头。7月7日，日军400多人"扫荡"羊台山，第五大队集中兵力在油松伏击经梅林北进的日军，经过一天激战击退日军。8月15日，日军280多人沿宝（安）太（东莞太平）公路分三路进犯羊台山，第五大队与抗日自卫队配合，在乌石岩毙伤敌军20多人。与此同时，据守深圳镇和布吉的日军400多人，其中骑兵40多人，配备迫击炮3门，进犯龙华。第五大队在牛地埔、弓村、青湖、岗头仔等地先与日军周旋，入夜后将日军包围于牛地埔，组织小分队轮番袭击日军，日军次日逃返时又在水黄田中伏。日军虽然装备精良，但仍然无法突破包围，直到援军到来才得以退回南头。是役毙伤敌30人，缴获战马2匹。17日，日军400余人携迫击炮3门、轻机枪10余挺，分三路进犯龙华。第五大队与抗日自卫队与日军激战竟日，毙伤日军10多人。18日，日军再次出动1 000多人"扫荡"羊台山，先以猛烈炮火轰击望天湖、上汾一带，随后兵分三路企图包围望天湖游击队，但第五大队与群众早已撤离，日军一无所获。

同年夏，国民党顽固派军队进犯东江抗日根据地。8月至9月初，顽固派军队徐东来支队黄文光大队200多人进犯龙华，在龙胜塘、弓村、赤岭头等搜捕中共地方党政干部并一度占领龙化墟，被第五大队与抗日自卫队击退。第三大队配合第五大队牵制顽固派军队，以一部主力出击莞樟公路重镇大朗，全歼顽固派军队一个中队，缴获重机枪一挺、步枪数十支。稍后，第三大队又直击塘厦、林村、观澜，再歼顽固派军队一个中队，迫使顽固派军队退回驻地。10月，梁鸿钧、曾生率第三大队主力与第五大队配合，攻打驻石鼓之国民党顽固派军队，歼敌一个中队，拔除了顽固派军队在广九铁路线上的一个据点。11月初，曾生率第三大队第一中队回到田心、石桥坑一带，准备恢复和发展以坪山为中心的惠宝边抗日游击战争。梁鸿钧则率第三中队和短枪队留在黄田、固戍一带，配合第五大队行动。

12月5日至8日，茜坑、马鞍岭抗日自卫队在日军向香港进攻前，连续几夜袭扰驻坑梓、坪山、葵涌之日军。第五大队在乌石岩至龙华、布吉公路沿线，袭击向香港行进的日军后续部队，毙伤日军30余人，缴获战马4匹及军用物资一批。12月9日，第五大队先后派曾鸿文、黄高阳、周伯明等率武工队紧随日军之后进入香港"新界"、元朗、鹿颈一带活动。11日，茜坑、马鞍岭抗日自卫队也尾随日军进入西贡半岛之赤径、企岭下、深涌湾一带，第三大队也派了一支小分队和短枪队进入西贡，开展敌后游击战争。12月23日，茜坑、马鞍岭抗日自卫队返回葵涌，组织海上护航队。24日，在中共大鹏区委支持下，部队借到一艘（横槽仔）船作为武装用船，成立海上护航队，刘培任队长。

1941年12月，太平洋战争爆发。根据中共中央1941年12月7日《关于太平洋战争爆发后敌后抗日根据地工作的指示》精神，1942年1月下旬，中共南方工作委员会副书记张文彬到宝安，在白石龙主持召开会议，通报国际国内形势、传达中央精神、总结游击队几年来的工作，指出游击队虽然走过了曲折的道路，但从东移海陆丰后的100多人发展到1941年底的1 500多人，控制了广九沿线及惠东宝不少部分地区。会议宣布中共中央南方局决定，成立东江军政委员会，由尹林平、梁鸿钧、曾生、王作尧、杨康华、谭天度、黄宇组成，尹林平任书记。会议决定成立广东人民抗日游击总队，由梁鸿钧任总队长，尹林平任政委，曾生任副总队长，王作尧任副总队长兼参谋长，杨康华任政治部主任。部队进行统一整编，设1个主力大队4个地方大队。主力大队仍称第五大队，大队长王作尧、政委卢伟良、副大队长周伯明、政训室主任卢克敏。东莞地区部队仍为第三大队，大队长由曾生兼任，政委卢志强、副大队长邬强、政训室主任陈明。宝安地区编为宝安大队，港九地区编为港九大队。惠宝边区部分队编为惠阳大队。

1942年3月，宝安大队成立。大队长曾鸿文，政委何鼎华，副大队长阮海天，政训室主任陈坤。宝安大队成立后，积极配合兄弟部队打击日、伪、顽军。

1943年4月20日，宝安大队一个小队配合珠江队打退袭击黄麻埔的乌石岩顽军，毙、伤敌4人。次日，宝安大队2个小队又打退袭击公爵薮的顽军200多人，毙伤敌10多名。5月2日，珠江队首次使用炸药攻坚，炸毁福永炮楼，20多分钟结束战斗，缴获轻机枪6挺、步枪44支和一批物资，拔除了伪军在福永的据点。稍后，宝安大队夜袭固成伪军，全歼伪军一个中队，缴获轻机枪7挺、手枪13支、步枪40支。6月3日，宝安大队夜袭沙湾丹竹头伪军刘华部，歼敌一个排，缴枪30支。7月19日，宝安大队一个小队配合珠江队，夜袭公明墟伪军吴东权大队部和一个中队，毙、伤敌6名，缴获长短枪6支、子弹2 000多发，克复了公明墟。8月3日，珠江队阻击从乌石岩向黄麻埔、大茅山一带进攻的顽军300多人，毙伤敌10多名，缴获步枪2支。

遵照中共中央的指示，1943年12月2日，广东人民抗日游击队东江纵队（简称"东江纵队"或"东纵"）公开宣布成立，司令部设葵涌土洋村。司令员曾生、政委尹林平、副司令员兼参谋长王作尧、政治部主任杨康华联名发表《东江纵队成立宣言》，宣告东江纵队坚决接受中国共产党的政治主张，接受拥护中国共产党的领导，并于1944年1月1日发布《就职通电》。东江纵队下辖7个大队：第三大队，大队长邬强、政委卢伟如；第五大队，大队长彭沃、政委卢伟良；惠阳大队，大队长高健、政委李东明；宝安大队，大队长曾鸿文、政委何鼎华；护航大队，大队长刘培、政委曾源；港九大队，大队长蔡国梁、政委陈达明；独立第二大队，大队长阮海天、政委李筱峰。总兵力约3 000人。

1945年1月9日，东纵发动春季攻势，宝安大队袭击西乡伪警第三中队，毙敌1名，俘17名，缴获轻机枪2挺、步枪25支。19日，宝安大队在李朗、布吉、沙湾地区发动群众千余人展开爆破袭击战，拆除铁轨，破坏日军广九铁路运输线，摧毁铁路沿线敌炮楼6座，剪断敌电话线，切断日军通信联络，使日军火车与巡逻车相撞，日军死9人，其中少佐2人。

抗日战争时期游击战中较大型战斗有：

（一）鸡心石伏击战

1939年12月1日，日军1个大队在东莞两次渡河打败国民党军队独立第十旅1个团后返回深圳途中，新编大队（原惠宝人民抗日游击总队）在获悉日军与友军的战斗情况后，由周伯明率领1个中队沿石（龙）深（圳）公路跑步急进，赶在日军前头，在横岗圩以北的鸡心石设伏，毙、伤日军30余人，击毙战马3匹，是部队创建初期以弱胜强的第一场战斗。

（二）羊台山反击顽军之战

1941年，国民党在全国发动第二次反共高潮，广东国民党当局亦加紧进行消灭抗日游击队的军事进攻并首先"围剿"羊台山抗日根据地。同年8月下旬至9月初，国民党顽军徐东来支队、黄文光大队200多人，两次进犯龙华。第五大队和抗日自卫队奋起反击，将其击退。第三大队为配合第五大队作战，牵制国民党顽军，由副大队长邬强率领第一、第二中队出击驻防莞樟公路重镇大朗的国民党顽军陈禄大队，战斗仅1小时，全歼其一个中队，缴获机枪1挺、步枪数十支，另3个小队投诚。随后，第三大队乘胜沿广九铁路南下，出击塘厦林村，再歼国民党顽军1个中队，直逼国民党顽军重要据点观澜，有力地支援了第五大队反顽、保卫羊台山根据地的作战。

（三）铜锣径伏击战

铜锣径位于坪山与横岗交界处，是一条四五千米的羊肠山径。两边高山耸立，形势绝险。1942年5月，日寇马队70余骑从横岗经铜锣径到碧岭抢劫。当日寇从碧岭返回横岗、途经铜锣径时，广东人民抗日游击总队惠阳大队（大队长彭沃）已等在铜锣径伏击敌人。待日军进入伏击圈，大队全部机枪、步枪、掷弹筒一齐开火，日军猝不及防，顿时人仰马翻，号啕大叫，四处乱跑，有的躲到水沟里顽抗。惠阳大队指战员趁势冲下，与日军展开肉搏。半小时后，驻横岗日军闻讯赶来增援，并与担任警戒任务的第三小队接触。彭沃见较大规模杀伤日寇的目的已经达到，下令退出战场，分路下山向三洲田转移。这一仗，击毙日寇15人、伤日军20多人，毙战马十多匹、缴获3匹。游击队战士黄明、张达生、林平在战斗中牺牲。

（四）坝光坳歼灭战

1942年冬，国民党顽固派调集重兵"围剿"抗日游击队，其中杂牌军陆钧如大队驻大鹏城、王母圩和葵涌等地"驻剿"，企图切断游击队进入大鹏半岛的陆上通道。曾生令刘培独立中队寻机歼灭之。1943年元旦拂晓，独立中队于坝光坳设伏，以一个中队之兵力，全歼国民党顽军1个中队，毙、伤、俘50多人，缴获机枪2挺、步枪50多支，战斗仅十余分钟。次日，国民党顽军从大鹏、王母圩、澳头等地撤回淡水，大鹏半岛重归游击队控制。

（五）坳下村血战

坳下村位于宝安小梧桐山西侧，东南与沙头角相距8千米，西南与深圳墟相距6千米，属敌后地区。1943年2月，因国民党顽军进攻盐田，惠阳大队主力向三洲田方向转移，留下特派员王慕率领第二小队，深入坳下村开展敌后活动。2月18日，第二小队派1个班出去运粮，另两个班在坳下村后山窝休息。由于坳下村伪保长告密，当日下午3时，深圳和沙头角日军出动数百人，三面包围坳下村后山，切断退向小梧桐山之通道。小队长戴鼎率领两个班战士，利用有利地形近距离与敌展开激战。戴鼎牺牲后，特派员王慕负伤接替指挥战斗。子弹、手榴弹打光后，就用刺刀、枪托、石头展开白刃战。终因敌众我寡，20余名指战员全部壮烈牺牲，日军亦伤亡20余人。

（六）福永爆破攻坚战

1943年乌蛟腾会议后，广东人民抗日游击总队按会议确定的积极主动出击敌人的方针，向日、伪军展开全面出击。

福永驻有伪军吴东权1个中队，凭借坚固的炮楼扼守宝（安）太（东莞太平）线，对游击队在这一带活动威胁极大。为拔掉这个据点，1943年1月16日，由珠江队第一小队政治服务员何通率8名战士组成短枪队并化装成老百姓，对炮楼进行过一次袭击。因无爆破器材，冲进二楼毙敌数名后不得不撤出战斗。不久，港九大队几经努力，弄到一批TNT炸药送到总队部。周伯明与珠江队大队长彭沃、政治委员卢伟良、突击队长邱特等人反复试爆并取得成功后，总队部指示用爆破技术实施攻坚，拔掉据点。珠江队先派突击队长邱特和战士李松潜入福永反复侦察，把敌情摸得一清二楚。5月2日夜，珠江队由周伯明、彭沃、卢伟良率领直趋福永，实施爆破并成功，全歼伪军1个连，毙敌连长以下30多人，俘副连长以下40多人，缴获轻机枪6挺、长短枪40余支和大批物资。珠江队仅1人负伤。

（七）奇袭沙井之战

沙井是宝（安）太（东莞太平）线重要据点，驻有伪军第三十师一一九团约800人。沙井东约2千米之新桥驻有日军1个中队。1943年5月26日夜，珠江队按大队长彭沃提出的"消灭伪军一个连，争取消灭通讯排"的战斗设想和"快刀斩乱麻、速战速决"的战术构思，奇袭沙井，仅20多分钟的战斗，歼灭伪军1个连和1个通讯排，毙、伤伪军连长以下40余人，俘30余人，缴枪60多支。

（八）卡断广九铁路中段的平湖之战

1943年11月，日军占领广九铁路沿线各点，企图贯通铁路并连接粤汉、平汉、北宁线以构成"大陆交通线"，挽救战略颓势。东江纵队于1944年1月派出由队长何通、政治委员黄克、政治指导员张军率领的独立第三中队（代号"飞鹰队"）挺进广九铁路以东，以阻止日寇连通铁路之企图，将作战对象首先瞄准驻平湖林村车站一线之日军藤本大队和驻樟木头之山下大队。1月21日春节前夕，藤本大队数十人到虾公潭村烧杀抢掠，将全村青壮年囚于一室并施放毒气熏蒸。飞鹰队接报，派手枪班和小鬼班迅速出击，毙伤日军数人，救出群众。2月15日凌晨4时，队长何通带40名队员，隐蔽在凤凰山日军废弃的土壕里，小鬼班、手枪班绕到日军来路之小山侧后。7时，日军1个班进入伏击圈，飞鹰队万弹齐发，小鬼班断其退路，全歼日军1个班，缴机枪1挺、小枪6支。29日夜，飞鹰队又在平湖地方党员刘曼之、刘华荣协助下，以闪电之势袭击颜屋围之伪平湖区政府，俘伪区长、伪警长以下23人，缴长短枪23支。日、伪经连续打击，不敢再轻易下乡抢粮。

7月21日晚，飞鹰队集中兵力150余人、民兵50余人再袭平湖。只用20分钟，捣毁伪警中队部，毙1人，俘伪警中队长蒙德普及以下20余人，缴枪70余支。飞鹰队1人牺牲，3人负伤。战斗结束后，飞鹰队向雁田转移。当日，藤本调集广九路沿线各站兵力，多路出动截击飞鹰队。飞鹰队在老虎山西北沙岭附近与藤本主力400余人遭遇。日军用密集火力把飞鹰队压在一片开阔地里，局势危急。小鬼班班长黄友率小鬼班掩护主力撤退。何通与黄克组织部队交替掩护杀出重围，到达黄泥坑、官井头。小鬼班班长黄友及战士傅天聪、尹林、赖志强、杨明友牺牲。

宝安党组织的恢复和发展

一、中共东宝边区工作委员会、中共东宝县委成立

1937年7月，抗日战争全面爆发后，随后不久抗日民族统一战线的形成，9月，为了适应全国抗战爆发后新形势的需要，中共广州外县工委决定把东莞县工作委员会改为东莞中心支部，姚永光任书记，领导东莞、宝安、增城（部分地区）三县的党组织进行抗日武装斗争的准备。

11月，中共广州市工委派共产党员王启光，随国民党九十三师到宝安第二区当民众组织的指导员，在龙华、乌石岩等地区发动群众，组织自卫队。王启光以救亡呼声社国防前线工作队的名义，率领梅爱芳、王步尧、王仕光、麦善容、王锦培、苏启华、王章、王月娥、王农、王月富、王满堂、吴婉、王应登等10多人，到宝安县城南头、西乡和乌石岩等地做抗日救亡宣传工作，建立敌后抗援会、青年抗日同志会等抗日群众团体。

12月，中共广州外县工委又派中共党员刘向东、黄木芬，以抗战教育实践社流动工作团的名义，带领10多人到东莞、宝安交界的天堂围、观澜等地开展抗日救亡运动，建立抗敌后援会等抗日团体。年底，工作团转移中山，黄木芬则继续留在观澜、龙华一带工作。

1938年1月，中共香港海员工委派严尚民、叶锋、刘宣带领

香港惠阳青年回乡救亡工作团18人，回到惠宝沿海地区开展抗日救亡活动，朱海鸣任工作团书记。

5月，中共东莞中心县委成立，姚永光任书记，袁鉴文任组织部长，王作尧任宣传兼武装部长，继续领导东莞、增城、宝安地区党的组织和抗日救亡工作。东莞中心县委成立后，中共广东省委即把在宝安工作的黄木芬、王启光的组织关系转到东莞中心县委。

1938年6月，东莞中心县委为加强宝安方面的工作，又加派中心县委委员张广业，带领王河、陈明、黄庄平、陈坤、陈文到宝安，向王启光传达了中心县委关于成立宝安县工作委员会（简称"宝安县工委"）的意见。为取得合法身份和解决生活问题，王启光到宝安中学任文科教员，陈明在宝安中学任美术教员兼宝安县党部文科教员。派麦善容、王仕光、苏启华、王锦培等到中学一面读书、一面做学生工作，同时联系原在宝安的地下党员刘曼之、叶丽钧等，都以救亡呼声社国防前线工作队的名义开展工作。赤尾党支部建立。中心县委随后又派钟达之带领模范队的赵学光、刘觉兰等到宝安，接受张广业领导，为筹建宝安县工委做准备。

8月，中共深圳总支部成立，书记黄庄平，下辖皇岗、赤尾两个支部和罗湖、黄贝岭两个点，隶属中共东莞中心县委领导。

10月12日，日军在大亚湾登陆后，宝安形势十分紧张。章阁四面环山，易于防守，且东莞民众抗日自卫团统率委员会曾组织过一支工作队在章阁活动过，因此张广业等准备在观澜章阁建立抗日根据地，把在南头一带活动的党员撤到章阁，随后派陈文回莞城与中心县委联系，稍后张广业又回到莞城向中心县委书记姚永光汇报。10月，县一级领导机构中共东宝边区工作委员会在宝安观澜章阁村正式成立，张广业任书记，黄高阳和黄木芬为委员，领导宝安县及广九铁路沿线的观澜、塘厦、凤岗、清溪、樟木头等地的抗日斗争。宝安县工委的主要任务是：宣传、组织群众，建立抗日根据地；组织民众抗日自卫团、开展武装斗争；开展抗日统一战线工作。宝安县工委建立后，边区工委委员和骨干均深入各地做组织工作，张广业、王启光、王河、王月富等驻章阁，原在章阁的谢坚等，继续留在章阁；黄高阳到两度河，黄木芬以抗战教育实践社流动工作团的名义，活动在观澜等地；陈坤到龙华弓村，陈明到梅塘，刘曼之留在平湖、山厦和大坪，黄庄平留在南头。

东宝边区工委成立后，宝安地区党组织进一步发展。10月22日，第二批香港惠阳青年回乡救亡工作团到坪山地区后，工作团党支部派人到各村物色入党对象，其中在坑梓乡发展党员8人、建立了中共坑梓乡支部，叶锋兼任支部书记。同月，陈铭炎到坪山中心培中学校，建立田心党支部，许植仁任支部书记，组织委员叶碧华、宣传委员钟思英。11月，龙岗大井党支部成立，有党员7人，支书傅觉民。同月，中共惠宝工委派黄国伟到大鹏地区发展党组织，建立了大鹏地区第一个党小组，黄闻任组长。12月下旬，中共东南特委调整东莞中心县委领导成员，姚永光调走，张广业任书记。东莞中心县委在观澜白花洞召开县委扩大会议，张广业传达了上级的决定：中共东莞中心县委改为中共东宝县委，领导东莞、宝安和增城部分地区党的工作。袁鉴文任县委组织部长，王作尧任县委宣传部长兼武装部长。

1939年1月，东宝边区工作委员会撤销。原辖宝安县及广九铁路沿线的东莞塘厦、凤岗、清溪、樟木头等地的党组织划归中共东宝县委领导。

二、中共惠宝工作委员会成立

日军在大亚湾登陆后继续入侵华南，中共中央致电广东省委、八路军驻香港办事处，指示在东江敌占区开辟游击区。八路军驻香港办事处主任廖承志根据中央指示精神，于1938年10月14日召集中共香港市委书记吴有恒、中共香港海员工委书记曾生、中共香港市委组织部长周伯明、香港区委书记谢鹤筹等人开会。廖承志主张迅速在惠东宝地区建立抗日游击武装和党组织，并确定由曾生、周伯明、谢鹤筹等带领一批党员和积极分子回到惠东宝开展工作。

1938年10月24日，由梁广任书记，吴有恒任组织部长，杨康华任宣传部长的中共东南特别委员会在香港成立，领导香港、澳门、南海、顺德、中山、番禺、东莞、惠阳、宝安等地的党组织和人民的抗日斗争。东南特委成立的同一天，八路军驻香港办事处主任廖承志派曾生、周伯明、谢鹤筹三人组织惠阳工作团，到惠阳整理党的工作，建立惠宝海工作委员会。10月30日，曾生在坪山羊母嶂李少霖家主持召开了有香港惠阳青年回乡救亡工作团和坪山、淡水、盐田、沙鱼涌等12个党支部代表参加的工作组扩大会议，成立党的县一级领导机构中共惠宝工作委员会，曾生任书记，谢鹤筹任组织部长，周伯明任宣传部长，当即决定当前的工作任务是：发展党的组织；抓紧对干部进行培训；建立惠宝人民抗日游击总队；广泛发动群众，组建抗日自卫队；派人到当地国民党驻军做统战工作，争取联合抗日。

1939年2月，中共坪山中心区委成立，陈铭炎任书记，隶属中共惠宝工委领导。坪山中心区委下辖定南、坪山、坑梓、龙岗等党支部。3月，中共大鹏区委员会成立，黄国伟任书记，辖大鹏城、王母墟、坝岗、葵涌、沙鱼涌等党支部，隶属中共惠宝工委。6月，中共坪山中心区委改组，成立中共坪山区委员会，苏伟民任书记，黄秉任组织部长，黄达任宣传部长，辖石灰陂、羊母嶂、碧岭、坪山、大井、定南等16个党支部，隶属中共惠宝工委。

同年7月，中共惠宝工委撤销，其原辖党组织划归中共惠阳县委领导。

三、中共东江特别委员会成立

1939年2月1日，根据中共广东省委的决定，为加强对东江地区开展抗日游击战争的领导，成立中共东江特别委员会，尹林平任书记，领导增城、博罗、龙门、紫金、河源、海丰、陆丰、五华、连平、和平、龙川、新丰等县的党组织。同年11月，中共东南特委撤销，原属东南特委的惠阳、东莞、宝安等县党组织，划归东江特委领导。

1940年6月，中共广东省委在南雄召开省委扩大会议，确定广东党组织的工作重点在敌后和前线，放手发动群众，开展独立自主的敌后游击战争，建立敌后抗日根据地。会议决定强化党的领导，将东江人民抗日武装和惠阳、东莞、宝安党组织移交给东江特委领导，东江特委书记尹林平兼任东江两支人民抗日武装的政委。

四、中共宝安县工作委员会、中共宝安县委员会成立

为加强对广九铁路以西（简称"路西"）抗日游击战争和开辟根据地的领导，1940年10月，中共东江前方特别委员会组建成立中共宝安县工作委员会，王作尧任书记，刘汝琛任副书记。工委确定了迅速发展党员和扩大部队两大任务。同月，中共平湖区委员会成立，书记刘曼之，组织委员严国珍，宣传委员刘云。

平湖区委辖平湖大村、平湖墟、元屋围、山厦村支部,隶属中共宝安县工委。稍后,布吉、木古、白石龙、乌石岩、赤岭头、弓村、杨美、水径、山厦、平湖、甘坑、雪竹径等自然村先后建立党支部。

1941年1月,遵照中共东江前线特委指示,撤销中共宝安县工作委员会,成立中共宝安县委,书记刘汝琛,组织部长苏伟民,宣传部长杨凡。宝安县委机关先后驻雪竹径、赤岭头、樟坑、南头、西乡等地。宝安县委成立后,县委领导和外来党员都到新区发展党员和建立党组织,配合游击队建立乡村抗日民主政权和抗日根据地。其中刘汝琛、杨步尧在赤岭头,杨德元在岗头村,赵学在杨美配合部队开展民运、宣传、开办夜校教农民识字、组织妇女会和自卫队等支援部队。1942年下半年,宝安县已有100多名党员。

1941年2月,坪山成立中共南盛乡中心支部,书记叶源,统战委员邱能,武装委员李安。同月,中共龙华区委成立,书记赵学。3月,中共龙布区委成立,书记杨德元。6月,中共龙布区委分设龙华、布吉两个区委。

1943年1月,为了准备对付国民党顽固派和日军两方面可能进攻的形势,根据中共中央指示,在坪山土洋村成立中共广东省临时委员会(简称"广东省临委"),尹林平任书记,梁广、连贯为委员。广东省临委在中共中央南方局直接领导下,开展广东全省城乡抗日斗争及各项工作。3月,广东省临委指示:东江党组织的重点放在巩固方面,部队与地方党组织严格分开;地方党组织除临时工作委员会外,县市设特派员,采取单线联系,不发生横向关系。根据广东省临委决定,成立中共东江前线临时工作委员会(简称"前东临委"),书记黄宇,领导原中共前东特委辖下的党组织。为执行"隐蔽精干,长期埋伏,积蓄力量,以待时机"的方针，上级党组织决定：撤销中共宝安县委员会，以县特派员取代。县特派员王士钊，副特派员黄树楷。全县划分为布吉区、龙华区、路西区、西乡区，各区设区特派员。对党员和群众分类进行调整：政治面貌已经暴露的，划归部队领导；虽已暴露但离不开家乡工作的，平时留在家乡照常工作；没有暴露的就隐蔽下来，单线联系，秘密进行地下工作。

同年七八月间，坪山、龙岗合为坪山区，区特派员叶源，副特派员曾文贵、张贵荣。12月，中共大鹏临时区委成立，书记李光。

五、中共路东、路西县委，路东新二区委员会成立

至1944年，游击区和解放区相继建立了抗日民主政权。1944年11月，中共路东县委成立，蓝造任书记，辖惠阳及广九铁路以东的宝安、东莞部分地区党组织，隶属中共东江前线临时工委。中共路西县委也同时宣布成立，黄树楷任书记，辖广九铁路以西的宝安、东莞两县地方党组织，与路东县委同属中共东江前线临时工委。随着形势的发展，地方党组织活动也由之前的单线联系逐步改为支部活动。至日本投降前，地方党组织的主要工作任务是：配合抗日民主政府完成各个时期的中心任务，如减租减息、征收公粮；协助抗日民主政府恢复和建立农抗会、妇抗会、教师会、自卫队等群众组织，在斗争中物色、培养和发展党员。

1945年2月15日，中共路东新二区委员会成立，区委书记叶源，委员叶茵（负责组织工作）、曾文贵（负责宣传）、廖荣铿（负责政权）。路东新二区委下辖8个乡党支部，支部书记由党员乡长兼任，全区有党员100多人。路东新二区委成立后，实行党政军一元化领导，原来由部队联系的党员，由潘清统一转交给叶源。

　　4月，中共广东省临委决定：撤销原属地方党组织的路东县委，建立党政军一元化领导的中共路东县委，成员由广九铁路以东的部队党员领导干部和惠阳县及东莞、宝安两县地方党组织的部分领导干部共同组成，东江纵队二支队政委张持平兼任书记，隶属中共东江前线特委。5月，路西党组织在燕川村召开会议，传达中共中央关于抗日根据地实行党政军一元化领导指示和广东省临委会的决定，宣布撤销原属地方党组织的路西县委，成立党政军一元化领导的路西县委，书记由东江纵队一支队政委陈达明兼任，委员古谊（组织部长）、谭天度（宣传部长）、何鼎华、王士钊（政权部长）和地方党的黄树楷（民运部长）等6人。地方党由黄树楷负责，谭天度、何鼎华、王士钊抓政权工作，军队由陈达明管，军队党组织由一支队政治处管。县委组织部长除地方党务工作外，同时要了解与指导部队党务工作。这一体制和组织机构延续到抗日战争胜利。

宝安抗日民主政权的建立

1938年，惠宝人民抗日游击总队成立后，于12月建立了惠阳县第二区行政委员会（严尚民任主任）和下辖11个乡的民主政府，是东江地区第一个由中共建立和领导的抗日民主政权。其中，坑梓乡抗日民主政府，乡长由中共党员黄运鸿担任；坪山乡抗日民主政府，乡长由中共党员廖其谷担任；定南乡"白皮红心"抗日民主政府，乡长由进步人士许植仁担任。

1943年底，日军虽打通了广九铁路、占领了铁路沿线重要据点，但铁路两侧的广大乡村已为东江纵队控制，并将两侧的抗日根据地划分为路东、路西两个解放区。随武装力量的壮大、解放区的扩大和巩固，建立抗日民主政权的条件已趋成熟。

1944年1月20日，中共广东省临委书记、东江纵队政委尹林平，就如何在东江抗日根据地建立和扩大抗日民主政权问题请示中共中央给予具体指示。1月31日，中共中央发出的《关于东江游击区建立抗日民主政权问题给林平的指示》指出："东江游击区的抗日民主政权的基本精神应该是新民主主义的，三三制的，但是实践上既不必照国民党的形式，亦不必抄华中、边区的办法，而要因地制宜，根据你们当地具体情况采取某些便于游击发展和军队转移的政权形式。如东宝某些区乡可开代表会，在代表会选举区乡政府，如不能开代表会，而其它地区又经常被日伪占领者，则不妨组织武装工作队，统一军政工作。县级代表会亦可名参议会。县以上是否成立联合政权,视情况需要定之。选出各级政府应实行民主集中制。关于三三制,一方面应注意我党领导权的确立,另方面应吸收党外联共和不反共的人士多的参加,施政纲领可参照陕甘宁边区的纲领;加以切合当地实际的变动。"[①]

根据中共中央指示,东江纵队政治部向全军发出建立抗日民主政权的指示。凡部队所到之处,都宣布废除国民党旧政权建立新政权;在老区凡未成立民主政权的地方立即成立;以民主政权为机构建设抗日根据地。

1月10日,宝安县第四区抗日民主政府在观澜乡甘坑村成立,区长曾鸿文,区员刘宣(兼区政府机关支部书记)、何赋儒、黄云生、张孝文。政权的党组织属部队领导,地方党组织属特派员领导。3月,宝安县第一、二区抗日民主政府成立,区长黄达三,区员刘宣、何竺、李少霖、司徒英、麦尧。区政府机关设党支部,书记叶芬,管理机关党务。区政府之下分为两个区:宝一区由刘宣负责,辖黄田、固戌、沙河、西乡、基围等5个乡;宝二区由黄达三负责,辖福永、岭下、塘朗涌、沙井、新桥、周家村、布尾、楼村、水贝、合水口、燕川、莹田等12个乡和黄松岗、公明、福永3个墟镇。

7月1日,在区、乡抗日民主政权建立起来的基础上,在路西解放区建立县一级的抗日民主政权机构——东宝行政督导处。谭天度任主任,何鼎华、王士钊任副主任。下设政治科、秘书科、财经科、民政科、民运科、司法科、宣教科、税务科、路西政工队、新大众报社、警卫连。督导处下辖10个行政区,其中宝安县

[①] 参见《关于东江游击区建立抗日民主政权问题给林平的指示》(1941年1月31日),《东江纵队志》编委会编:《东江纵队志》,解放军出版社2003年版,第507—508页。

属4个区，分别设在黄田、公明、深圳、龙华。东宝行政督导处区以上政权干部均由东江纵队委派，重大方针政策均由东江纵队政治部制定、公布。军政合一是其特点。

凡在抗日民主政权辖区内，均废除国民党旧政权的一切苛捐杂税，重新制定征粮收税条例，设置税务局（科），配备专职干部。其中抗日公粮的征收，先查核土地面积，采取多收多交原则，具体按每户的等级分田主、佃农、自耕农、租偿四类，定出合理负担，每年分两造征收。以100斤干谷为1担计量，田主征收率为5%（每收获1担谷征收5斤），佃农10担以下免收，10担以上收1%；自耕农30担以下收2%，30担以上收3%；租偿户30担以下收7%，30担以上收8%，51至100担者收10%；自由职业者或鳏寡孤独及有田地无力自耕，每造收入不足5担者免，军烈属八折征收；如遇天灾人祸，酌情减免。1945年夏季，除征收抗日公粮外，还向地主征收土地税。

工商税则实行单一税制，经纳税后，货物即可通行全区。税率为：日用必需品5%，奢侈品10%，屠宰和烟酒税各地自定。特需进口物品及非商业性质的物品免税。如果商人在解放区遗失货物，抗日民主政府负责追回或赔偿。

1944年秋，随着东江纵队的一系列胜利，路东解放区普遍开展民主建政，在各区、乡实行自下而上的民主选举，先后建立了6个区的抗日民主政权。1945年4月23日至27日，东江纵队政治部召开路东解放区首届参议会，参会者有工、农、商和教育等各界代表。大会通过了《东江纵队政治部对于建设惠、东、宝路东区的施政纲领》和《土地租佃条例》，选举产生由49名参议员组成的路东参议会，由9名行政委员组成的路东行政委员会下辖新一区等5个行政区。①

抗日民主政权各乡村普遍成立农抗会、青抗会、妇抗会、儿童团、生产救济会和备耕会等群众组织。部分区、乡还成立献谷委员会,分别召开乡民献谷大会,动员群众给部队捐献粮食。各区、乡尤其是在东宝行政督导处辖区内,积极开展拥军工作,建设民兵队伍。内容一是动员青年踊跃参加东江纵队,或参加民兵、发展壮大民兵,以保证部队后备补充兵员;二是建立交通情报网络,深入敌伪内部或在国民党统治区内收集情报提供给部队;三是帮助部队购买武器弹药、运输军粮,建立军械厂,为部队修理枪械;四是动员群众组织担架队,为部队运送伤病员和掩护部队治疗护理伤病员;五是组织群众支援部队、慰劳部队,为部队战士缝制衣服、军鞋和捐献物品、食物;六是发动群众交纳公粮,解决部队的生活给养,保障部队供给等。各抗日民主政权还组织变耕队,帮助军烈属解决劳动力不足的困难,对抗属公粮减免征收等。各抗日民主政权普遍重视民兵组织建设。东宝行政督导处成立后,原宝安大队主要干部转入地方,在督导处成立警卫连,在区、乡人民政府组织一个班或一个小队的脱产武装。各区、乡普遍建立了民兵组织:区有基干民兵,成立民兵大队;乡村有普通民兵,乡成立民兵中队,村成立民兵小队。路西解放区有民兵7 000人,路东解放区于1945年4月成立了人民抗日自卫总队,时锋任总队长,蔡子培任副总队长。路东解放区有民兵3 000余人。民兵武装担负锄奸、清匪、缉私和协同部队作战等任务。有的区还以若干乡为单位,建立抗日联防自卫委员会,一乡有事,四方支援,形成主力部队、地方武装、民兵三级武装,以部

---

① 深圳市史志办公室著:《中国共产党深圳历史》(修订本)第一卷,中共党史出版社2012年版,第172—173页。

队为主干，开展人民战争。

1945年4月10日至13日，东宝行政督导处在宝安公明水贝村召开路西国事座谈会，到会的有各阶层知名人士、农工兵学商、民主政权各级领导干部和人民团体、宗教界和国际友人等各方面代表248人。会议决定：（1）动员全区人民团结起来一致抗日，争取最后胜利，并发表告全区人民书；（2）通过路西建政纲要；（3）继续开展减租减息运动，在此基础上农民保证交租交息，做到主佃两利，团结抗战；（4）发展生产，改善人民生活，支援东江部队给养；（5）成立东宝路西地区生产建设委员会，聘请各阶层人士参加，并发行1亿元的生产建设公债，作为发展本地区农工业生产之用。

经连年战争破坏，农业生产衰退。据路西解放区统计，耕地面积比抗战前减少7%，谷物产量比抗战前减少了三分之一。面对严重经济困难，路西、路东各民主政权领导号召军民，响应毛泽东发出的"自己动手，丰衣足食"的号召，掀起大生产运动。主要措施有：（1）鼓励农民开荒扩种，修缮桥梁道路，大力发展农副业、渔业、盐业生产；（2）组织生产救济会、生产基金会，筹集资金，投放水利建设和贷给农民购买耕牛、农具和种子；（3）提倡集体互助，组织变工队，"搭牛脚"，解决耕力不足困难；（4）发展小手工业，开办各种生产合作社和小作坊，如榨油厂、农具厂、炭窑等，增加日用品和生产生活资料的生产；（5）开办商业合作社，鼓励商人做生意，促进物资交流。通过这些措施，抗日根据地生产逐步恢复和发展。

活动于路西、路东解放区的部队各支队，成立生产劳动委员会，参与生产、增加粮食，改善部队给养和生活。东江纵队第一支队成立了以叶文华为主席的生产劳动委员会，各大队支队成立生产劳动委员会分会，各连队选举产生生产劳动执行委员会。部队的生产以改善生活和公私兼顾为原则，支队生产收益的95%归公，5%用于改善生活；大队生产收益的85%归公，15%用于改善生活；连队生产收益的40%归公，60%用于改善生活；个人生产收益的5%归公，95%用于改善生活。生产内容以农业为主，包括种田、养猪、养鱼、种麻、种花生、种瓜菜等。

减租减息是中国共产党在抗日战争时期处理土地问题的基本政策。中共中央于1942年1月28日发布《关于抗日根据地土地政策的决定》，决定在抗日根据地停止没收地主土地，实行减租减息。1944年春，路西解放区首先在宝安燕川村进行减租减息试点。7月，路西宝安党政军联席会议在象阁塘村召开，会议的主要议题就是总结减租减息经验。11月，宝四区公布《减租减息条例》，规定全年租谷分两造在收成后缴纳，减租比例为按全年收成所得租谷占4/10者免减，租谷占5/10者减15%，租谷占55%者减20%，租谷占6/10者减25%。减息原则是月利不超过四分。同时，政府保证农民交租交息，不得拒交。嗣后，减租减息斗争热烈开展，142个村组织农会，有会员7 800余人。

为保证减租减息运动正常发展，1945年3月9日，东江纵队政治部发布《减租减息暂行条例》，对减租减息、交租交息、地权与佃农的关系等政策做了明确规定。

减租减息运动从1944年冬季开始，1945年春季形成高潮。

抗日根据地经济社会建设

一、医疗卫生体系建设

宝安抗日根据地医疗卫生系统的创建，从惠宝人民抗日游击大队成立开始，逐步建立卫生员（中队和小队设，主要从事战地救护、队员疾病防治）、医务所（中队和大队设，收治伤病员）、医院三级医疗卫生体系。医务人员由最初的从参加游击队的队员选拔到专业医护人员次第加入。医疗对象主要为游击队干部、战士，力所能及的情况下亦为群众看病。

1938年10月下旬，香港惠阳青年会组织的第三批回乡救亡工作团60多人到达坪山，参加惠宝人民抗日游击大队，从中选派了邝爱莲、李洁真、陈淑灵、李玉珍、李丽珍、钟丽丝、谭淑贞等10名女队员，到驻扎在龙岗的国民革命军独立第九旅温淑海部（时称友军）学习战地救护，由该旅军医授课，每日一课。旋因日军占领广州后回师"扫荡"惠东宝，与温淑海部发生战斗，伤员运回龙岗，派去学习的卫生员参加伤员护理；继因日军继续进攻，温部溃败，逃到香港"新界"被英军缴械，学习的卫生员只得回到坪山部队。新编大队成立后，原派去学习的只留下1人从事卫生工作。稍后，在坪山竹园设立了医务所（所址在一间庙堂），所长郭云翔，医生刘希节，卫生员梁帼莲等。其后又从香港回来的女同志中选配容敬玉、蔡冰如、招丽珍、周昆、韦世珍、张淑文、江群好、叶萍、谢秀婉、吴英娣、何志文等充实卫生队伍。这是惠东宝地区抗日游击队第一批医务人员和设立的第一个医疗机构。

当时，不少卫生员不会静脉注射，一些伤病员宁愿不注射。卫生员就互相在自己身上练习注射。红军时期当过军医的队长彭沃甚至鼓励卫生员在他身上练习注射。

为了培训急需的卫生人员，东江纵队曾先后在惠东宝地区办过三期卫生员训练班：

第一期，1944年4月在大鹏湾上洞村司令部医院开办，学员约40人。

第二期在马栏头开办，9月开始11月结束，训练内容与第一期同。

第三期为提高班，训练约30人，1945年2月开学，训练时间约3个月。

随着游击队战斗范围的扩大和部队发展，先后办过多处医务所和医院，每个大队都有一个医务所。其中在宝安的主要是第五大队医务所。东江纵队司令部驻地转移到白石龙后，又作为总队部医务所，又称宝安医务所。

1941年6月，抽调老卫生员莫银尚、何景荀、黄雪珍与新从港九回来的徐绮云、欧锋、欧坚、欧强等10多人组成，张惠文任所长，之后梁帼莲任所长（张惠文改任指导员）。最初选定在布吉乡岗头仔村后山沙梨园为所址。在地下党员陈德和等帮助下自搭了几间茅寮作为病房和住房，每间茅寮可住3至5人。最高时收治病员30人左右。6、7月之间，因国民党顽军进攻，人员隐蔽后医务所茅寮被烧，转移到白石龙蕉窝山坑树林中，在地下党员刘鸣周等帮助下，用了近20天时间新建茅寮，其中两间大的可容纳30人左右，一间作课室，一间作医务室。不久，兵工厂、新百姓报社也相继搬来。稍后，从香港抢救回来的文化人也有一部分住在医务所的茅寮里。1942年春，又在羊台山建立了后方医院，陈园人医生任院长。1942年4月中旬，因国民党顽军进攻羊台山，伤病员全部疏散到西乡、黄田一带隐蔽。除岗头仔、白石龙外，总队部医务所（第五大队医务所）还先后流动驻扎过龙华、杨美、乌石岩、大船坑、石坳村、铁岗村、深坑村等地。

二、财政与税收

游击部队的收入来源，早期以海外华侨和港澳同胞的捐款和抗日募捐为主，兼以少量的个人捐资。具有较为稳固的根据地以后，以税收为重要来源。抗日民主政权建立后，税收占主要收入来源。

广东人民抗日游击总队成立，虽然获得当时地方当局承认、给予国民革命军部队番号，驻军温淑海部也曾以借的方式给予以步枪为主的极少量武器支持，但游击队并未被纳入国民革命军军需供应系列，部队的基本生存所需全靠自己筹措。

抗日战争开始后，海外及港澳成立了不少民众抗日团体。这些团体既组织青年回国参加游击战，同时他们的主要任务也包括为国内抗战募捐，募捐已经成为这些团体支援国内抗战的主要形式。他们举行的筹款募捐活动连续不断，形式多种多样。有月捐、难童捐、救灾捐、购机（飞机）捐、寒衣捐、劳军捐、特别捐，以及献金、义卖、义演等。据有关统计，从1937年至1941年，仅南洋救乡总会一家即捐献和筹集资金3.8亿元国币。1939年初，海外华侨寄给宋庆龄转交给曾生部队的捐款一次即达20万港币。东团两才队、文森队、吉隆坡队回国带回布匹、衣物、药品等物资及其他用品不计其数。1940年3月以前，曾生部队所用衣被、军鞋、药品等物资，主要来自华侨和港澳同胞的捐献。香港沦陷前，海外所捐款物，还有一部分通过八路军驻香港办事处转交给曾生部队。游击队也想方设法，独立自主地解决部队给养问题。根据毗邻香港的这一条件，游击队开始建立税站征税。征税的对象，主要为从香港到宝安之间的进出口货物；征税的办法是在香港至深圳之间、在游击队能控制的地区或敌伪控制较为薄弱的交通要道建立税站。

1940年冬，游击队第五大队派陈前带领8名短枪队员，在宝安与香港进出的必经之路——梅林坳，建立了第一个税站。此前，在此路径之上常有小股土匪出没。他们赶跑了土匪，根据党中央独立自主地"征收抗日捐税"的指示，用护路的名义，在路边上插上"自愿捐助抗日经费"的护路小旗，为客商提供安全保障，按担收钱，开始征税。征税的口号是：薄收乐捐。因而过往客商乐于捐款，每天可收入二三千元。常在宝安与香港之间往来经商的一些富户和殷实人家，也愿意借给游击队"抗日粮"。梅林坳税站已见成效之后，黄国平在布吉的水径建立了第二个税站，随游击队活动地区的扩大，乌石岩的白芒、沙头角的梅沙、盐田坳、李朗、上下坪、沙河、黄田、西乡、望天湖等地也陆续建立了税站。最后又建立了宝安税务总站。总站设立之后，各税点称为分站，统一归总站管辖。总站直属总队部，中途曾交给宝安大队代管一段时间。有了这些税站，游击队才能维持最低限度的给养。

收税分"出口""入口"两部分的货物税。所谓"出口"，是从国民党统治区域（简称"国统区"，又称"后方"）运出敌占区；所谓"入口"，是从敌占区运入国统区，也包括游击区进出敌占区的货物。出口的，主要是农副土特产品，如家禽、牲畜、生油、粮食、烟叶、中药材等。贵金属、桐油一类属战略物资，不准出口，走私者以资敌论处，处以罚款或没收。入口的多为工业品，如棉纱、布匹、成衣、鞋袜、西药、火水（煤油）、文具、铁钉等。日本人严格封锁工业品进口，而游击队实行鼓励政策，以利发展生产、方便生活。做进出口生意的，称为水客，多为东莞常平、大朗、观澜、平湖一带人。行走多三五成群，挑着担子结伴而行，拂晓前通过封锁线来到税站并主动交税。

税收对游击队给养贡献很大。据宝安大队政委何鼎华亲笔写的《1943年宝大军事工作总结》：宝安大队在3月前每月收入七八万元，支出十万元，差额部分由总队补助；4月以后全宝安税站收入归宝安大队管理，收入一半缴总队，有盈余则60%留作公积金，40%缴总队；9月以后税站归总队直辖，宝安大队按预算向总部领款。

1943年4—12月宝安地区税收统计：

4月370 000元　　5月473 047元

6月347 521元　　7月873 288元

8月767 159元　　9月668 498元

10月856 212元　　11月748 004元

12月1 126 503元

币值为当时国民政府中央银行、中国银行、交通银行、农民银行四家银行的钞票币值。据曾任宝安税务总站站长史明计算，宝安地区的税收保证宝安大队的经费开支绰绰有余，大部分上缴了总队部，支援了其他部队。

1943年，为改变"自愿捐助""按担收钱"这种缺乏公平性科学性的税收政策，由宝安税收总站站长史明起草，游击队颁布了《广东人民抗日游击队税收条例》，主要内容包括：税收的宗旨，准许进出口货物种类，各类货品起征点和税率，走私处罚，优待和奖励等。同时编写了税收业务教材，拟定了税站工作人员守则，印制了税收宣传单向外发放。

从1940年建立第一个税站始，税站建设贯穿整个抗日反顽斗争始终。至1943年，除主力大队不划定活动地区、没有建立税站外，宝安、东莞、惠阳、港九四个地方大队都在自己活动范围内建立了税站，共设立了宝安、沿海、东莞、大亚湾、港九等5个税收总站和下属39个税务分站。

税站工作与作战部队不同。作战部队武器装备相对较好，且可以运动战，可打可撤。但税收人员要守在税站，且武器装备相对较差。有的配发一把手枪，有的配一枚手榴弹，还有的徒手。且敌人或化装成水客袭击税站，或出动战斗队包围税站，故税站人员牺牲也多。据史明回忆：在税站牺牲的同志是以"批"计算的，而且不止一批，是好几批。仅宝安税务总站包括下属各税务分站，相继牺牲的税站人员有：沙河税站站长史权，建立第一个税站的陈前，曾任总站站长的黄国平和陈秋，李朗分站长邱佛，乌石岩分站长张金雄，以及容理初、黄镇南、廖汉英、吕志成、谭觉、李华仔等，还有更多牺牲者姓名也没留下。

三、创办东宝中学

抗日根据地重视文化教育，实行战时教育，普及农村文化，加紧培养干部，提高人民文化水平与政治水平。[1]具体措施包括："第一，积极推动开办学校、识字班、夜校，使所有儿童、青农、妇女都有读书识字的机会，实行普及教育。第二，实施成年普及教育，加强干部教育，推广通俗书报，奖励自由研究，提倡科学知识与文艺运动，欢迎科学技术人员，保护流亡学生和失学青年，实行公务人员的两小时学习制。第三，在遵守政府

---

[1] 1945年4月25日《东江纵队政治部对于建设惠东宝路东区的施政纲领》，广东省档案馆编：《东江纵队史料》，广东人民出版社1984年版，第552页。

政策法令的原则下，允许任何外国人在本区作宗教及文化的活动。"①

为发展教育，帮助教师了解中国共产党和抗日民主政府的方针政策，提高政治觉悟，东宝行政督导处和宝四区政府先后举办了两期教师学习班。

1945年2月，东宝行政督导处在公明墟水贝村陈氏宗祠创办的第一所新型战时中学——东宝中学开学。何恩明、曾劲夫任正副校长，教职员工19人。学校先属东宝行政督导处、后属宝二区区委领导。学校建立了中共党支部和青年团支部，党支部由教师黄研任支部书记，教育长周大洲任组织委员，教导主任梁克寒任宣传委员。团支部（先称共产主义青年团，后改称抗日民主青年联盟）书记由梁克寒兼任。学校开办时招收了1个简易师范班和1个初中班，秋季又招了1个初中班和升初中班，学生最多时有100多人。办学方针是：实施新民主主义教育，着重培养人的政治思想、道德品质，树立革命人生观，同时使学生掌握科学文化知识，学用结合，使之成为为人民服务的干部，为党和政府输送新生力量。学习期限规定师范班为1年，初中2年，课程设置与沦陷区、国统区比较有较大改变，除了正课语文、数学外，增设政治常识、社会发展史、哲学讲话等课，教材多由教师选印或自编。为适应战争需要，特别设置动植物、生理卫生和军事知识等课程。东宝行政督导处主任谭天度、副主任王士钊，常到学校作形势报告和讲解中共在东宝地区的各项政策。

在学生中秘密发展的中共党员中，第一批有陈燕（陈仁，中华人民共和国成立后曾任广西壮族自治区人民政府副主席）、凌

---

① 尹林平：《关于中国共产党在东江敌后前线地区实施各项政策问题的谈话》（1944年1月21日），广东省档案馆编：《东江纵队史料》，广东人民出版社1984年版，第107页。

琅、林振如、胡剑华等。团员有冼杏娟、陈琴等人。

1945年10月，国共内战烽烟燃起，东宝中学停办。

四、秘密交通站、线建设

1942年1月，广东人民抗日游击总队成立，开始建立多个秘密交通站、线。随着东江纵队的成立，游击区扩大、部队发展，秘密交通线的建立遍及整个惠东宝地区交通站、线的建设，是一个多层次组成"上下左右"连通的交通网络，首先在部队（大队或支队）活动地区和区与区之间视实际情况和需要，建立骨干交通站，有的还需要建立一条备用线，以防一条线被切断时即可立刻改用备用线，以此沟通区与区、单位与单位之间的联系，由此组成游击队整个活动区内的交通网络。

宝安地区的交通线，最主要的是宝安与香港连接的、由第五大队和港九大队建立的两条线，其中一条是便捷的线，另一条是迂回线路。

1940年，部队东移重返宝安后，沿宝安与香港边界线西北，日军沿南头到深圳镇公路设置了封锁线，五里一碉堡且有巡逻队日夜巡逻。沿广九线东莞、宝安的大部分地区则为国民党军队占据，游击队困在一个狭长的地带，而游击作战区域又多为穷乡僻壤，无法建立后方。只有南面依托九龙半岛的香港"新界"，可以买到服装、药品、鞋袜等物品供军队所需。此时，廖承志还在香港主持八路军驻香港办事处，经常给部队送来一些物资和经费。游击队也在九龙设立了一个军需处，由何鼎华、何启明负责，在港九购买军需品运回宝安，但必须通过敌人这条封锁线。

1940年10月底（或11月初），在上步村郑珠明靠近深圳河边的家里建立了交通站，作为过河点。深圳河对面是香港的落马洲小学，经落马洲小学张老师（郑珠明的熟人）安排，将落马洲小学作为香港方面的过河点，两个点就成为交通站。香港的货物运到落马洲，天黑之后运过河存放在上步，如果顺利再乘黑夜运到梅林坳税收站所在地，如果再派出短枪队接应，货物只要运达梅林坳北边的树林就算到达安全区了。之后，这条路线出了一次事故和两次遇险，1940年底到次年初，又通过郑珠明，在向西的叶屋、赤尾、皇岗、白石洲、沙头等地设置了多个过河点；河对面香港一方，又在元朗找到了一所小学作为交通站。但这几地，人员来往较多，如果物资多了就不安全。1942年2月，又在铁路以东梧桐山麓的连麻坑、丹竹头一带开辟了另一条运输线。宝安游击队就通过这两条交通线，从港九运回大批物资供应部队。此后，日军进占香港，游击队从这几处渡口进入"新界"，在"新界"收集到大批英军丢弃的武器弹药运回宝安并建立了港九大队，活动于该地区。香港沦陷后，被抢救出来的一大批文化人，其中不少也是通过这两条交通线回到内地的。

除上述几条主要连接香港的交通线之外，第五大队还建立了多条宝安与惠阳、东莞、增城等地的交通线。1941年上半年，建立岗头仔交通站，年底建立羊台山龙眼村交通站、应人石村交通站等。

其次是港九大队成立后建立的交通站、线。

港九大队建立后，大队长蔡国梁、政委陈达明、政训室主任黄高阳都十分重视情报和交通工作。1942年下半年，蔡仲敏任大队部情报交通干事，受命组建情报交通网，成立了由何杰、欧巾雄为负责人（后由李坤负责）的交通站，情报、交通合一。1942年至1943年，中心交通站设在深涌，下有5条交通线路：第一条是海上交通线，横渡大埔海，与沙头角区冲尾督交通站联系；第二条是乘船在十四乡井头村上岸，经輋下、泥涌、樟木头、马鞍山马场和大水坑村，与梅子林交通站联系；第三条是经榕树澳村、企岭下老围、沃头、禾寮、大环、沙下，与沙角尾交通站联系；第四条是经西贡区南山村、白沙头、高塘、土瓜坪，与赤尾交通站联系；第五条是与嶂上村港九大队部联系。

1944年初，日军在西贡区大"扫荡"后，港九大队迁回大鹏半岛，成立了由李坤负责的交通总站，有两条交通船：一条与西贡村赤径交通站联系，一条与沙头角区红石门交通站联系。又在葵涌设立了一个交通站，其后在总站之下又相继设立了多个交通站：沙头角、上水、大埔交通站和九龙油麻地钵砣街、油麻地庙街、元朗区交通站等。

随形势发展、游击区的扩大和根据地的建立和巩固，交通站、线的建设逐渐发展到遍及东宝惠的大部分地区。

秘密大营救与宝安接待站

秘密大营救，或称香港大营救、香港—宝安大营救，是曾生、王作尧领导的抗日游击队在党中央和南方局领导下，抢救在香港沦陷后滞留在香港的著名文化、民主人士。

1941年，何香凝、柳亚子、茅盾、邹韬奋等一大批文化界知名人士和爱国民主人士，为免遭国民党迫害，在中共中央、周恩来的关怀和安排下，于1941年1月至5月，分别从桂林、重庆、昆明、上海等地转移到香港。中共中央、周恩来又及时指示八路军驻香港办事处负责人廖承志，要做好团结这些文化界知名人士和爱国民主人士的工作，帮助他们解决困难，大力支持他们开展抗日救国活动。中共中央、南方局、周恩来还派张友渔、范长江、夏衍、胡绳等一批党内文化骨干来到香港，协助廖承志工作。

在日军攻占香港之前，中共中央和南方局在获悉日军即将进攻香港的情报之后，非常关心被困在香港的爱国民主人士和文化界知名人士的安危。1941年12月7日，周恩来急电廖承志要迅速做好应变准备；12月8日，中共中央书记处急电廖承志，要想方设法保护这批爱国民主人士和文化界人士撤离港九到东江游击区；12月9日，南方局、周恩来又急电廖承志，对有关撤离香港的路线作了明确的指示：除去广州湾、东江外，马来亚（今马来西亚）亦可去一些，如去琼崖与东江游击区则更好；到游击区人员即转入内地，可先到桂林。

廖承志在接到南方局、周恩来12月7日的急电后，立即布置应变工作。8日，正当日军进攻九龙的上午，廖承志召集文化界和新闻界人士参加紧急会议，分析形势，认为英军不可能长期坚守，必须立即把住在九龙的爱国民主人士和文化界知名人士转移到香港隐蔽起来，等待布置撤退。

在日军进攻香港前夕，中共南方工作委员会正在香港开会。南方工委副书记张文彬、粤南省委书记梁广、广东人民抗日游击队政治委员尹林平等出席会议。南方局派到香港工作的李少石、潘汉年、刘少文也在香港。廖承志、张文彬接到中共中央书记处和中共中央南方局负责人周恩来的指示后，立即进行传达，研究部署营救工作。由于日军已获悉香港有一批文化界知名人士和爱国民主人士，必将进行大规模搜捕。因此，时间非常紧迫，必须乘日军刚侵占香港，对情况不了解，以及由于粮食燃料供应困难，要疏散大批居民返回内地的最好时机，以最快速度，抢在日军下手之前，进行抢救。为此，会议作了周密的部署：首先，设法与滞留在香港的文化界知名人士和爱国民主人士取得联系，帮助他们迅速转移住地，秘密护送到东江抗日根据地，然后护送他们到大后方。

营救工作艰巨复杂。香港陷落后，为避开日军的搜捕，许多爱国民主人士和文化界知名人士一再改变住处，要把营救对象找到就更不容易。刘少文和梁广留在香港负责这项工作。他们派出熟悉香港情况的潘静安，根据廖承志提供的名单，通过各种关系，把营救对象一一找到，并帮助他们转移到较安全的驻地，摆脱日本特务的跟踪，然后安排他们分批撤退。

九龙方面，在尹林平领导下，由何鼎华、李健行、何启明等建立了秘密接待站，解决食宿问题，然后按照不同的对象，安排他们前往东江抗日根据地或其他地区。前往东江抗日根据地的，由广东人民抗日游击队挺进港九地区的武工队负责护送：东线由蔡国梁指挥，黄冠芳、江水领导的武工队担任护送；西线由曾鸿文指挥，林冲领导的武工队担任护送。

尹林平在九龙布置好接待和护送工作后，于12月下旬回到宝安羊台山区白石龙村，召集梁鸿钧、曾生、王作尧和由香港市委调来部队的杨康华等开会，传达中共中央、南方局周恩来的电报指示，研究并作出了如下决定：梁鸿钧负责部队的军事指挥，调集3个中队和1个独立小队在白石龙周围的龙华一带待命并担任外围警戒，曾生在白石龙主持接待工作；王作尧负责从九龙市区至东江抗日根据地的警戒和护送的指挥；尹林平到广九铁路以东（简称路东）坪山地区，布置中共惠阳县委、惠阳前线工委建立秘密接待站和护送等。

1942年元旦，营救工作拉开序幕。首先是廖承志、连贯、乔冠华一行先行，并在沿途检查和布置接待、转送工作。

为了安全起见，曾生在石桥坑接待了廖承志一行。廖承志等和随后到达的张文彬同曾生一起研究了在白石龙和田心的接待工作，以及下一站的接待和护送工作。当时，曾生部队总部机关设在宝安县白石龙村南一座两层楼房里。为了做好接待和护送营救出来的爱国民主人士和文化界人士，经研究决定，由曾生留在白石龙负责接待工作，专门接待由西线撤离香港到宝安的人士。

1月9日，紧张的营救工作正式开始。午夜，3艘小木艇载邹韬奋、茅盾等第一批文化界知名人士撤离香港偷渡到九龙。11日晨，化装成难民的邹韬奋、茅盾一行20多人，由交通员带领来到青山道口，插入源源不断的难民队伍，向北经九华径到荃湾，再进入大帽山区，又经元朗十八乡住宿一夜，12日分批上路，经落马洲渡过深圳河到达赤尾村。从赤尾村往北穿过宝深公路，再过梅林坳，安全到达宝安羊台山抗日根据地白石龙村。白石龙村成了文化名人大营救中的重要接待中转站和住宿地。从1月底至2月底，每隔一两天就有一批人从香港偷渡到九龙，每批少的10多人，多的20至30人，多数人走西线到宝安。

在宝安，被营救脱险的爱国民主人士和文化界知名人士到达白石龙后，受到尹林平、梁鸿钧、曾生、王作尧、杨康华等领导和广大游击战士的热烈欢迎和盛情接待。曾生在白石龙主持接待工作，委派敌后文化工作委员会负责人黄日东建立起临时接待机构。当时部队和群众的生活极为困难，但仍千方百计地筹办粮食、肉类，保证他们的伙食。部队努力开拓税源，增加税款收入，紧缩开支，多方筹集接待经费。中共中央对广东人民抗日游击队接待经费的困难十分重视，汇来几十万元，解决了部分经费困难。部队用奇缺的药品为他们治病，邀请他们参加部队各项政治、文化活动，召开座谈会听取他们对部队各项工作的意见。1月14日，广东人民抗日游击队总部在白石龙召开了一个小型座谈会，庆贺邹韬奋、茅盾等脱险归来，向他们慰问，并由尹林平传达中共中央、南方局、周恩来关于这次营救工作的指示。文化界的朋友们谈了他们在香港脱险的历程，无不衷心感谢中国共产党和广东人民抗日游击队对他们的营救。游击队还在白石龙村外的沙梨园里，举行了一次聚会，曾生和王作尧介绍了曾、王部的建立、发展的战斗历程，艺术家、名演员表演了丰富多彩的节目。曾生、王作尧等还陪同邹韬奋、茅盾、沈志远、宋之的、戈宝权、胡绳、黎澍等10多位作家、学者，参观了部队的"山寮报社"，观看《新百姓报》的各种印刷品。邹韬奋等对部队简易的油印和刻写技术很感兴趣，赞扬报社工作人员艰苦奋斗的精神。邹韬奋不断地说："真不简单，不简单！我们是同行，我要向你们学习。"茅盾说："百闻不如一见，看了你们的'山寮报社'，我对游击队怎样在敌后开展抗日文化工作，了解得更具体了。我坚信，作家只有深入工农大众才能很好地开展革命文化运动。"邹韬奋还欣然挥笔，写下《东江民报》的报头。茅盾则为《东江民报》副刊《民声》题写刊名。邹韬奋后来还为该报写了一篇《惠博沦陷的教训》的社论，抨击国民党积极反共、消极抗日的错误方针。女作家杨刚以通俗演义的形式，描述了第二次世界大战。漫画家丁聪为报纸画漫画，木刻家制作版画，诗人给副刊写诗。许多名家都为部队和训练班讲过课。邹韬奋讲《中国民主政治问题》，茅盾讲文学，胡绳讲哲学，沈志远讲政治经济学，黎澍讲中国革命史，戈宝权讲《苏联的妇女运动》和《社会主义苏联》。曾任军医处长的陈汝棠和病理学家吴在东教授给医务人员讲解剖学、病理学等。美术界、音乐界、舞蹈界、戏剧界的文化人更是活跃，他们教战士们唱歌、跳舞、绘画，传授漫画创作和演戏的基本知识，推动部队的文化工作发展。

按原计划，抢救出来的民主文化人士来白石龙村后，先一批一批转送到路东田心村，再转往惠州。因日军又占领惠州、博罗，使大批文化人滞留在白石龙。为了安全起见，曾生亲自布置龙华乡副乡长刘鸣周带领一批共产党员和抗日自卫队员，先后在白石龙村后面的丫髻山和羊台山上的蕉窝、深坑，还有市吉乡的杨美、雪竹径、水径等村后的树林中搭茅寮，办起"山寮招待所"，把营救回来的文化界人士分散安置下来。

经过前后六个多月的紧张工作，克服重重困难，中共广东党组织和广东人民抗日游击总队胜利地从港九地区营救了文化界知名人士和爱国民主人士300余人及其他人士共800余人安全脱险，并护送他们到达大后方。他们中有何香凝、茅盾、邹韬奋、胡绳、夏衍、戈宝权、张友渔、黎澍等。被广东人民抗日游击总队抢救脱险的还有邓文田、邓文钊、陈汝棠、李伯球等爱国民主人士，以及国民党第七战区司令长官余汉谋夫人上官德贤女士、南京市长马超俊夫人。在这些被营救的文化界人士、爱国民主人士当中，绝大部分是经过宝安并曾在羊台山根据地白石龙村接待站休息或住宿过。宝安根据地军民为文化界名人和爱国民主人士的大营救作出了重要贡献。

广东党组织和广东人民抗日游击总队在日军严密控制和国民党顽固派的追踪下，安全地营救了如此众多的爱国民主人士和文化界知名人士，全部护送到大后方，得到了中共中央表扬，也赢得了国内外各界人士的赞扬。邹韬奋亲笔题写"保卫祖国，为民先锋"八个大字赞扬广东人民抗日游击总队；茅盾赞扬广东党组织和广东人民抗日游击总队组织这次营救工作是"难以想象的仔细周密，是抗战以来，简直可以说是有史以来最伟大的'抢救'工作。这真正是一场秘密大营救"。2004年，宝安区龙华街道办事处根据这一段历史，在白石龙创建了营救香港著名民主文化人士纪念馆。

宝安光复

1945年7月26日，美、英、中三国共同发表《波茨坦公告》，敦促日本投降。

8月10日，日本政府向同盟国发出乞降照会，但日本大本营仍命令各地日军继续作战。10日24时至11日8时，延安的朱德总司令发出立即受降和对日开展全面反攻等七道命令，要求各解放区抗日武装部队向其附近城镇的日、伪军发出通牒，限他们在一定时间内向人民军队投降，如遇拒绝投降缴械，应坚决消灭。

根据延安方面的指示和命令，8月11日，东江纵队紧急命令各部，要求"各部队长应立即坚决执行此项命令，动员全体军民，开入附近敌人据点，解除日伪武装，维持治安，镇压土匪特务破坏活动，保护人民生命财产。千金一刻，不得稍有疏忽"①。中共路西县委接到命令后，即命令驻东莞、宝安地区的日、伪军向我投降，通令全军民兵配合主力迫使日、伪军投降；由黄布、李征率主力反攻莞太线并负责受降，何鼎华、王士钊、黄树楷到宝安研究受降问题。8月14日，中共广东区党委发出《对目前时局的紧急指示》，要求广东人民抗日武装向敌伪全面反攻，坚决执行朱总司令命令；同时指示要发动政治攻势与军事

---

① 《东江纵队紧急命令》（1945年8月11日），见《南方局党史资料（军事工作）》104页。转引自深圳市史志办公室：《中国共产党深圳历史》（修订本），中共党史出版社2012年版，第213页。

攻势相结合，对蒋介石发动内战的危险要有精神准备。

8月15日正午，日本裕仁天皇通过广播发表《终战诏书》，宣布无条件投降。远东盟军统帅麦克阿瑟指示日本部队，除中国东北外，中国大陆及中国台湾、北纬16°北越南境内所有日军，必须立即向中国国民政府主席及军事委员会蒋委员长及其代表投降。对此，冈村宁次表示绝对服从。

同一天，朱德以中国解放区抗日军总司令的名义，命令在南京的日本侵华"中国派遣军"总司令冈村宁次：在广东的日军，应由你指定在广州的代表至华南抗日纵队东莞地区，接受曾生将军的命令。

东江纵队按朱德总司令命令，迅即开展对宝安各城镇的收复。

8月17日，东江纵队第一支队在宝安的西乡、固戍，迫使伪军2个连投降，收复西乡、固戍。中下旬，宝四区政府动员2 000多民兵配合东江纵队第一支队，开展对深圳镇、南头日伪军受降工作。其时深圳驻有日军1个联队和伪军1个联防大队共约1 000多人，宝深线政治特派员潘应宁进入深圳镇与日军谈判并命令伪军缴枪投降，日军以未接命令拒绝投降。地方党组织做瓦解日军的工作，促使一些士兵携械投降，其中有全新重机枪1挺、轻机枪2挺、步枪10多支及短枪和弹药。8月20日，潘应宁等带领民兵接受深圳镇伪军投降，缴获枪械300多支及一批医药物资。8月23日，东纵第二支队收复沙头角、平湖。24日，宝深线军事特派室和宝三乡联乡办事处进驻深圳镇并举行万人大会庆祝胜利。宝三区联乡办事处改为宝三区人民政府，由宝四区区长叶基兼任区长。深圳镇设为特别市，郑珠明任市长。

继深圳之后，潘应宁再负责南头城日、伪受降工作。是时南头驻有日军1个联队和伪军1个联防大队共1 000多人。8月29日，潘应宁到南头大涌村与沙河武工队会合。之前，武工队与武装民兵到南头受降，遇日、伪军武力反抗。潘应宁将日、伪分别对待，采用政治攻势各个击破，缴获枪支600多支。东江纵队与宝安地方党组织和民兵，先后收复了宝安县城南头、深圳镇、沙头角、西乡、固戍、横岗、平湖、龙岗等墟镇和广大乡村，使路东、路西解放区连成了一片。据不完全统计，东江纵队在向日、伪军进攻和收复失地过程中，共歼灭伪军2个营、3个连和1个排，日军1个小队；迫使伪军1个营、7个连，日军171人投降；收缴海岸炮4门、山炮1门、迫击炮4门、小钢炮3门、掷弹筒3支、重机枪28挺、轻机枪46挺、长短枪2 441支。延安的《解放日报》在《华南抗日游击纵队的功绩》一文中指出，日本投降后，东江纵队全力向敌伪出击，迫使敌伪投降，先后攻克宝安县城及无数大小城镇，解放了成千上万同胞。①

9月3日，从缅甸归国的中国远征军——国民革命军新编第一军八十九团第二营，在深圳镇公所前广场主持受降仪式，接受日军驻防宝安的日军陆军第34联队与空军分队共3 000多人投降。

至此，宝安全境光复。

---

① 《东江纵队史》编写组编：《东江纵队史》，广东人民出版社1995年版，第330页。

4

第四章
重建武装　拥抱黎明

　　抗战胜利后，东江纵队北撤山东解放区。但国民党蓄意破坏和平，悍然发动内战，对原中共游击区进行"清剿"，未随东江纵队北撤而复员回家的抗日游击队战士被搜捕、杀害。广东党组织决定重新恢复武装斗争，成立了惠东宝人民护乡团（后改编为中国人民解放军江南支队），宝安人民积极参军、建立和参加民兵组织。随着解放战争的节节胜利和两广纵队进军广东，宝安人民又广泛开展建立解放区人民政权、踊跃支前等活动，迎来了解放和中华人民共和国的诞生。

第一节 抗战胜利初期的局势

　　1945年8月抗日战争胜利后，中国共产党和中国国民党两党过去积累的历史矛盾以及对国家前途的分歧开始浮出水面。当时中国国内普遍厌倦战争渴望和平，两党均争取政治主动，高姿态谋求和平。8月14日，蒋介石电请毛泽东前往重庆谈判，以解决歧见、共谋和平。8月25日，中共中央委员会发表《对目前时局的宣言》，要求国民政府承认解放区民选政府及抗日军队，制定八路军、新四军及华南抗日纵队接受日军投降地区，公平合理整编军队，承认各党派合法地位，召开各党派代表会议，成立民主联合政府。但是，蒋介石仍视中共为"匪"，欲剪除而后快，并在有关战区秘密印发蒋介石1933年编写的《剿匪手本》。在接受日军投降、收复沦陷区的问题上，两党矛盾更加突出，并因此爆发了两党两军之间的上党战役、塞北绥平战役。

　　在日本宣布投降的前夜，毛泽东在延安干部会议上作了题为《抗日战争胜利后的时局和我们的方针》的演讲。演讲中，毛泽东告诫全党和全国人民"必须清醒地看到，内战危险是十分严重的"，指出中国共产党和全国人民同帝国主义和国民党反动派的斗争方针是"针锋相对，寸土必争"，用革命的两手反对反革命的两手，即一方面尽力争取和平民主，另一方面对国民党统治集团发动内战的阴谋要有充分的认识，不抱幻想、不怕威胁，准备以革命的战争打败反革命的战争。

在广东，国民党统治集团的力量占有显著的优势，抗战胜利后，这种力量更进一步加强。除原驻守广东的第五十四军之外，又将赣南的第六十三军一五二师、一五三师，第六十五军一六〇师，驻防广西的第四十六军和第六十四军，以及从缅甸归国的新编第一军调入了广东，企图用二至三个月的时间，消灭在广东的中共武装。宝安地区，既是抗战期间广东党组织领导机关所在地，又是广东地区游击战争主要根据地之一。因此，国民党广东当局一直把包括惠宝解放区在内的东江解放区作为军事进攻的首要目标。

为因应抗战胜利后的新形势，1945年8月20日，中共广东区党委在《目前工作布置》中决定成立中共江南地委，由黄宇、陈铭炎、卢伟良、张持平、陈达明组成，黄宇任书记，下辖惠阳、东莞、宝安、海丰、陆丰、紫金、五华等地党组织。9月中旬，尹林平率中共广东区党委和东江纵队领导机关由罗浮山返回惠宝地区，同曾生会合后，连续召开区党委会议和干部会议，遵照党中央指示并结合地区实际，作出反击国民党进攻和坚持斗争的部署，决定将东江纵队活动地区分为粤北、江南、江北和海（丰）陆（丰）惠（阳）紫（金）五（华）四个地区，建立四个地委和四个指挥部，实行党组织和部队统一的分区指挥和领导。其中宝安所属的江南地区由卢伟良任东江纵队江南指挥部指挥，黄宇任政委，高健任参谋长，陈达明任政治部主任，下辖第一支队、第七支队、第六团。中共广东区党委的部署下达后，东江纵队各部队在国民党尚未发动大规模进攻之前进行整编，将一批干部充实到部队，一批干部调城市工作，安置老弱病残者，减少非战斗人员。原东纵第一支队转到惠阳地区活动，路西东宝地区重新成立新第一支队，何鼎华任支队长，古道任政委，鲁锋任支队副队长，赵督生任政治处主任，在原来东纵第一支队活动的地区坚持斗争。

9月，为减少领导层次，中共广东区党委撤销路东县委，路东县委原辖各区委改由江南地委直接领导。为适应或即将发生的内战形势、保障党组织安全，坪山地区党组织设二重组织，转入地下活动。江南地委二重负责人为黄坚，路东县委二重负责人为李光，新二区二重负责人为黄康。

10月20日，国民党广州行营主任张发奎在广州召开粤桂两省"绥靖会议"，策划对广东解放区的进攻，扬言在两个月内肃清中共军队。会后调集了8个军、22个师的兵力，准备大举进犯解放区。同月，宝四区委在龙华窑下召开区委和区政府领导干部会议，传达上级关于认真做好准备、对付国民党军队大"扫荡"的指示，结合区具体情况，部署反"扫荡"斗争和研究疏散人员及组织武工队问题，决定把观澜乡政治工作人员和已暴露人员黄瑞舜、黄炳森、徐马连等10人组成武工队，队长黄瑞舜，归宝四区政府领导。龙华地区党组织根据宝四区区委布置，在敌人"扫荡"之前做好如下准备工作：将一些面目较红的党政人员组成武工队，其中龙华乡武工队负责人为周吉、何富儒，民治乡武工队负责人为刘鸣周，各有队员十多人；把一部分党政人员派到香港元朗经商，派党外开明人士吴盛堂任经理；帮助部队、政府掩埋多余的武器、物资、文件；党支部活动改为单线联系。10月底至11月上旬，东宝行政督导处副主任何鼎华先后两次到宝四区检查工作，同区委同志开会研究敌情与对策，并派出短枪队打击敌人。

11月，中共路西县委召开紧急会议，古道、何鼎华、鲁锋、赵督生、王士钊参加会议。会上分析了当时内战与反内战的斗争形势，并根据党中央对东江纵队"分散坚持、保存干部"的指示，采取三项紧急措施：（1）老弱妇幼及非战斗人员立即疏散，撤离路西地区；如有关系，可打入国民党内部工作；安排王永夫妇到香港九龙旺角筹办"玫瑰"服装店，作为路西县委的联络点；邹远山通过宝安观澜商会会长吴盛堂在元朗开设"广益隆"米店，作为路西人员撤退的联络站。（2）立即将多余的枪支弹药和物资掩藏；文件、枪支、弹药和其他物品交岗头仔、木古、弓村的党员掩蔽；动员群众掩藏好粮食、实行坚壁清野。（3）分片活动，把路西分为三片：一片以梅塘、大宝山为中心，由古道、鲁锋、赵督生率领第一支队坚持斗争；一片以龙华、布吉、观澜为中心，由何鼎华带领该区干部坚持斗争；一片以大岭山为中心，由王士钊带领东莞新二区干部坚持斗争。

11月12日，国民党广东当局调集新一军、新六军和五十四军1个师及收编的伪军麦浩、陈培等部兵力，对路西解放区发动大规模进攻，内战爆发。国民党当局采取"填空格"战术，村村驻兵，断绝交通，反复搜索"扫荡"，同时建立乡村地方政权，恢复保甲制度，意图消灭路西部队，把解放区连根铲除。在敌人重兵压境之际，第一支队分散突围，转移到路东地区。11月23日，为保卫路西解放区，东江纵队出击并歼灭海防联军1个营。12月12日，国民党新一军五十师、三十师、七战区一五四师、五十四军三十六师及杂牌军徐东来等部，大举进犯东江解放区，东江内战开始。国民党地方保安团队和地主武装摧毁中共建立的民主政权，解散农会，组织联防队，实行保甲制度。解放区部队采取保存实力、分散活动、避开敌人锋芒的方针，化整为零，与地方政权或分或合，转入地下或半公开活动。

面对国民党军队大规模进攻，江南指挥部进行部署，卢伟如、黄宇、叶锋率第一支队一部、第二支队、第七支队一部，分散在惠东宝老区坚持斗争；高健、黄高阳率第一支队一部、第七支队一部及港九独立中队，挺进惠阳、紫金一带活动。尹林平、曾生于12月30日决定：（1）主力部队立即向惠紫方向突围，开辟新的活动区域；（2）组织武工队，坚持斗争，保护群众，解决经济困难；（3）精简人员，保存干部，适当将一些干部撤到香港及其他地区；（4）原地区党组织做好国民党军队占领后的军政特两面工作及群众对敌工作；（5）干部分散负责，曾生、黄宇、卢伟如坚持在东莞指挥反击战；高健、黄高阳率主力突围，地委、县委干部分散坚持斗争；（6）中共广东区党委机关转移到香港。

东江纵队北撤

　　1945年8月29日至10月10日，中国共产党同国民党在重庆谈判，签署《政府与中共代表会谈纪要》（即《双十协定》）。根据《双十协定》和中共中央的指示精神，东江纵队北撤山东解放区。

　　1946年1月25日，北平军调部第八小组到达广州，调停广东内战和谈判广东中共部队北撤问题。但就在第八小组到达广州前夕，国民党广东当局奉蒋介石"限于1月底肃清广东游击队"密令，分兵三路向东江地区进攻。1月15日，国民党军第一五四师进攻解放区的坪山、龙岗，一五四师四六二团及保安队分两路进攻大鹏半岛的水头沙、葵涌、东西冲、盐田、大小梅沙等地。至23日，新一军相继占领沙湾、双坑、沙鱼涌等地。为此，江南指挥部增设路北区指挥部，何清任指挥员，负责领导从横岗、龙岗、坪山、新墟、淡水公路线以北地区的对敌斗争。江南地委书记黄宇也在香港召集何鼎华、王士钊等东宝路西党政军领导同志开会，分析路西斗争形势，宣布第一支队改组，何鼎华任支队长，鲁锋任副支队长，王士钊任政委，赵督生任政治处主任，并指定王士钊任中共路西县委代理书记。2月，王士钊和赵督生在香港九龙召开部分路西干部会议，动员路西干部重返东宝前线，并决定成立临时机构——路西工作委员会，由梁忠、叶振基、潘应宁等组成，负责领导龙华、布吉、上下坪、梅林等地的宝安游击区的工作。

第八小组到达广州后，国民党广东当局制造舆论，公开否认广东有中共领导的武装部队，不存在执行停战令的问题。中国共产党对国民党广东当局的谬论予以严厉的驳斥。

由于中国共产党的坚决斗争，终于迫使国民党当局与中共签订了如下协定：（1）承认华南有中共领导的抗日武装力量；（2）华南中共武装力量北撤2 400人，不撤退的复员，发给复员证，政府保证复员人员的生命安全及财产不受侵犯、就业居住自由；（3）北撤人员撤退到陇海路以北，撤退船只由美国负责。

为了进一步促成广东的谈判和解决中共武装部队北撤的问题，1946年3月31日由中共代表廖承志、国民党代表皮宗阙、美国代表柯夷组成的"重庆三人小组军事代表团"到广州，会同第八执行小组与广东军事当局谈判北撤的具体措施。1946年4月4日，东江纵队司令员曾生、政治委员尹林平以中共华南武装代表身份到广州参加会谈。国共两党代表经过近50天的激烈斗争，于4月18日国共双方正式达成在广东的中共部队北撤等问题的初步协议并发表联合公报。5月21日，正式签署《东江停战和华南中共武装北撤问题联合会议决议》。根据协议，广东境内中共武装2 400人于1个月内，在大鹏半岛集中，由美国派轮船运往目的地。

6月29日中午时分，美国派来585号、589号、1026号三艘登陆舰出现在大鹏湾海面。原来北撤名单按规定编造是2 400人，但实际上上船北撤的超出100多人，主要是在地方党已暴露的干部。尹林平通知他们撤到香港集中，然后到沙鱼涌北撤。那天，香港来了几船人，共约百来人。其余则是东江纵队册上无名的战士。

1946年6月30日，在以曾生为首的北撤部队军政委员会的统一指挥下，北撤人员2 583人在大鹏半岛的沙鱼涌登上美军三艘登陆舰开赴山东烟台。

武装斗争的恢复和发展

在东江纵队北撤、交出根据地时，中共广东区党委根据中共中央指示精神，采取了保存力量、保存骨干、长期积蓄力量、等待时机的方针。据此，江南地委组织部长蓝造于6月在坪山竹园召开会议，决定：凡抗战时在部队、政权工作过的党员回到地方后，地方党组织不能与其联系，严防暴露；地方党组织转入地下活动，单线联系；派出特派员负责领导地方党的工作。7月，江南地方党转入地下活动，撤销江南地委和海陆惠紫五边地委，改设江南地区特派员，蓝造、祁烽分别任正、副特派员，负责惠阳、东莞、宝安及海丰、陆丰、紫金部分地区党组织和部队工作；将原党政军一元化领导的路西县委改为中共东宝县特派员，祁烽兼任特派员，杨培、容克任副特派员，管辖宝安、东莞两县地方党的工作。

随着全国内战的爆发，国民党广东当局调动4个旅和8个保安团的兵力，"清剿"东江地区。除拉丁拉夫进行壮丁训练外，还在各地成立自卫队、推行保甲制度，强迫参加过中共领导的抗日救亡各项工作的民众登记"自新"。在宝安地区，东江纵队复员人员、地下党员、民兵干部、农会会员、抗日民主政权干部等被逮捕杀害。如坪地乡抗日民主政府委员、农会主席余钦芳，情报员黎仁和布吉乡民兵大队长陈德霖等均被害，中共龙岗乡支部书记、抗日民主政府乡长杨成章和邓奕良被捕入狱。而当年夏季广东因特大台风早造歉收，广东当局又从8月起开始征粮、9月恢复征兵并加收各种赋税，民怨四起，恢复发展人民武装斗争已具备一定条件。7月22日、8月23日，中共广东区党委发言人发表谈话，强烈谴责抗议广东当局破坏北撤协议、迫害东纵复员人员和民众的暴行；还以东纵北撤人员曾生、王作尧、杨康华、林锵云等人的名义发表通电，对国民党广东当局迫害东纵复员人员和罪行表示极大的愤慨，号召复员战士和人民群众进行坚决的自卫斗争，发出了重启武装斗争的信号。

1946年11月6日，党中央对南方各省党组织发出工作指示：凡有可能建立公开游击根据地者，应即建立公开游击根据地；凡条件尚未成熟之地区，则采取隐蔽、待机方针，以等候条件之成熟。[①]根据党中央指示和广东实际，11月27日，广东区党委作出恢复武装斗争的决定，提出暂不违反长远打算，实行"小搞"、准备"大搞"的方针，以及反"三征"（征兵、征粮、征税）、反迫害、破仓分粮、减租减息，维持治安、保护群众利益，反对内战独裁、实现和平民主的口号。同时决定在东江建立由蓝造、祁烽、叶维儒、曾建、张军、罗汝澄、高固组成的惠东宝建军委员会，并筹建惠东宝人民护乡团。11月底，广东区党委在香港召开干部会议，江南地委蓝造、林文虎、叶维儒、张军、曾建、李少霖、李群芳等人参会。会上，区党委书记尹林平传达了区党委的决定：江南地区要迅速重建武装，恢复武装斗争，派叶维儒、曾建、李群芳等先回坪山、龙岗等地做重建武装的准备。12月中旬，广东区党委在听取叶维儒、曾建等人汇报了重建武装的准备工作后，即派出第一批同志回江南地区活动，其中东宝地区安

---

① 《中央对南方各省工作的指示》（1946年11月6日），中央档案馆编辑、中共中央文献研究室审定：《中共中央文件选集》，中央党校出版社1987年版，第512页。

排谢金重、何棠在东宝路西，张生在广九路东三区，梁忠、曾强在宝安，在东宝县委领导下，根据"分散发展，独立经营"的方针，分头发动，联系东纵复员人员，逐步集结队伍，组织武装小分队，开展武装斗争。作为根据地的宝安县，遵照广东区党委的指示，迅速恢复了武装斗争。

1947年初，为领导人民开展斗争，中共广东区党委在香港召开由方方和尹林平主持，地方党领导人黄松坚、林美南、严尚民、梁喜、蓝造、刘建华、欧初、刘向东、祁烽、谢文、林光、刘松涛、温明、魏何浩等人参加的各地党组织负责人会议，传达中共中央关于开展南方游击战争的重要指示，研究讨论如何尽快开展广东武装斗争问题及斗争策略。1月，江南地区党组织在香港动员干部回乡重建武装，派曾建、叶维儒、李群芳、林文虎、彭景、邱耀回坪山，曾强回宝安，动员东纵复员战士归队，组织"复员同志自卫会"。由地方党组织配合，取出东纵北撤时掩埋的部分枪支，成立武工队，曾强任队长，梁忠任指导员，活动于木西、甘坑、岗仔头、杨尾一带老区。江南地区党组织派杨培统管宝安和路东三区的武装队伍，东宝县特派员改由容克担任，卢焕光、黄永光任副特派员。2月，蓝造等从香港返回惠阳，在坪山北岭沙坑围召开有各地方党组织和武装小分队负责人参加的干部会议，听取蓝造关于广东区党委恢复武装斗争指示的传达与汇报，并进行讨论。会议决定以群众自卫组织维护地方治安的名义，在江南地区成立"惠东宝人民护乡团"（简称"护乡团"），蓝造任团长兼政委，叶维儒任参谋主任，隶属中共江南地区特派员领导。护乡团先后成立4个大队，其中第二、第三大队活动于宝安、东莞、惠阳等地。

面对各地武装蜂起，局势动荡，1947年3月15日，国民党广东当局发布"清剿"令，在各行政区设立"清剿"机构，调集兵力，实行"全面清剿、重点进攻"。国民党第四行政区督察专员公署纠集了共约5 000名兵力，对江南地区特别是惠东宝沿海地区"全面清剿"。为反击国民党的军事进攻、开辟惠东宝沿海游击基地，展开了一系列军事行动。宝安地区的护乡团与敌周旋，并不时对敌予以打击。6月下旬至7月初，护乡团第二大队余清中队在宝安沙河、大坪、石竹径、大船坑等地连续4次战斗，共毙、伤敌10余人，迫使敌人回防宝（安）太（平）线。

6、7月间，护乡团整编为3个大队：主力队一大队大队长李群芳、政委罗汝伦、副大队长肖伦，担负机动作战；二大队大队长兼政委曾建、副大队长曾汉光，本大队主要活动于惠阳地区；三大队大队长张军，政委杨培，副大队长李和、林文虎，本大队主要活动于宝安、东莞地区。9月中旬，护乡团2个大队100余人，由罗汝澄、李群芳率领，分两路袭击沙鱼涌墟国民党宝安县警队和黄玉如部，全歼县警队，毙敌13人，缴步枪13支。护乡团第二大队主力中队及沙湾武工队组成3个突击队，同时袭击深圳镇毗邻香港"新界"的罗芳、西厦岭两地国民党军，10分钟全歼两地守敌29人，缴轻机枪2挺、长短枪37支。

路西宝安地区党组织相继成立武工队，配合护乡团作战。5月，龙华乡武工队成立，乡长游森兼武工队长。7月，东宝县特派员容克到平湖，以经商为掩护，指导平湖党组织工作和筹建武工队。9月，民治乡武工队、平湖"晨光"武工队成立。民治乡武工队由乡长刘鸣周兼武工队长。

10月5日，护乡团第三大队在深龙公路石岗墟全歼国民党公路巡逻队1个班，缴枪14支、子弹2 000余发。29日，护乡团第二大队1个中队和第三大队1个小队夜袭文锦渡海关，毙敌1人、俘2人，缴轻机枪1挺、长枪10支。11月，国民党宝安县警及黄玉如部同时反正。12月24日，护乡团第二大队2个中队和税警排200多人，分两路伏击驻茜坑专事破坏护乡团税收工作的徐东来部张泽中队，毙敌7人、伤10余人，缴步枪5支、短枪1支。同月，护乡团第三大队"三虎"队建立，中队长曾强，指导员张玉。三虎队建立后即首袭福田海关获胜，歼敌7人，缴枪7支。护乡团建立后在1年之内，已控制了坪山、大鹏、沙湾等地区，惠宝沿海根据地初步形成。

1948年2月13日，护乡团第三大队钢铁队和大队部手枪队在地方武工队配合下，趁布吉八乡春节期间麒麟会演之机，化装袭击布吉火车站驻军，全歼国民党1个连，缴轻机枪2挺、长短枪48支、子弹8 000多发。4月7日，护乡团第三大队夜袭深圳镇沙头分会所，歼敌18人，缴长短枪15支、子弹3 000余发。各地武工队也纷纷伺机出击，其中坪地武工队于2月下旬袭击龙岗敌自卫队，击毙敌自卫队大队副骆元生和乡长麦锦文。3月8日，沙湾武工队配合护乡团第二大队主力，在沙湾大望山阻击国民党一五四师及县警队、地方自卫队500多人的进攻，打退敌5次攻击，毙敌连长以下官兵20多人、伤敌30多人。3月12日，梅林武工队夜袭九龙关福田关卡，俘关警6人，缴长短枪6支、子弹600余发。4月15日，沙河武工队收缴南头吴屋村地主武装，缴轻机枪1挺、步枪8支、子弹1 000多发。

为适应新形势需要，3月，中共江南工委决定撤销东宝县特派员，成立中共东宝县委员会，实行党政军一元化领导，书记黄华，副书记杨培，组织部长容克，委员张军、林文虎。县委派李明为特派员，负责宝安县地方党的工作。

1948年4月，广东人民解放军江南支队成立后，5月12日，江南支队第三团强攻沙头海关国民党驻军，15分钟结束战斗，缴长短枪30余支、电台1部。紧接本次战斗，第三团利用伪装迅速出击，全歼驻白石洲国民党军1个排，缴枪20多支。另一个连在布吉至深圳的仙水河设伏，全歼国民党军1个班，打伤敌连长，缴轻机枪1挺、步枪20支。在国民党第一次"清剿"期间，江南支队在宝安地区作战40多次，其中第三团先后在乌石岩、固戍、龙华等地七战七捷，活动地区扩大了30%，队伍从800余人发展到1 200余人。随着军事斗争的胜利，党的组织同步发展，先后重建了中共大鹏区委、坪龙中心区委。

6月下旬，广东当局集结总兵力1.2万多人，重点对东宝地区进行第二次"清剿"。其中国民党一五四师开进到广九铁路东莞、宝安和大鹏半岛沙头角一带。活动在东宝地区的江南支队采取"先发制人，主动出击""集中优势兵力，各个歼灭敌人"的作战原则，决定主动出击沙鱼涌之敌，取得胜利，迫使敌人退出溪涌、大小梅沙、盐田等据点，振奋了部队官兵和人民群众的信心和斗志。之后，又在横岗至坪山之间三洲田的山子下、铜锣径伏击从横岗方向来犯之敌，亦取得了辉煌战果。其中山子下伏击战，还开创了江南支队"在运动中消灭敌人"的模范战例。

在江南支队等人民武装的连续打击下，国民党广东当局重点对东宝地区的第二次"清剿"破产。在粉碎广东当局两次"清剿"过程中，至9月，宝安的民兵组织也已发展到600余人、300余支枪，各地武工队普遍建立，计有沙河队（队长何赋儒）、龙华队（队长游森）、布吉队（队长梁连）、平湖队（队长刘敏）、观澜队（队长万启元）、公明队（队长陈琴）、新桥队（队长文造培）、民治队（队长刘鸣周）、横岗队（队长张玉思）、大鹏队（队长潘易）、沙湾队（队长叶维里）、坪山田心队（队长钟思英）、龙岗队（队长陈福秀），稍后又建立了石岩武工队（队长黄彪）、沙头武工队（队长庄彭）。其间，还在沙河、龙华、平湖、观澜、布吉、公明、民治、新桥、石岩、沙头等乡建立了人民政权。11月，成立大鹏区人民政府，区长邹锡洪，副区长曾其中，辖葵沙、王母、鹏城、桂岗、南平等乡人民政府。

1948年11月20日，国民党保安第八团1个营、保十五团1个营及观澜联防队共2 000余人，从天堂围、布吉分三路夹击在龙华石坳村的江南支队第三团，经一天激战，第三团打退敌人的进攻，毙、伤敌100多人。12月下旬，祁烽、刘宣、曾建率江南支队第二、三、八团主力，联合攻打坪山、龙岗、淡水地区各据点之敌。28日，袭击龙岗守敌，全歼龙岗自卫队，俘敌连长以下50多人，缴枪50多支。

随着武装斗争的胜利，地方党组织也得到普遍发展。1949年1月，中共宝安区地方委员会成立，书记张辉，委员梁联（负责组织）、刘鸣周，任务是领导宝安全县党的工作，建立和发展区乡人民政权，动员青年参军，组建区乡武工队，恢复健全乡村农会、妇女会、青年会、民兵等组织，做好支前和迎接南下解放军的准备工作。随着宝安区党委的建立，宝安区工作委员会也同时建立，由李明、周吉、张辉组成委员会，协调全区党政军工作。中期，中共葵沙乡总支部成立，书记李煌，副书记欧敏，组织委员黄灵，宣传委员欧阳火，有党员30余人。同年2月至8月，宝安各地先后成立党组织工作队（简称组工队），计有观澜队（队长周振伦）、平湖队（队长李尔夫）、沙头队（队长刘鸣周）、沙河队（队长刘仁）、沙湾队（队长叶维里）、西乡队（队长蔡廷安）、乌石岩队（队长麦梅）、龙华队（队长何志刚）、布吉队（队长梁联）。组工队的主要任务是代表区党委领导地方党的工作，配合武工队巩固乡村政权，在群众中发展党员、扩大党的组织。党组织普遍建立后，均十分重视党的建设，从1948年春开始，根据中共中央香港分局指示精神，在全党全军开展"三查三整"（三查：查成绩、查立场、查生活；三整：整非群众观点、整自由主义、整小圈子作风）运动，以肃清自由主义作风、将个人利益服从于人民与党的利益。

解放区建设

一、土地及租税变革

1948年2月，中共江南工委干部会议根据《中国土地法大纲》和中共中央香港分局二月指示精神，对江南地区是否进行土地改革进行认真研究之后，认为江南地区并非巩固的解放区，仍属游击根据地，国民党仍进攻不断，局势尚不稳定，不宜立即进行土地改革，但决定在新墟、坪山、定南、坑梓、长兴等乡进行分耕和借粮试点。

2月之后，分耕、借粮工作首先在新墟、坪山等少数乡进行。由于主观盲目、脱离实际，没有制定切合实际的具体规定，分耕、借粮一律采取绝对平均的方法（分耕，每人一律分一斗八分田，每人每月留稻谷40斤）。不分贫农、中农或地主富农，一律将原有耕地收回平均分配，没有耕种田地的地主、自由职业者、工商业者及没有劳动力的鳏寡孤独者也一律分给土地，有劳动力的农户因平分而减少了耕种面积，缺乏生产工具的贫农和没有劳动力的农户多分的耕地又因无法耕种而荒芜，有劳动力而所分得耕地不足者因此减收，大大影响了生产积极性。借粮也采用逐家抄搜、登记，搞"一刀切"，平均分配，结果引起多数农民不满，农民生产积极性受到挫伤，认为多劳无益，够吃就算了；而缺粮的农民则认为有粮可借，又可还可不还，因而不少人不积极从事生产劳动。

5月中旬，中共中央香港分局副书记尹林平到江南地区坪山、新墟召开纠偏工作会议，于5月25日发出《关于最近的群众斗争的指示》，对分耕、借粮的错误倾向进行纠正。6月8日再次发出《关于群众斗争的补充指示》，对分耕、借粮工作进行认真的检讨和总结。由于此项变革只在试点乡村开展，影响于宝安者仅坪山一地，未造成普遍损害。

二、财政税收

惠东宝人民护乡团建立后，即借鉴和按照东江纵队在抗日战争时期解决部队供给的经验，在活动地区建立税收机构、开展经常性税收，作为部队给养主要来源。从1947年4月开始，江南地区部队供给处、税站、医院等后勤保障机构和情报交通网陆续建立。8月上旬，宝安税务总站在龙华樟坑成立，站长蓝杰，政治指导员谢枫，下辖木古、伯公坳、梅林、沙河、乌石岩等分站，主要任务就是征收来往于东江、香港之间的货物过境税。收税手续平易简便，税率不高，且税收工作一直比较顺利，数额颇为可观。

1948年6月，宝安税务总站改为东宝税务总站，站长蓝杰，政治指导员谢枫，下辖东莞、宝安、路东支站，支站下设分站。

1949年6月，东宝税务总站改为东宝税务处，主任蓝杰，副主任谢枫、何财（兼东莞总站站长），副教导员王鸣（兼东莞总站指导员），税务处下辖东莞、宝安、路东3个总站，总站下设分站。

三、医疗卫生

护乡团成立后，大体仿照东江纵队体制建立了医院，各连队配备卫生人员。医院最初建立时，由叶群负责，继由叶聪慧任院长。最初只有医生、护士、采购员各一人。江南支队成立后，第二团增加了一批医务人员，第四团医疗机构也逐步建立。医疗体制、药物匮乏程度、卫生人员艰辛程度，一如东江纵队时期。

四、情报与交通

惠东宝人民护乡团建立时，随之设立情报总站和交通总站，有情报、交通网点，首先设立在部队活动要点深圳镇和沙湾，刘俊尧任沙湾情报站站长，叶健任淡水情报站站长。1948年江南支队第二团成立后，交通、情报工作逐步健全，先后建立了坪山、龙岗、横岗、沙湾、深圳镇、新墟、淡水、沙坑等8个情报站，交通网点遍及江南支队活动地区，戴震任情报总站站长，下辖2个支站、8个分站、4个情报点。交通总站站长由罗许月担任，下设12个交通分站，主要任务为：通信联络，传递指示、命令和情报，为运送军用物资的小分队民工及归队、从外地前来参加部队的人员引路。

第五节 宝安解放和新政权的建立

1949年初，辽沈、淮海、平津三大战役已经结束，中国共产党夺取全国胜利大势已定。随着全国胜利在望，建立新政权提上议事日程。中共中央香港分局于1948年8月在《关于半年工作总结和今后方针任务》中就强调，经过减租减息的地区均应着手建立政权。1949年4月8日，中共中央香港分局改称中共中央华南分局，书记方方，副书记尹林平。5月，路东县人民政府在坪山成立，县长王舒，副县长李少霖，辖大鹏、坪山、龙岗、新墟、镇隆等地。6月，东宝县人民政府成立，县长杨培，副县长曾劲夫，下辖3个区政府，其中宝安区区长周吉。春夏间，葵沙（乡长何钦明）、王母（乡长李添进）、鹏城（乡长郭平）、桂岗（乡长曾基）、南平（乡长王灶金）等各乡人民政府成立。5月，坪龙地区的坪山（乡长陈伟）、坑梓（乡长黄云生）、定南（乡长黄腾）、龙岗（乡长张明）、坪地（乡长骆天生）、横岗（乡长黄坚）等各乡人民政府相继成立。

4月21日，人民解放军强渡长江，人民解放军总司令朱德发布《向全国进军的命令》。8月1日，中共中央决定组成以叶剑英为第一书记的新的中共中央华南分局，确定由第二野战军第四兵团和第四野战军第十五兵团组成独立兵团，进军华南，担任解放广东全境的任务。7月29日，粤赣湘边区党委也发出《做好准备工作迎接大军解放指示》，向全区军民发出支前总动员令。8月

10日，中共江南地委开展支前动员。

为从思想上、组织上、工作上做好迎接广东解放的准备，根据中共中央华南分局和江南地委的决定，8月下旬在东莞梅塘召开东宝县委扩大会议，决定撤销东宝县委和县人民政府，分别建立东莞、宝安两县县委和人民政府。宝安县委和县人民政府由黄永光任县委书记兼县长。同时成立宝深军事管制委员会，刘汝琛任主任，代表江南地委负责宝安县工作。

8月29日至9月3日，宝深军事管制委员会主任刘汝琛、宝安县委书记黄永光在乌石岩泥岗村召开县委会议，传达江南地委8月下旬指示精神，学习入城政策，明确县委分工：县委书记黄永光，常委黄永光、周吉、张辉，组织部长张辉，宣传部长王纪平，青妇书记袁蔚霞。确定宝安县人民政府干部配备：副县长周吉、曾劲夫，秘书长黄哲，公安局长刘鸣周，民政科长张子修，军事科长何赋儒，粮食科长梁耀宗，财政科长龚锡贤，建设科长任洪，教育科长王纪平（兼）。确定成立宝三区、宝四区党委和人民政府，深圳镇人民政府及南头、固西联乡办事处。宝三区区委书记何伯琴、区长吴友业，宝四区区委书记何志刚、区长文造培，深圳镇镇长陈虹、副镇长庄泽民，南头联乡办事处主任温巩章、副主任郑乃尧，固西联乡办事处主任叶芳。决定召开区、乡党员和武工队长会议，把各项工作落实到基层。8月底，宝安县地方武装大队成立，归县人民政府直接领导，辖3个连队，周吉任教导员，何赋儒任副教导员。10月，县大队迁驻县城南头，曾发任大队长，黄和任副大队长。

中共宝安县委和县人民政府成立后，为做好支前迎接南下大军和接管城市准备工作，9月上旬，成立支前委员会，周吉任主任，张辉任副主任。各区也相应成立支前委员会，乡设立支前指挥所，村设立支前指挥员。各地动员18至45岁男子和20至40岁妇女报名填表、编队，参加支前工作队。随着南下野战军的到来，宝安各地掀起支前高潮，除支前会外，战勤队也普遍组成，公粮征收增加，献粮献物普遍。9月12日，中共宝安县委在龙华窑下村召开区、乡党员和武工队长会议。参加会议的有县委委员以及何伯琴、吴友业、刘仁、刘鸣周、何赋儒、张子修、何强、王彪、何琴、刘坚、梁联、陈怀旭、曾宪沼、万启源、周振伦、何玉粦、庄彭、庄启森、张美华、蔡达、黄固等。会议主要内容是向各区、乡布置落实建党、建政、扩军、筹粮等工作。会后，张辉和袁蔚霞到各区、乡帮助工作，黄永光、周吉在刘汝琛领导下筹备入城事宜。25日，中共宝安县委集中一批准备接管城镇的干部在黄田举办学习班，学习入城有关方针、政策，研究制定有关入城守则和纪律等事项。在此期间，建立起宝深军管会的办事机构，同时抽调蓝杰、谭刚、何财等筹备接收九龙海关。宝安下属各乡党员队伍不断壮大，党的基层组织普遍建立：沙头乡总支（书记庄彭，组织委员庄启森，宣传委员黎英，下辖3个支部，党员26人），民治乡总支（书记张美华，组织委员邓瑞华，宣传委员邓彦章，下辖6个支部，党员46人），龙华乡总支（书记简志勋，组织委员赖平，宣传委员林志强，下辖19个支部，党员167人），乌石岩总支（书记李基，组织委员廖宋光，宣传委员钟禄发，下辖5个支部，党员49人），布吉乡总支（书记梁联，组织委员梁挺生，宣传委员陈怀旭，下辖12个支部，党员107人），沙河乡总支（书记刘仁，组织委员张灼修，宣传委员吴振平，下辖7个支部，党员41人），西乡总支（书记李基，组织委员蔡庭安，宣传委员梁仓，下辖2个支部，党员21人），观澜乡总支（书记周展伦，组织委员周肇仁，宣传委员万启源，下辖9个支部，党员83人），平湖乡中心支部（刘坚兼书记，组织委员黄固，宣传委员凌伯汉，下辖7个支部，党员43人）等。

10月1日，中华人民共和国宣告成立。解放广东的人民解放军野战部队开始向广东进军。粤赣湘边纵队东江第一支队二、三、八团在大鹏王母墟会师并升起自制的五星红旗，举行盛大庆祝活动。10月上旬，随着野战军南进，驻守宝安的国民党部队分别从深圳逃往香港，从南头逃往大铲岛、伶仃岛。刘汝琛率军管会人员和税警途经布吉向深圳挺进，黄永光、周吉率金虎队、税警连和武装民兵连向宝安西路进发。10月10日，人民解放军顺利接收国民党广九铁路护路大队、税警团起义，并指令其退出深圳镇迁驻黄贝岭、听候整编。13日，黄永光、周吉率东江第一支队金虎队和由龙华、民治、沙河、石岩、固成等地武工队组成的新编民兵连，会同文造培负责的武工队，包围沙井乡展开政治攻势，收缴该乡联防队全部武器。15日，黄永光、周吉所率部开赴西乡，驻该地国民党县警第二大队80余人起义。当天下午，在西乡举行军民联欢大会。同日，新华社发表公告，宣布"广深"全线解放。16日，黄永光所部攻进南头城，县城地下党和西乡、沙河等地武工队配合，歼灭国民党残军100余人后，在南头村祠堂前坪地召开庆祝解放大会。19日，驻深圳国民党税警二团团长伍秀民、护路大队大队长麦汉辉率所部共1 500余人起义。下午，宝深军管会主任刘汝琛率东宝税务处主任蓝杰、宝安县公安局长刘鸣周、深圳镇警察所长蔡达、军管会秘书曾百豪等接管人员160多人，从布吉进入深圳，接收国民党深圳镇公所，成立深圳镇人民政府。是日晚，深圳各界代表和民众1 000多人在民乐戏院举行庆祝大会，军管会主任刘汝琛宣布深圳解放。

10月20日，中共宝安县委机关迁往县城南头，隶中共江南地委领导，12月改隶东江地委。10月23日，中共中央华南分局派江南地委副书记、东江第一支队副政委祁烽率3个连进驻深圳镇接替刘汝琛，成立中共沙深宝边界工作委员会，管辖南头、深圳镇、沙头角三地党的工作,直属华南分局。

10月21日,宝深军管会接管深圳缉私总部,成立九龙关临时接管委员会,刘汝琛任主任,着手接管境内各支关,恢复业务。同日下午,九龙海关税务司经蔚斐通电北京海关总署,表示九龙关接受北京海关总署领导,负责保护全部关产安全,听候指示。缉私总部和边境各支关悬挂中华人民共和国国旗。24日,原九龙关代理副税务司张中炜奉令向海关总署呈报九龙关接管情况:接管时有在职员工1 134人,各式舰艇27艘,汽车12辆,枪支1 190支,港币420万元,银元5 800元及一批房地产。1950年1月28日,九龙关改名为九龙海关。

10月30日,宝安全县中小学全面复课。全县有初级中学7所,教职员60余人,学生900余人;小学140余所,教职员510余人,学生10 750余人。

同月,中华人民共和国广东省宝安县人民政府改原民国宝安县政府辖下3个区、25个乡镇的设置,改为3个人民联乡、10个乡和1个镇,乡镇设人民政府。

11月6日,中国人民解放军两广纵队炮兵团在当地部队和民兵配合下,炮轰大铲岛,击沉敌舰5艘,突击部队乘3艘机帆船渡海登岛,俘敌中将军官徐达以下80余人。

1950年1月6日,两广纵队第二师第四团和粤赣湘边纵队东江第一支队新编独立第三营从大鹏半岛东涌村出发渡海作战,歼敌2 000余人,解放三门岛。

1950年2月,召开全县党员大会,对党员实行登记并作初步审查。

同月,中国人民解放军粤赣湘边纵队整编,撤销第三团,其第二营移防宝安县,改编为独立营。原宝安县大队改编为独立营第三连。独立营共4个连、1个排共约500人,驻守沙头角、深圳镇、南头、沙井一带边防线。

3月，中共宝安县委划归中共珠江地委领导，县委调整为由沙深宝边委书记祁烽兼任县委书记、黄华任第一副书记、黄干任第二副书记。

4月18日，宝安地方党和乡政府动员渔民400多人，出动渔船200艘，配合中国人民解放军四十四军一三〇师三九〇团进攻内伶仃岛，毁敌舰27艘，歼灭岛上残敌1 000多人。

至此，宝安全境解放。

第五章
探索中的曲折与发展

　　自新民主主义革命胜利、中华人民共和国成立至1978年中国共产党十一届三中全会改革开放，宝安在近三十年的发展历程中虽然经历过一些曲折，但社会经济文化建设仍然取得了一定的成就。

第一节 巩固政权和生产资料与生产关系变革

中华人民共和国成立、县及县以下各级政权建立以后，宝安从巩固政权、生产资料和生产关系的调整几方面开展工作。

一、巩固政权

围绕巩固政权，先后开展清匪肃特、镇压反革命、"三反"、"五反"等运动。

（一）清匪肃特

1950年4月开始，实行"包清制"。采取强化驻军之防守、封锁边界、登记整顿户口、收缴隐匿及不可靠民兵队枪支、鼓励匪特投案自首、组织突击检查和夜间巡查、发动群众举报、对散兵游勇等实行集中劳动改造或遣返回籍等措施，至10月基本结束。

（二）土地改革暨划分阶级成分

1950年6月，中央人民政府委员会第八次会议通过了《中华人民共和国土地改革法》，规定土地改革的根本目的是：废除地主阶级封建剥削的土地所有制，实行农民的土地所有制，借以解放农村生产力，发展农业生产，为新中国的工业化开辟道路。中共中央规定的土地改革的总路线和总政策是：依靠贫农、雇农，团结中农，有步骤地有分别地消灭封建剥削制度，发展农业生产。遵照中共中央华南分局、广东省人民政府的部署，宝安县作为广东省土地改革试点县之一，开展土地改革运动。运动从1950年底开始，1953年11月结束。运动涉及宝安县4个区、19个乡、298个行政村，192 678人（其中农业人口178 064人），土地291 486亩。县成立宝安县土地改革委员会、宝安土改工作队。宝安土改工作队总人数1 000人左右（当地抽调的农民不包括在内），其中有中共党员206人（大多数为新党员）、共青团员210人，无党派群众600多人。他们当中有县级干部11人，区级干部约30人；在华北参加过土改的4人，在龙川学习过土改的2人；从珠江三角洲8个县抽调来的500多人（干部，知识分子，农民），广州市文联教师和学生260多人，九龙海关、公安部门100人左右。

1951年元旦，"宝安县庆祝元旦、拥护土地改革大会"在新桥乡召开，宝安县4区13乡15 000余名群众与宝安县委、县政府、县土改委负责人参加大会。会上，县长黄国伟宣布宝安土改选择新桥、松岗、上合、沙湾及三区（观澜区）龙华5个乡开展土改试点，随后在全县推广。

至1951年3月10日，宝安完成土改151个村，分配土地169 038.86亩，没收耕牛275头、农具家具15 305件、粮食509 784斤、人民币2 600万元（旧币）、港币39 562元、房屋329间、枪支1 059支、"挤黑田" 19 394亩。

土地改革前，地主占人口的2.2%，占耕地的12.1%；富农占人口的2.04%，占耕地的5.6%；雇农、贫农、贫民占人口的35.9%，只占耕地的13.4%。土地改革后，每人平均占有耕地，雇农由土改前的0.3排亩增加到1.9排亩，贫农由土改前0.63排亩增加到1.58排亩，贫民由土改前0.14排亩增加到1.9排亩，佃中农由土改前0.81排亩增加到1.76排亩。[①]

---

① 宝安县地方志编纂委员会编：《宝安县志》，广东人民出版社1997年版，第162页。

（三）结合土改、反霸开展的镇压反革命运动

从1950年开始，1952年结束。1950年10月10日，中共中央发出《关于镇压反革命活动的指示》，宝安正式开展声势浩大的镇压反革命运动，打击的重点是土匪、恶霸、特务、反动党团的骨干分子和反动会道门头子。1951年3月至5月，运动达到高潮。6月初开始收缩，6月底开始清理积案。

二、"三大改造"运动

包括农业合作化、手工业、私营工商业社会主义改造。这一时期，是中国社会向社会主义过渡时期。1953年，中共中央提出了党在过渡时期的总路线。从中华人民共和国成立，到社会主义改造基本完成，这是一个过渡时期。党在这个过渡时期的总路线和总任务，是要在一个相当长的历史时期内，逐步实现国家的社会主义工业化，并逐步实现国家对农业、手工业和对资本主义工商业的社会主义改造。

三大改造运动结束，宝安农业集体所有制确立，资本主义工商业改造达到70.82%，手工业合作化达到93.34%。其中商业领域按商品批发总额计算，社会主义全民所有制、集体所有制商业已占到95.36%，私营仅占4.64%。

这一时期，国民经济和社会各项事业均有一定发展。至1956年底，城乡人均购买力比1952年增长23%，新修水库3个，库容86 000立方米，新建学校23所，适龄儿童入学数由1950年的6 276人增加到1956年的17 818人，增设7个区级卫生所，71个乡均开通有线电话，建立60个乡级广播站，累计培训各类技术人员约32 000人。1957年底，全县工农业生产总值7 804万元，比1952年增长40.7%。

"大跃进"和人民公社化

这一时期，宝安先后经历意识形态领域的反右及"反右倾"运动、全面变革生产关系的人民公社化运动以及经济领域的"大跃进"运动。

一、反右及"反右倾"运动

反右运动自1957年开始，至1958年8月基本结束。全县共划"右派"179人，中共十一届三中全会后全部改正。"反右倾"运动于1959年开展。

二、人民公社化运动

"人民公社、大跃进、总路线"合称"三面红旗"。1958年9月，开始撤销乡镇建制、实行以"一大二公"和"一平二调"为特征的"政社合一"的人民公社体制。27日，宝安建立第一批4个人民公社。10月，全县共设9个人民公社、61个生产管理区。1958年至1983年，人民公社规模、行政区域先后经过7次大调整，直至1983年7月撤销公社建制。

三、经济领域的"大跃进"

（一）一平二调

1958年10月开始，实行全民的公社所有和所有制分配制度，统一核算、统一分配和实行部分供给制。土地、民众所有私有财产包括生产工具、人力等，无偿归人民公社所有；所有未入社单干户一律强制入社；所有劳动力编入民兵组织，实行部队编制管理，强调组织军事化、行动战斗化、生活集体化，将劳动力编成师、团、营、连、排、班，采取大兵团作战的方式，夜以继日地开展大炼钢铁、大搞深翻改土、大搞农田水利建设、大搞积肥运动等。

（二）大办公共食堂

所有社员均到公共食堂吃饭，"三餐干饭不要钱"。

（三）工业"大跃进"

"大跃进"运动开始后，县委坚持"以钢为纲"全面跃进，工农业并举，两条腿走路，大搞群众运动，兴起全党全民办工业的高潮。1958年5月工业会议上，县委根据总路线的精神，贯彻省委、地委关于在农村实现"五厂化"指示，提出"农业为重点，工农业同时并举"的方针，动员全县人民为实现"五化"（工业化、机械化、电气化、车子化、美化）、"五厂"（农具加工修配厂、饲料加工厂、肥料厂、小粮加工厂、砖瓦水泥厂）而奋斗，开始形成全民办工业的跃进局面。1958年7月9日，县委再次召开工业会议，进一步贯彻"以农业为基础，工农业同时并举"的方针。

1958年9月起，又在全县开展全民大炼钢铁运动，至年底，全县投入人力15 000多人，建成高炉400座（其中炼钢炉164个，炼铁炉242个）。炼钢1 225吨、铁700吨。9 000多人上山毁林数万亩，砍柴近3 000吨，农村所有房屋铁窗被拆、数万农户铁锅被砸，捐铁8.6万斤，而所炼出的钢铁全是废品。

在全民办工业、"以钢为纲"的带动下，宝安县出现了一个工业建设高潮和机械工业的全面发展。1958年至1959年，除原有的11家工厂外（粮厂、电厂、酒厂、印刷厂、烟厂、仪器厂、建筑、灰厂等），新建和扩建了煤矿、钨矿、水泥、炼铁、大理石、电机、农械、海肥等厂，公社还建立了以农业机械制造、修理为中心的各种小型工厂，全县新建工厂150多个。

（四）农业"大跃进"

农业"大跃进"之初以兴修水利、积肥为中心展开。县委作出"积、种、制、收"四管齐下的指示，猛攻肥料关，要求掀起群众性积肥运动。大办水利，经过百日苦战，"宝安兴修水利工程1.4万宗，920万土方，使全县83.5%的稻田过了水利关"，从此，宝安结束了"五天不下雨小旱，十天不下雨大旱"的历史。全县改良土壤的土地1万多亩，开展了以密植为中心的技术改革和田间管理高潮，特别是春耕后，全县掀起了大张旗鼓宣传总路线的运动，为农业生产的跃进助威呐喊。在全国"大跃进"思想的狂热背景之下，1958年8月，宝安县召开第四次干部扩大会议，竟大胆提出稻谷亩产50万斤、番薯亩产150万斤、甘蔗亩产1万斤，户均生猪存栏6.1头、"三鸟"60只的"高产卫星"指标。早造大丰收以后，县委号召全县人民鼓足干劲力争上游，认清形势，打掉三风五气，反对右倾保守；开展以生产为中心（"双反""四勤"）的总路线教育运动，组织晚造生产大高潮，并在晚造成熟前，拔禾1 520亩拼成65亩"卫星"田。

（五）取消商品交易，关闭所有农贸市场

1961年7月，开始贯彻《农村人民公社工作条例修正草案》，改革公社管理体制，实行公社、大队、生产队三级所有制，劳力、土地、生产工具等生产要素固定到生产队，社员评工记分，参加分配收入。这种制度，简称为"三级所有，队为基础"，一直执行到家庭联产承包责任制的实行。

至第二个五年计划的最后一年，全县工农业总产值比1957年下降1.4%；"大跃进"期间，集中人力物力开工建设的十大水利工程如深圳水库、石岩水库等，至今仍是深圳地区重要水利枢纽设施。

"大跃进"后的1962—1965年是国民经济调整时期，宝安虽历经"四清"运动和"五反"运动等政治运动、劳动力逃港以及数次台风、暴雨灾害，国民经济仍有较大发展。1965年，全县工农业总产值10 913万元，比1962年增长42%。

宝安的"文化大革命"

1966年6月、7月，"文化大革命"运动在宝安全面开展。各中学成立"红卫兵"，机关、工厂等成立"造反"组织，停课、停产破"四旧"、贴大字报，批"走资本主义道路的当权派"和"黑帮"教师。9月至10月中旬，各中学红卫兵代表分批到北京接受毛泽东主席在天安门城楼上的检阅；红卫兵到全国各地大串联，至1968年1月中央通知停止时结束。全县掀起学习毛主席著作活动。

1967年1月26日，宝安县委、县政府被造反派"夺权"；稍后，各机关单位也相继被"夺权"。2月，县成立军事管制委员会、生产指挥委员会，负责党、政、军各方面工作；各单位成立生产指挥部。1968年2月，成立宝安县革命委员会及各公社革命委员会，实行党政一元化领导，直至1979年设深圳市时止。

1968年7月下旬，贯彻中央"七三""七二四"布告，开展"清理阶级队伍"运动。同年8月，建立由首批52人组成的工人、贫下中农毛泽东思想宣传队，进驻邮电局等36个单位；至1969年3月，宣传队员增加到1.7万人。全县配合"三支两军"（支左、支工、支农，军管、军训）部队进行"深入开展清理阶级队伍"运动。运动中，有62人因"红色长城反毛林野战军"反革命集团罪名被拘禁、株连，1978年平反；因

"反共救国军第四大队"特务集团案，株连包括县委书记李富林、副书记林寿贤、县长吉凤亭在内等47人，13人坐牢、14人被斗、16人受审查。年底，按毛主席"贫下中农管理学校指示"，所有公办学校下放到生产大队办，教师享受大队干部待遇。

1969年，全县开展斗批改运动。1970年，开展"一打三反"（打击现行反革命，反对贪污盗窃、反对投机倒把、反对铺张浪费）运动，恢复各公社党委建制。11月，县革委会颁发《关于学大寨、赶昔阳的规划》，提出到1972年要达到队队变大寨、全县变昔阳的目标，并先后两次召开全县千人以上的农业学大寨会议。1972年冬到1973年春，开始大搞农田基本建设，强调公社脱产干部必须参加农业生产劳动。

1971年10月至11月底，分批向干部、群众22.27万人传达"中共中央粉碎林彪反党集团反革命政变的斗争"材料。1972年，陆续恢复部分党政司法机构。1973年，全县开展大规模的"批林整风"运动，并把"批林整风"运动与反外逃结合起来。1974年1月，"批林整风"运动转为"批林批孔"运动。4月19日，县成立县委清查领导小组和清查办公室，清查林彪反党集团有关人和事。1975年5月，开展"批林批孔"和党的基本路线教育运动，"围剿"资本主义。1976年2月，按惠阳地区通知精神，掀起"批邓、反击右倾翻案风"运动。1976年9月18、19日，全县开展沉痛哀悼毛泽东主席逝世活动。1976年10月，全县举行声势浩大的集会游行，热烈欢呼粉碎"四人帮"（王洪文、张春桥、江青、姚文元），长达十年的"文化大革命"宣告结束。

十年"文化大革命"，宝安经济建设在曲折中发展，先后建成深圳冷冻厂、西乡糖厂、龙岗糖厂、三洲田水电站、110千伏深圳水贝变电站等工业和基础设施项目，新建深圳—香港文锦渡桥、扩建东深水库供水工程。1970年，全县工农业总产值1.4亿元，比1965年增长32%。1975年，全县工农业生产总值1.7亿元，比1970年增长21%。

第四节 拨乱反正在宝安

以粉碎"四人帮"为转折点，"批邓、反击右倾翻案风"运动中止，宝安转入持续揭批"四人帮"、整党整风，开展工业学大庆、学业学大寨运动。1977年11月开始，开展打击贪污盗窃、投机倒把运动，与揭批"四人帮"结合，称"一批二打"。1978年2月，宝安召开有3 100人出席的农业学大寨群英会，县委书记方苞在会上作《高举毛主席的伟大旗帜，坚持党的十一大路线，为高速度发展我县农业而努力奋斗》的报告，称1977年，宝安粮食生产超历史水平，亩产824斤，总产量达346万担，比历史最高的1974年增长1%，渔业产量39.98万多担，比历史最高年份增长30%，集体分配全县人均128元，基本达到全国"五五"规划要求。

1978年，开始拨乱反正，宝安县重启1974年5月至1976年5月所开展的平反冤假错案工作，重新成立落实政策办公室，大规模平反冤假错案。1980年又成立复查案件小组，对一些案件进行复查复议：

（1）干部审查。"文化大革命"期间，全县受审查干部17 232人，1975年作结论的646人，1978年全部进行复审，平反了一大批干部的冤假错案。

（2）案件复查。"文化大革命"期间，全县共立案765宗，复查后改变原处理结论果463宗（其中干部128宗），维持原处理结果302宗（其中干部10宗）。全县集团性冤假错案16宗全部公开平反。公开平反的有较重大影响的案件有：胡礼·奈特逃跑案、火烧展览馆案、反共救国军第四大队案、红色长城反毛林野战军案、国民党青年救国军大鹏先遣队案、观澜六宗特务集团案等，公开烧毁通过逼供、诱供产生的大批假材料，为受迫害的干部、职工、群众恢复名誉，对身体受到摧残、生活有困难、经济受损失的当事人，给予经济补助。

（3）非正常死亡人员善后。对在"文化大革命"期间全县非正常死亡者重新修改结论，对死者家属给予抚恤和生活困难补助。

（4）对"文化大革命"中形成的档案材料进行清理。

（5）落实干部职工"两退一插"。对全县在两退一插中被迫退职的干部职工，经复查，除个别特殊情况外，全部收回安排工作，已死亡的补办抚恤。

（6）落实农村基层干部政策。共复查案件562宗，对其中285宗冤假错案或处理不当案件进行落实处理。

（7）"四清"运动后期作退职处理的干部，经复查全部收回安排工作。

（8）上山下乡的城镇居民，全部收回恢复户籍。

（9）"六六·九"清理遣送问题。"文化大革命"初期，全县清理遣送111户，全部收回复工复户。

（10）战备疏散问题。1970年全县战备疏散103户、103人，复户安排工作101户、101人（2户2人去港无法复户）。

（11）对全县错划为剥削阶级成分的全部进行改正。

（12）1971年财贸整队职工退职处理问题。除临时工和犯有严重错误者外，收回安排工作。

（13）"右派"改正问题。经初查复查，全县在1957年被划为"右派"者,全部恢复名誉、职务、工资,安排工作。

这一时期,除平反冤假错案、政治上拨乱反正外,经济上,建成工农业出口商品生产基地、港澳游客游览区和新型边防城市(简称"三个建成")的提出,为之后的全面改革开放起到了承上启下的作用。

自封锁边境后,宝安与香港之民间贸易几陷停止,然宝安尚有4 000余亩耕地"插花"于香港"新界",须跨境耕作。跨境耕作的农民或出海之渔蚝民在1957年以前,农耕和捕捞之余,尚可与香港互市,日用较宽裕,1957年以后严厉禁止。且宝安自1950年以后,历年均有人外逃香港,虽严禁而不止,逃港者收入亦较在宝安为高,进而引发更多人逃港并引起省委第一书记陶铸关注。自1959年至1964年,陶铸六下宝安调查,指示宝安要"利用香港,建设宝安"。经中共广东省委、省政府批准,宝安于1961年开始实施"三个五"(允许跨境耕作或出海渔蚝民,每月可以有五次、每次可以带五斤副食品或价值不超过五元之商品入境)和"小额贸易"(允许边境社队对国家外贸不经营之农副产品如稻草、河鲜杂鱼等,在指定的口岸自营出口),在宝港边境地区曾一度公开流通早已于1950年禁止流通的港币,部分缓解了宝安在三年困难时期的困难。1960年,国务院曾拟在全国建设一批出口商品生产基地,其中包括宝安,但事实上并未实施。1963年,广东全面打击"投机倒把",宝安边境小额贸易基本停止。"文化大革命"开始后,"利用香港,建设宝安"被篡改为"依靠香港,建设宝安",并被批判为"修正主义路线","三个五"和"小额贸易"被批判为"三洋"(向洋、靠洋、慕洋),并作为"资本主义尾巴"被彻底割掉,跨境耕作亦禁止。

1974年,宝安作为针对香港的农副产品出口基地,第一次引起国务院领导人的重视。同年7月,广东省计委工作组到宝安县传达中央指示，要求把宝安县逐步建成农副产品出口基地，由省把宝安县拟订的方案上报国家计委。虽得到国家计委的支持，然因政治运动影响，收效甚微。

1977年，财政部长张劲夫、国务院财贸办公室主任姚依林以及外贸部负责人先后到宝安视察，中共广东省委、广东省革命委员会有关负责人亦到宝安调查。中共宝安县委负责人如实反映群众要求放开边境贸易的要求。1978年，国家计委、外贸部到宝安调查建立供应香港鲜活农产品基地问题。时任广东省委第二书记习仲勋于1978年7月到宝安调研后，在宝安县委讲话时直言，那边（指香港）很繁荣，我们这边却很萧条，要求下决心把经济搞上去。同年10月，中共广东省委、省革委会向国务院上报《关于宝安、珠海两县规划和设想的报告》，提出在3—5年内把两县建成工农业出口商品生产基地、港澳游客游览区和新型边防城市。同年10月，原籍宝安的东江纵队老战士袁庚被任命为交通部所属香港招商局常务副董事长，主持招商局工作，自此开启蛇口工业区建设。宝安的历史，由此翻开全新的一页。

第六章
腾飞的宝安

1978年12月，中共十一届三中全会召开，改变国家和人民命运的改革开放拉开帷幕，深圳经济特区在宝安的土地上诞生。自十一届三中全会至中国共产党十八次全国代表大会召开，宝安先后经历了深圳建市和建立经济特区、恢复宝安县、撤县建区暨建立新区等行政区划的变更和调整，化茧成蝶，经济腾飞，社会经济等各项事业飞速发展，其中在恢复宝安县时期实现了工业化的转变；撤县建区后，完成了城市化、工业化、现代化进程，经济社会发展一路加速，启动特区一体化建设。

第一节 荒地上建设新县城

　　1980年，深圳经济特区建立。1981年，恢复宝安县建制。县政府在老县政府（后广播电视大学）办公。同时，市委要求县政府于一年之内搬到新县城。县城选址确定在南头以西特区与非特区的交界处，东以石岩公路为界，西北以广深公路为界，北至北门顶，西至灶下村。规划中的新县城占地6平方千米，规划的选址内全是丘陵、山地和少量农田，没有一栋建筑物。县委书记方苞向前来视察的广东省委书记任仲夷汇报说，新县城的建设要二十年不落后。新县城建设先由方苞、李广镇开拓，后由李容根等执棒，任命曾通、潘秋庆为县城城建指挥部正、副总指挥。建设实行"五统一"，即统一规划、统一征地、统一设计、统一组织施工、统一使用资金，先地下，后地面，实行分区建设，按职能和片块将新县城划分为一区、二区、三区等，这种以数字序列命名方式延续至今。在结合总体规划的前提下，规划设计一区，开发建设一区，配套完善一区，投产获益一区。1981年县城建设投资额300万元，1982年1 200万元，合计1 500万元，后来又减到1 340万元。为节省和多渠道筹集资金，先是将具有行政性质的城建指挥部改为县城建设发展公司，以便从银行贷款；进行房地产开发，通过土地使用权的有偿转让和商品房的销售，回收增值资金进行新的开发；充分利用本地资源，自办沙、石、砖、五金等厂（场），提供廉价的建筑材料；组建车队，承担场地平整及材料运输工作，减少资金外流；向外引资和横向经济联合吸引外来资金参与建设等。两年多时间，县城从规划到建设全部完成。1983年7月1日，恢复建制的宝安县政府搬到宝安湖滨路办公。至1987年，宝安新城区已开发9.5平方千米，配套设施如住宅、办公楼宇、商品房、工业厂房、文教卫生设施、道路、供电、供水、通信和其他公共设施已基本完善，占地6.5平方千米。1989年宝安县被评为全国县城规划先进单位。随着经济发展，各乡镇相继建成卫星镇，各建成一大批工业区、商业区。

撤县建区后，宝安区列入"大深圳"整体规划，同时编制宝安区整体规划，按照全市"三位一体战略目标"定位。2001年，深圳市"十五"计划提出建设卫星新城，构筑"一市多城、众星拱月"的现代化城市，首批规划、开发、改造、建设8个卫星新城，宝安区新安、龙华、沙井、公明四大新城名列其中：新安、龙华作为承担生活服务功能的卫星新城，沙井、公明作为承担产业功能的卫星新城。同年，宝安开始建设区人民政府所在地的宝安新中心区，并成为城市化建设的示范点。与县城和各镇（街道）建设同步，开展道路建设。

恢复宝安县建制时，宝安只有一条比较好的公路107国道，而且只有两车道，泥沙路面。建设新县城时，同时建设了宝安城区的道路，如龙井路、新安二路、翻身路等。在道路布局上，采用方形网和环形相结合的形式，将道路宽度分为36米、28米、24米三级。其中新安路、创业路及前进路3条宽36米的主干道构成城区的主要道路骨架，与其他次干道结合，形成完整的道路系统。路面均为混凝土和钢筋混凝土结构。各镇围绕住宅、办公、工业和商业区，配套建设混凝土道路，向城市化过渡。全县有公路主干道近900千米，其中省养公路约260千米，干线约100千米。1992年，全县180多个村实现村村通水泥路，成为广东省第一个实现村村通水泥路的县，全县公路里程达到1 000多千米。

1993年宝安撤县建区，1995年，全区公路里程达到700多千米，公路密度98.5千米/百平方千米，区到镇以及镇与镇之间全部以一级路相连接，建成以广深一级公路和广深高速公路为依托，连接区与各镇的全区性快速干道为骨架，与深圳航空港、福永松岗海运码头相衔接的公路交通网络。2003年建区十年，全区公路总里程达到1 130多千米，其中国道2条、省道5条、县道10条、乡道144条；有高速公路80余千米，一级公路370余千米，二级公路40余千米，三级公路100余千米，四级公路100余千米，等外公路10千米。公路网密度达到150余千米/百平方千米，是广东省平均路网密度的2倍、全国平均密度的8倍。之后，宝安道路建设纳入市交通干线七横十三纵规划建设，同时发展轨道交通。至中共十八大召开，区管养公路里程已达到1 900多千米、总面积3 000余万平方米，管养里程数约占全市的32%。

农业改革与工业化

　　宝安，自1978年边境小额贸易的恢复和拓展与首批"三来一补"企业的引进，就悄悄地拉开了改革开放的序幕。随着家庭联产承包责任制的推行以及恢复宝安县建制，宝安根据深圳市委决策，迅速把长期实行的"以粮为纲"的农业生产方针调整为"为特区服务，为城市服务，为出口服务"，按市场需求发展农业生产，并逐一打破计划经济外贸、价格、物流等的管理体制的桎梏，人民的聪明才智得以发挥，生产力被有效激活。在较短时间内，依靠农业实现了脱贫，依靠"三来一补"型工业实现了致富，依靠产业转型升级、结构调整和科技进步实现了腾飞，经济社会文化各项事业协调发展，成为深圳国际大都会举足轻重的西部重镇。

一、农业、农村改革与发展

　　1979年春，西乡公社的西乡大队率先悄悄地将田分到农民家里。当年，西乡大队稻谷大丰收。1980年，坪山开始实行家庭联产承包责任制并在全县推行。

　　同年，宝安创办外贸生产基地、恢复边境小额贸易和扩大过境耕作的政策正式推行，省调减5万亩水稻公购粮任务，用于挖塘养鱼和改种蔬菜出口香港，撤销畜牧局、水产局、工业局、轻工业局、乡镇企业局、商业局、二轻局等，改为专业公司。生产实行"内外贸一体化""产供销一条龙"体制，生产、供应、销售服务均由公司承担，随行就市、按质论价，一举打破计划经济体制。

1981年9月，划定深圳经济特区，以特区之外地域恢复宝安县建制。中共深圳市经济特区委员会下发《关于恢复宝安县建制的几项政策措施》，后称著名的"23条"，确定了宝安县的性质、任务、财政体制、人员、城乡建设任务等，明确以下几点：宝安县是深圳市经济特区的郊区；宝安县农业生产的方针，主要是为特区建设服务，同时为出口服务；要努力办好蔬菜、水果、水产、畜牧等商品生产基地。任命方苞为县委书记，已调任深圳市政府财贸办当主任的老宝安人李广镇主动请缨回宝安任副书记兼县长。这份文件，成为恢复建制后宝安县初期的指导性文件。

突破了经营体制的束缚，宝安的农业就从养鱼、种菜、养三鸟、种荔枝出口创汇起步。至20世纪80年代中期，宝安的蔬菜种植面积由7 000亩发展到7万亩，养鱼从6 000多亩发展到7万多亩，开垦荒地栽种荔枝2万多亩、新办荔枝场18个，活鸡上市2 000多万只，其中出口1 000多万只，占香港市场活鸡需求量的三分之一。养鸡户一年盈利10万—20万元的逐年增多。1983年，由宝安县华宝畜牧联合公司兴办的西乡庄边鸡场投产，成为当时深圳市最大型现代化养鸡场。1984年，宝安县养鸡公司筹资450多万元，在福永区凤凰乡兴建占地630多亩、年产雏鸡200万只的当时深圳最大的种鸡场，与外商在同一地点合办的、年产种鸽6万对的种鸽场也同时投产。到1986年，全县养鸡业总产值达到7.8万元，占农业总产值的18.72%。

种养业加上小额边境贸易的活跃，让宝安农民逐渐富了起来。而在当时，成为万元户是大多数农民的梦想。到1982年12月底，宝安县农民已有万元户近200户。全县农民人均收入达到

1 124元。

1983年，全县以种养为主的重点户、专业户约1 500户，480余户的收入达到或超过万元水平。年底，全县已有专业户、专业村、经济联合体1万户，占农户总数的18%，共办养鸡场200多个，养鱼4 600亩、栽果林7 800多亩、种菜5 000亩。除种养业外，还集资务工、经商、运输，办采石场167个、砖厂114个、沙场38个、石灰场8个。宝安县还积极引进先进技术和大量资金发展种养业，利用外资并由外商经营，办起了年产鸡30万只的现代化养鸡场、年产万头猪的现代化养猪场、7 000多亩菜场、2万多亩鱼塘和500多亩剑兰花。自1980年起到1984年，宝安共引进350种种养项目，引进外资累计达到4 000多万元，与外商合资经营的农业项目，仅鱼塘一项即达3万多亩。

在同一时期，地处宝安东北角的光明华侨畜牧场，1979年以补偿贸易的形式成立了光明奶品厂（现晨光乳业有限公司）。1980年3月开始，从新西兰引进了1 200多头产奶量多、奶脂率高、抗病力强的黑花奶牛，从瑞典引进了鱼骨式新型挤奶器，以及从美国、瑞典引进了洗瓶机、入奶机、水处理系统等，实现了奶品加工自动化。引进的瓶装奶、纸包装奶、屋型纸包装奶三条由电脑控制的生产线，每小时可加工5吨鲜奶，每天用冷藏汽车直接运往香港，所生产的维他鲜奶占香港市场的60%以上。从美国桑德公司引进的可自动调节温湿度、自动输送饲料和清理粪便的封闭式工厂化养猪设备，每套由6个车间组成，占地面积约4 000平方米；又从比利时引进耗料少、长肉快的"斯格"良种瘦肉型猪（半年时间可长到100公斤、瘦肉率63%）。由此，光明农场曾创造了令世人瞩目的一系列第一和"亚洲之最"，如亚洲最大的乳鸽厂。光明农场出口鲜奶连续占香港市场70%的份额，时任香港总督麦理浩称赞"光明农场鲜牛奶对香港市民有实质性的帮助"。美国总统里根和英国首相撒切尔夫人访华时，指定要用侨光食品公司生产的西餐肉。光明"斯格"猪在香港市场售价最高，被誉为"猪王"。1984年，又与美商合资，投资6 000万美元，建立了全自动化流水生产线、年产10万头猪的大型养猪场"广三保"养猪场。

至20世纪80年代中后期，农业逐步让位于工业，宝安农民开始"洗脚上田"。

1995年，宝安又启动菜篮子工程建设，实施规模经营和科学管理，提高四大鲜活农产品生产水平，当年水果产量达到2.7万吨，蔬菜复种面积6.5万亩，水产养殖2.1万吨，在西海堤建设2万亩三商水产基地。

随着宝安城市化和工业化进程的推进，恢复宝安县时尚荒山遍布的宝安如今早已寸土寸金，土地单位产出量较低的农业渐次居于次要位置。按照城市规划，农业主要集中于以光明街道为主的观光农业区，而大量的种养业开始外移到省内周边地区甚至省外。至2017年，第一产业增加值仅1.16亿元，对地区生长总值增长贡献率为0.05%，在三大产业中的比例仅为0.03%。

二、以"三来一补"为突破口发展工业

自1978年第一家"三来一补"企业入驻宝安起，宝安在发展农业的同时，以"三来一补"为突破口发展工业、逐步走上工业化之路。宝安在对现有社队企业推行承包经营责任制、经理厂长负责制与政企分开、责权明确的基础上，大力发展"三来一补"企业。没有厂房，祠堂、饭堂、队部等都成了厂房。比较普遍的做法是：由生产队（村）建好厂房、工人宿舍，"三通一平"之后，开始招商引资。

宝安之所以当时选择发展"三来一补"企业，是根据当时生

产力水平较低、投资资金不充裕、投资环境较差、法律不完善，外商心存疑虑，怕政策多变等因素出发的。利用"三来一补"这种形式，来宝安的投资即可有投资少、风险小、见效快的特点，"旱涝保收"。当时宝安县委、县政府的共识是：不管是"三来一补"，还是"独资""合资"，都不过是引进外来资金的一种形式，具体项目是否是高科技、是否有污染、设备是否先进等，是选择引进项目时应该严格把握的问题。"三来一补"也有高科技企业，合资独资也有落后污染的项目。而"三来一补"这种合作方式，独受外资青睐：当时的劳动力和厂房比较廉价，可以避免烦琐的审批手续，风险小，资本进退自如。

1980年，宝安与港商合作，办起了宝安首家手袋厂，第一年就出口创汇几百万港元。产品参加中国、日本、联邦德国、挪威四国在北京举办的产品展销会，被抢购一空。这家企业，后来成为国家二级企业。港商韦辉在观澜的库坑创办的鱼饵厂成功后，陆续引荐了法国、德国和中国香港商人到观澜投资，合办钓竿厂、塑料玩具厂、制衣厂，其中钓竿厂首批订单就达到120万支。不到一年，观澜就办起了150家来料加工企业。

1985年，开始调整产业结构，建立贸工农型经营体系，侧重工业发展。宝安由农业社会开始向工业化过渡。

1987年，宝安县"三来一补"企业引进和投资达到一个高峰。这一年，国际金融市场日元升值，美元大贬，世界投资和产业东移；香港也因外资不断涌入，订单突然增多，而香港劳动力不足的问题突显，许多港商也纷纷到内地寻找投资机会。也在这一年，宝安开始实施园区带动战略，宝安县委、县政府以超前和极大的胆魄，一口气批了180万平方米的土地建设工业园区。当年，宝安的"三来一补"企业利用外资总额首次突破1 000万美元大关，达到1 280余万美元，之前的1986年仅850余万美元。

而协议利用外资总额达到4.7亿美元，比1986年2.3亿美元约翻了一番。

宝安一直努力通过县财政拨款、银行贷款、群众集资等多种方式，改善投资环境，逐步建立起从县城到松岗、布吉到龙华、横岗到坪地三条工业加工带，从县城到各镇大部分乡村，都在总体规划下兴建了一批工业区。至1989年年底，全县镇、村投资为"三来一补"企业修建厂房达360万平方米，修建职工宿舍、文化室、医疗室等生活设施近80万平方米；新建1万至11万伏变电站26个；修建大型供水工程19个；累计修筑乡村道路657千米；全县179个行政村都通了水泥路；新增程控电话近4 900门，累计安装程控电话16 950门，打电话难的问题得到解决。市农业局曾深入宝安调查，发现宝安的企业呈现6个方面的新特点：引进项目档次高；投资客商多元化；有长期发展的合作意向；有连续开发工业区的倾向；"三来一补"企业出现新的转机；外商投资信心增强。

改革开放以后至1990年，全县社会总产值52.7亿元，是1978年的25倍；财政收入2.20亿元，是1978年的13倍；地区生产总值28.6亿元，是1978年的23倍；工农业总产值28.23亿元，是1978年的22.5倍。而1978年的数据，还未扣除已划入特区的4个公社的收入数据。

在引进的同时，宝安县还广泛开展横向经济联合，与向外引资合称"外引内联"。充分利用本地区发展经济的优势条件，弥补缺技术、缺资金、缺人才的不足。本着扬长避短、携手共进和对内搞活的方针。至1990年，宝安先后与国家电子工业部、航天部、纺织部、农业渔业部等26个部直属企业和北京、上海、江苏、陕西等省市及广东部分市县联合办起了302家企业，总投资9亿多元，初步建立起电子、纺织、机械、食品饮料、化工、金属制品、饲料、建材等8个支柱工业，创造产值7.7亿元。在引进资金、人才的同时引进新技术，其中1979—1987年共引进单机设备357 540台（套），形成一批新的工业生产能力和工业基础设施，并使老企业的技术装备得以更新改造。1987—1989年，重点引进工业生产的大型、先进、全线生产的机械设备和技术。90年代后，重点引进技术密集型、耗能低、全工序生产的高、精、尖机械设备。至1990年底，全县工业开发新产品46个，其中达到国际水平的17个，国内首创的9个，达到国内先进水平的6个。

1990年底，全县有"三来一补"企业4 100多家，涉及电子、玩具、服装、电器、塑料、家具、建材、皮革、钟表等多个行业。90%以上的村都办有"三来一补"企业。

1992年，全县地区生产总值587 630万元，是1982年恢复宝安县建制时的21倍；其中第一产业94 915万元，占地区生产总值的16.15%；第二产业332 021万元，占地区生产总值的56.50%；第三产业160 694万元，占地区生产总值的27.35%；当年利用外资12 710余万美元，是1982年的18倍。宝安人民凭工业富裕，实现了由农业社会向工业化的转型。

第三节 改革开放的先行者

宝安，有幸在改革开放这场伟大的变革中，解放思想，正本清源，团结一致向前看，起到了先行者、排头兵的作用，在多个领域创出了全国第一、广东第一。

一、第一家来料加工企业——怡高发热线圈厂

1978年初，经由一位祖籍石岩的香港商人牵线，香港怡高实业有限公司计划在石岩镇上屋村投资开办一个加工厂，为香港加工生产吹风机里的发热线圈。讨论了半年多后，上屋大队党支部支委决定引资办厂。根据协议，上屋怡高电业厂（简称怡高厂）由石岩上屋大队提供生产工人，香港怡高实业公司提供资金、设备、原材料，进行补偿加工贸易，并支付工人工资。这种以"来料加工、来样加工、来件装配"和补偿贸易为主要形式的企业，后来被统称为"三来一补"企业，怡高厂是国内第一批、深圳第一家此类型企业。

1978年12月18日，中共十一届三中全会在北京开幕，拉开了改革开放的序幕。同一天，在2 000多千米外的宝安县，深圳轻工业进出口支公司、宝安县石岩公社上屋大队与香港怡高实业公司签下深圳市"001号"办厂协议，敲开了"三来一补"企业的大门。

　　以上屋怡高电业厂为代表的全国首批"三来一补"企业的成立，开启了中国工业化的新篇章，奏响了深圳先行先试的乐章。

　　怡高厂初成立时，由于缺少合适场地，生产车间只能设于村委会办公楼二楼，车间仅有一条生产线，整个场地不足200平方米。建厂初期的主要产品是电热吹风机发热线圈，1979年底，怡高厂的加工收入达到了30万港币，一年后企业建起了两栋厂房，生产线逐年递增。工厂招收的第一批25名女工全部是上屋本地人，都具有小学学历。当时上屋村村民人均年收入110元人民币左右，全部为农业收入，而这些女工一个月就可以赚到80多元钱。村民在这种模式中得到了实实在在的经济效益，获得了可观的收入，这也激发了村民发展"三来一补"企业的决心。

　　"三来一补"企业由镇、村提供加工工厂所需厂房、基础设施（水、电、交通、宿舍）及劳动力，港商提供机器、产品零件、原料、管理人员，组合成一个相辅相成的生产、技术、管理和销售网络。这类企业从签约到投产只需几个月时间，具有投资少、用人多、风险小、创汇多等特点。有了怡高厂的成功案例，石岩各村都开始积极发展"三来一补"企业，充分利用现有条件，将旧祠堂、旧仓库及生产队集体所有的农舍改建为厂房，石岩的加工业从此起步。以"三来一补"为宝安工业化奠基就此起步。

　　1979年以后，"三来一补"企业像雨后春笋一样遍及宝安，许多村、镇的仓库、食堂、祠堂等都被用作厂房。之后，宝安逐步走上集资、合作、独资、联营建厂的快速发展轨道，来料加工企业形成规模。

　　1988年，怡高厂里的设备从需要脚踏、手摇等手工操作的简陋设备，换成了机械化设备，实现了生产半自动化，生产的产品也更为丰富，吹风机、咖啡壶、多士炉等数十种家用电器远销海外，每年上缴利税2 000多万元人民币。1989年，工厂更名为"上屋电业（深圳）有限公司"。

伴随宝安工业转型升级大潮，怡高厂也对生产线进行了再一次升级。1996年，怡高厂安装上了第三代自动生产线，产品配件随着流水线转动，再由工人进行组装，实现了自动化生产。七年后，怡高厂搬到了现在的坪山区，并更名为"全能电业科技（深圳）有限公司"，企业不断转型升级，逐步走上高新技术发展道路。

时至今日，虽然不再以企业的形式为辖区经济社会发展作贡献，但以上屋怡高电业厂为代表的"三来一补"企业为石岩和宝安留下了一大笔精神财富。

2008年，宝安区将怡高厂的旧厂房改建成劳务工历史博物馆，打造出中国第一座以劳务工历史为题材的专题博物馆，博物馆里展示了怡高厂三条不同年代的生产线。

2010年，宝安区和石岩街道将怡高厂成立的故事搬上了话剧舞台，这部名为《突围1978》的话剧作品在当年的全国戏剧文化奖优秀剧目调演中获得6项大奖，并斩获综合最高奖项"原创剧目大奖"。

2010年9月，宝安区人民政府公布"深圳（宝安）劳务工博物馆"为宝安区文物保护单位。

虽然，后来对于怡高厂是否是全国第一家"三来一补"企业存在争议，但它是中华人民共和国成立后第一批屈指可数的几家"三来一补"企业之一则毋庸置疑。

二、新中国第一只股票——深宝安（000009）

中国证券史可追溯至明末清初，在一些收益高的高风险行业，采用了"招商集资、合股经营"的经营方式，在参与者之间签订契约，成为中国最早的股票雏形。19世纪40年代，外国在华企业也曾发行过外资证券。

清同治八年（1869），中国第一家从事股票买卖的证券公司成立。清同治十一年（1872），中国第一家股份制企业和中国人自己发行的第一张股票诞生。清光绪八年（1882），上海平准股票公司成立并制定了相关章程，使证券交易无序发展变得更加规范。

上海解放后，于1949年6月10日查封了上海证券交易所并永久关闭。

但谁能想到，三十多年之后，中华人民共和国的第一只股票，竟然诞生于南中国的边陲县城——宝安。

1983年2月，中共中央总书记胡耀邦到深圳视察特区建设，鼓励深圳集资办企业。他在先后视察蛇口工业区和罗湖、宝安等地之后，了解到普遍面临资金难题时，他说，当年陕甘宁边区困难的时候也碰到过这样的情况，就用一个办法，发一个凭证"救国公债券"用来募集资金。当时曾陪同胡耀邦视察的招商局集团负责人袁庚（1917—2016）多年之后回忆起来，仍然称赞胡耀邦的大胆设想。

"其实，宝安县联合投资公司发行第一只股票是被现实逼出来的。当时，我任县长，县城建设、基础投资、发展经济、行政事业开支都要钱，心里特别着急。"宝安县县长李广镇说。

建县之初，百废待兴但资金紧缺。县委、县政府一班人研究了当时宝安的情况，决定成立一家公司，建房办厂发展贸易。1982年11月，县政府制发75号文件，批准成立宝安县联合投资公司，调任县政府办公室副主任曾汉雄为负责人。公司成立之初，县委明确表态，只给政策不给钱，只给20万元开办费。曾汉雄与同事们经过调查分析，大胆提出向群众集资的想法。

"向全省、全国集资，要有信用才行啊，谁信你呢？因此，我们决定：第一，公司要制定章程。第二，县财政拿出200万元来参股。当时县里财政有困难，财政局长说县里拿不出钱，我说一定要拿，不然干部群众就没有信心。局长说我强迫命令，我说强迫命令也要做一次。第三，到广州设计印刷股票，同时对参股者发放股金证，登记股份分红派息。"二十年后，李广镇谈到此事时，仍然兴奋。

很快，县人大通过了公司的集资章程。由财政拨款200万元投进公司，占20%的股份，其余800万元公开向社会集资。县委、县政府同时发动机关干部带头投资入股，数额从50元至数百元不等。

曾汉雄找到在香港的亲友，取来几张香港的股票作设计股票的样板，请后任深圳美协主席的画家骆文冠设计股票。骆文冠运用版画技巧，用钢笔画的形式，一气呵成——画面上，一只张开翅膀乘风翱翔的大鹏鸟扶摇直上，象征宝安县联合投资公司的事业鹏程万里、海阔天空。

1983年7月16日，宝安县委、县政府批准，在《南方日报》刊登起到"招股说明书"作用的消息"宝安县联合投资公司发行股票"：公司保证入股自愿，退股自由，保本付息，利润分红；股东的亲属有股份继承权、转让权；公司经营所得利润除留作扩大再生产和经营保本基金外，60%用于股东分红，从公司所属企业成立之日起每年结算公布一次、分红一次，股东所得红利属合法收入，受法律保护；公司成立股东大会，由股东民主选举产生代表、董事会正副董事长；建立职工代表大会制度，实行组织上的群众性、管理上的民主性、经营上的灵活性；公司所属企业全面实行"责、权、利"相结合的经济承包责任制和个人岗位责任制。

7月22日，宝安县联合投资公司股票发行。来自北京、上海、山东、天津、河北、广东等20多个省市的投资者，很快认购了公司发行的250万元的股票。加上宝安自己投入，募资额达到450万元。联合投资公司就靠这笔资本开始运转，推丘填堑开发土地、修建厂房、兴办实业，很快吸引了外来资金、搞活了经济。

由于学习、借鉴世界上其他经济体先进制度尝到了甜头，宝安县联合投资公司一路在制度创新上开疆拓土：它不仅是中华人民共和国成立后第一家股份制企业，发行了新中国第一张股票，还先后成为发行中华人民共和国成立后第一张可转换债券、第一张中长期认购权证的公司以及首次通过二级市场收购上市公司、开办中国第一个财务顾问公司等。

1986年10月15日，深圳市政府颁布《深圳经济特区国营企业股份化试点暂行规定》，开始在深圳推行股份制。

1991年，宝安县联合投资公司更名为宝安企业（集团）股份有限公司。同年6月25日，股票在深交所挂牌上市，代码000009。其后，公司股票名称由深宝安变更为中国宝安，代码不变。截至2018年底，中国宝安股票的总股本达到21.5亿元，其中流通股21.2亿元。而经过多次行政区划变更、地域已大幅度缩小的宝安区，上市公司已达到40多家。

三、"万丰模式"——第一家农村股份制公司

1983年10月，沙井镇万丰村党支部书记潘强恩与港商陈振豪达成口头协议：港方投资5000万美元在万丰村办一家彩星玩具厂，但万丰村必须在半年之内盖好2万平方米的厂房，能安置1600位工人的宿舍，并做好路通、水通、电通、电话通。

根据港方送来的平面图纸样本匡算，万丰村还需要投资600

万元以上。之前，村里已经集体投资250万元完成了"三通一平"，建成了一座1 500平方米的厂房，港商同意先使用、试产，但后面建设大面积厂房和大宿舍的资金却没有着落。

村党支部书记潘强恩和村长潘九根又到银行求贷。信贷员说他们的贷款余额已经不多，他们村欠几百万元还没还呢。虽然没贷到款，但是他们两人从银行了解到，万丰村民在银行的储蓄存款平均每人有500多元，加在一起有100多万元。既然贷不到款，何不向村民借钱，集资办厂试试？

在动员集资的村会上，村民们疑虑重重。要村民出资，村干部出不出资？出资人有没有权力过问经营情况和分红派息办法？血本无归怎么办？同时，彩星玩具厂选址大万丰村大边山东部，因而厂房建设要推去大边山的三分之一，且要征用山边的十多亩已分给村民的土地。村民们认为大边山是万丰的靠山，推山就破坏了万丰的风水，大为不吉，是以反对者众。但潘强恩深知村民们的现实心理：他们看到、也知道办厂有钱赚，肯投资，但是他们一怕刮"共产风"，二怕村干部胡来，三怕投资回报无保障。因此，要想办法让村民们放心。

潘强恩考察过香港一些上市公司，于是决定按照上市公司的经营方法，引入股份制，让村民投资入股。

村委会做出三项决定：（1）5位村委干部每人拿出5 000元带头投资，与村民共担风险，与出资村民签订协议，股权受法律保障，可转让和继承；（2）在村民中选举、成立董事会掌管企业，经理和财会人员由董事会任命，财务和分配公开；（3）实行保本付息。如项目三年无收益，由村里借钱按银行利率向股东派发利息，五年后股权留退自由。经此，部分村民开始打消顾虑，有54位村民"斗胆"效法村干部出资认股，共筹到24.3万元。又将村集体土地和水电设施折价入股，占30%股权，出资村民占70%股权。一家由村集体和村民个人合资兴办的企业——万丰村彩星玩具厂如期在1984年9月建成投产。

第二年，万丰村第一批59名股东全部分到了20%的红利。眼见为实，村民不用再动员和要村干部带头了。他们10人、8人合伙把资金凑在一起来找村委会，要求再按这个模式办几个厂，而保本付息则不再需要了。为让全体村民分享股份制经济的好处，村里还贷款给那些困难户，让困难户用贷款入股。自此万丰村年年分红利、岁岁办新厂，实现滚动式发展。

村民集资兴办合资企业的股份合作制模式在万丰村诞生，被称为"万丰模式"并为深圳各村镇广泛推广、效仿，农村股份制蓬勃兴起，为中国农村的经济发展探索出了一条成功的道路。

在20世纪80年代中后期，万丰村与大邱庄齐名，被称为"南国第一村"，并引起了中央和邓小平的重视。1991年12月29日，国家计委、国务院发展研究中心、中国乡镇企业协会、中国企业评价协会等一干专家学者，在人民大会堂广东厅举行"万丰模式研讨会"。次日，邓小平兴致勃勃地接见了与会成员。潘强恩兴奋地说，中国自20世纪80年代以来，以一个村庄的发展模式命名的高层研讨会且受到邓小平关注的，可说是绝无仅有。

进入90年代，万丰村开始在珠三角乃至全国四处买地兴建工业区，复制"万丰模式"。随着投资的加大，资金入不敷出。从2001年开始，万丰村决定暂停向村民发放红利。

进入21世纪，首钢企业研究所所长王育琨在评价万丰模式的兴衰时表示，万丰村在20世纪80年代到90年代的成功，让村支书潘强恩的名字蜚声海内外，万丰模式也成为村办企业的典范。随着20世纪90年代后期万丰模式的日渐式微，潘强恩家族式管理以及"一言堂"的做法，又让他冠上"村霸"恶名。万丰村的成败，以及它曾作为深圳农村股份制的样本，仍然有其研究价值。

四、"有事CALL"——第一家电脑传呼台

在手机出现之前,"CALL"算是第一代移动通信,"有事CALL"是人们的口头禅。1989年11月,宝安县邮电局与香港高美达公司洽谈,合作开通了宝安186和188人工传呼台。1990年1月13日,宝安县无线传呼台开通,宝安185中文传呼台诞生。1991年6月8日,宝安187台建成和使用,标志着深圳市第一家全自动电脑传呼台诞生。

是时,宝安185、186、187和188台,统称宏通传呼台,办公地点设在特区内笋岗路,宝安县邮电局分别在新安、松岗、龙岗、大鹏和局机关大院内,建立了5个基站,传呼业务覆盖宝安县城及特区内部分区域。

随着科学技术的成熟和社会需求的增大,自宝安之后,传呼台在深圳遍地开花,最早的硕大无朋的砖头式的手机开始出现。1995年,宝安的无线传呼台达到9个,用户达到22万个,占全市用户的四分之一,企业经营的传呼台则达到36个,竞争日益白热化。1995年下半年,随着手机逐渐普及,传呼开始靠后,人们逐渐弃用呼机转用手机。1997年,宝安无线传呼业务并入国家邮电部,传呼退出历史舞台。

五、"老吾老以及人之老"——全省第一个建立农村养老制度

截至1991年底,宝安县60岁以上老年人口已占人口总数的11.2%,进入老龄社会行列。

1992年1月,国家民政部颁发《县级农村社会养老保险基本方案(试行)》,宝安县列为全国农村社会养老保险50个试点县之一。广东省民政厅要求宝安、新会、东莞几个地方先搞,为全

省做个带头和试验。结果，新会、东莞未能继续试行。

宝安选择在横岗进行试点。横岗很快就制定了《横岗镇农村社会养老保险实施细则》，各村根据各自实际情况制定农村社会养老保险办法。保险对象为20—60周岁的本镇村户籍农村人口，保险基金由个人、村、镇分担，经济条件好的则由个人、村分担。每人每月缴费标准分为16、18、20、22元四个档次，各村自行选择档次，每年缴交一次，统一由村委会从上年股份分红中派交。村委会、自然村给个人补助保费，个人的缴费和集体的补助分别计账在个人名下，投保人从年满60周岁的下月起领取养老金，直至去世。从2月20日开始，到3月7日，横岗镇9个村委会、52个自然村全部实行了农村社会养老保险制度，全镇应投保3 750人，已投保3 608人，投保率达到96.21%，收到保费64.13万元。从开始试点到完成，仅用了17天。

4月，宝安在全县推行农村社会养老保险。和试点的横岗不同的是，宝安根据农村经济发展的实际情况，增加了四个档次的交费标准：8元到22元共8个档次，每个档次相差2元，各村和参保群众可自行选择投保档次。其中，集体补助部分占30%—40%，由各村、镇自行决定，个别的也允许超过规定档次或补助标准。

至6月，宝安全县18个镇就有12个镇实行了农村社会养老保险制度，参保人数4.9万，占应参保人数的97%。收到保费462万余元，宝安县被评为"全国农村养老保险先进县"。

宝安县之所以能比较快地推行农村社会养老保险制度，关键在于宝安自改革开放之后，农村经济发展较快。其中试点区横岗镇当时已是中国乡镇百颗星之一。

宝安还创出了"缴交保费"与"股份分红"挂钩模式，而这一模式保证了参保率。在实行农村社会养老保险制度的同时，还把养老金提留与农村股份制改革挂钩，将养老金投入经济效益好、信用好的企业中去，使养老金保值增值，确保增值部分大于存银行的利息。总体增值年利率在15%—30%，其中龙华镇的增值率达到30%。

撤县建区之后，基金实行各区统筹。

1994年，宝安区与深圳玻尔电脑软件公司合作开发"宝安农村社会养老保险管理软件"，宝安农村养老保险系统实现电子化运行。宝安区政府又出台了农村社会养老保险规定和保险基金管理办法两个文件。当年，全区8个镇112个村委会、383个村民小组的适龄参保对象中，已参加社会养老保险人数4.5万人，参保率达到96.8%，居全国首位。

宝安城市化之后，养老保险纳入深圳市统一的社会保障体系。

六、"一张白纸选村干"——中华人民共和国成立后第一例村民自治

1993年10月21日，宝安区沙井镇蚝二村举行村民代表会，选举新一届村干部。

当镇工作组人员按照惯例把候选人名单分发给代表们画圈时，有位党员站起来反对：届届都由党委定好人选让我们画圈，你们做好茶粿让我们吃，这样的选举不够民主。

"你们想怎么选？"工作人员问。

"一人给一张白纸，自己选。"

因无先例，此事暂停，但消息很快传开。蚝一、沙头、大王山、衙边等村也要求照此办理。直选村干部得到沙井镇委的支持并决定：（1）将发下去的候选人名单收回；（2）由村民自主协商、推选候选人；（3）镇党委对村民推选的候选人进行政审

后，交村民选举。

镇党委顺应民众意愿，重新制定有关村干部考核、推荐、选举方案。但当时村干部疑虑重重甚至有抵触情绪，怕出乱子、怕丢位子、怕没面子。针对村干部的顾虑，镇党委把提高村干部的民主意识作为推进民主选举的关键来抓，组织村干部学习培训，使他们认识到实行民主选举是大势所趋、人心所向，是对党员党性的基本要求。大家统一了思想，消除了顾虑。随后，镇委按照《村民委员会组织法》规定，不定调子，不定框框，不搞暗示选举，不提候选人名单。

第一步是推荐两套班子候选人。各村分别召开党员大会和村民代表大会，由党支部书记和村主任分别做上届工作报告，让党员和村民了解村班子工作情况。分组讨论和评议党支部和村委会工作报告，对村班子的德、能、勤、绩进行评议，在评议过程中酝酿候选人。分别召开党员、村民代表会议，然后每人发一张白纸，采取无记名投票方式，按照自己意愿推荐候选人。

第二步是正式选举。村党支部将民主推荐的候选人上报镇党委，镇党委按对候选人的要求进行审查后，再交由党员大会和村民代表大会依法选举，产生新一届党支部和村委会。

村干部直选，给沙井镇带来了两个提高和两个降低：村干部学历和村级经济指标提高，村干部年龄和对村干部的投诉率降低。从此，沙井镇26个村的党支部和村委会干部全部实行村民直选。

1998年10月14日，中共十五届三中全会通过的《中共中央关于农业和农村工作若干重大问题的决定》中指出，扩大农村基层民主，实行村民自治，是党领导亿万农民建设有中国特色社会主义民主政治的伟大创造。宝安区早在5年前，已开创性地走出了第一步，创造出一项"全国之最"。

七、"一社区一健康中心"——全省第一个建成社区健康服务框架

1993年撤县建区后，由于工业的迅猛发展提供了广阔的就业市场和就业机会，只有24万户籍人口的宝安区，纳入管理的外来人口已达百万，就医难的问题日益突出。

1996年开始，宝安启动"一社区一健康中心"建设，成功建设成宝安居民10—15分钟就医圈。

社康中心，全称"社区健康服务中心"，简称"社康服务站""社康站""社康中心"。

宝安区于1996年初制定出《宝安区社区健康服务实施方案》，以区政府文件印发至各镇（街道）和区属有关单位执行。

各社康站建设，以各镇医院为主建单位（区驻地新安镇由区人民医院与区中医院负责组建），并对社康站实行一体化管理，实现四个统一：设置统一规划、人员统一调配、药物统一调拨、经济统一收支。社康站规划原则上以一村一居委为一个社区，服务人口一般2万人左右，按每1 500人比例配备1名医务人员。一家社康站用房面积要求至少80平方米以上，应设有全科医生诊室、治疗室、注射室、药房、妇女保健室、儿保计免室、老年保健室、健康教育室等功能科室。社康站功能，按要求具有"开展健康促进、卫生防病、妇幼保健、慢性病防治、老年保健和疾病诊治"等六大功能。

1996年5月，在西乡镇试点。西乡镇同时被省卫生厅、市卫生局确定为省、市试点单位。11月，经省、市卫生局领导和专家评估验收合格。稍后，西乡镇的劳动、鹤洲、流塘、铁岗四个试点挂牌开展服务。

1997年1月，区成立社区健康服务工作领导小组、社区健康

服务工作指导小组，各镇亦成立相应机构并召开社区健康服务工作会议，部署开展社区健康服务站普遍建设工作。各医院开展有关社区健康服务站建设内容和重要意义宣传或举办各类学习班、召开动员会；组织人力在村（居、社区）委配合下建站。其中西乡人民医院投入资金500万元，1997年一年之内完成全镇21个社康站组建任务，成为广东省第一个全面实现社区健康服务的镇。

1999年底，宝安成为全省第一个基本建成社区健康服务框架的区，先后在亚太地区、全国和省各类会议作经验介绍。全国各省、市、自治区（除西藏外）均有人前来观摩。英国、澳大利亚、新西兰、越南、加拿大等国，均有学者来本区考察。

2000年，全区大多数村（居）均已建立服务站。除续建新站外，各医院成立社区健康服务科（简称"社康科"），配备专职人员加强社康站管理；制定社康站各类人员职责、工作制度、标准及有关规定，规范社康站管理；同时按市卫生局制定的评估标准，对社康站进行每年两次考核评估，检查督促社康站"六大功能"落实；采取送出去学习和举办各类培训班方式，强化社康队伍人才培训。社康站"以区级医疗防保机构为指导、镇级医院为依托（各镇级医院为主建单位）、社区健康站为主体、以六大功能为内容"的建设模式，被称为"宝安模式"。

社康服务站（中心）为户籍居民60岁以上老人、妇女儿童与慢性病人建立花名册并定期家访、提供保健服务；为儿童开展计划免疫和预防接种。全区社康站建成后，居民卫生知识知晓率由原40.5%提高到97.44%，精神病人管理率100%，高血压病人管理率由60.8%提高到91.55%，中小学生龋齿充填由0提高到83.44%。

2006年始，区政府将"一社区一社康中心"建设作为当年为民办的十件实事之一。

至2007年，全区有社康中心164家，覆盖人口约500万人，平均每个社康中心覆盖3万余人。有卫生技术人员1 800人左右，其中执业医生848人，执业护士700人，其他卫生技术人员263人；在编143人，占7.9%；聘用1 668人，占92.1%。诊疗人次706.86万人次。占全区医疗机构诊疗人次的47.29%。诊疗次均费用40余元。至此，一社区一社康中心初次建设任务完成，基本实现"一社区一健康中心"目标。

2010年，全年社康中心服务人次已约1 100万人次，诊疗人次占全区门诊量一半。区机构编制委员会核定社康服务工作的性质为"提供公共卫生服务，构建基层预防保健网络的非营利事业，是政府履行社会管理和公共服务的一项重要内容。政府举办的社康中心为准公益性机构，实行院办院管（即由公立医院主办主管），不具有独立法人资格"，职责与任务是"以社区居民为主要服务对象，承担疾病预防等公共卫生服务和一般常见病、多发病的基本医疗服务，具体包括社区预防、社区保健、社区康复、社区健康教育、社区计划生育、社区基本医疗等"。社康中心按每万名居民配备4名医护人员编制（其中事业编制3名、专业技术雇员1名），以区统计局公布的2006年年底全区3 380 126人为基数，核定社康中心医护人员1 352名，其中事业编制1 015名、雇员337名，经费区财政核补60%。并根据人口变化情况，以上年度区统计局公布的人口数为准，每年核定一次社康中心医护人员编制。所分配编制分3—5年使用，解决社康中心经费来源和人员编制问题。

仅1997—2007年，区、街道政府共投入社康事业经费约2亿元。2007年，区财政社康事业支出约6 000万元，占区财政卫生总支出的13.8%。

2004年，根据国家卫生部等三部委和省、市开展创建"全国社区卫生服务示范区"五大项目、21条创建标准，于10月、11

月，全区社康中心分别以92分、94分成绩通过省卫生厅、国家卫生部评审。2005年，宝安区创建全国社区卫生服务示范区通过省、国家卫生部验收。全区社区服务站覆盖人口285万。建立家庭档案7.1万多户、个人档案213万多份。社康中心纳入深圳市基本医疗定点保障单位。宝安区建立广东省全科医学教育管理9个社康培训基地。

社康中心的建设，极大地缓解了在宝安生活的市民就医难的窘境，10分钟就医圈形成，实现"小病在社区，防病在社区，健康在社区"和"小病社区治，大病医院治"的服务新模式并形成转诊制度。

八、建成全国第一家县级法律援助中心

1997年3月，全国第一家县级法律援助中心——宝安区法律援助中心成立。2006年6月经宝安区机构编制委员会批准，更名为深圳市宝安区法律援助处，是宝安区代表政府行使法律援助职能的专门机构，主要为弱势群体无偿提供法律帮助，案件范围涉及民事、行政、刑事等案件。主要职责为：负责协调、监督并组织实施本区的法律援助工作，统一受理人民法院指定辩护的刑事法律援助案件，受理、审批民事、行政法律援助申请，指派法律援助人员实施法律援助。有工作人员12名，其中专职援助律师7名。至2018年，共免费办理法律援助案件过万件，为受援当事人挽回经济损失和索回应得利益近10亿元。

宝安区法律援助中心于1999年、2002年、2005年三次被深圳市司法局授予集体三等功；2000年被广东省司法厅授予全省唯一一家县（区）级法律援助先进集体；2002年被司法部、中国残疾人联合会评为全国残疾人维权先进集体；2004年4月被深圳市委、市政府授予人民满意的社会服务集体；2006年3月被深圳市

委、市政府授予2004—2005年度"文明单位";2007年被司法部授予全国"规范与质量"先进单位;2008年1月被省监察厅、省文明办、省纠风办,在全省23个政府系统和行业开展的"窗口之星"评选活动中被评为"窗口之星"先进集体;被外来劳务工称为"打工一族保护神"。

除以上外,宝安还在全国率先成立镇(街道)级国有资产投资管理公司,在全国率先成立镇级预防保健所,成立广东省第一个县级社会办学管理机构——宝安区社会办学管理办公室;2000年,全区350所办学单位全部配备行政办公电脑并连通宝安教育在线网站,成为全国首个实现教育信息化的区;建成全国处理污水的最大人工湿地工程——石岩河人工湿地工程,实现全国首块农地成功流转等。进入新时代,在2014年度"全国城市与县域网络形象排行榜"中,宝安区获"全国县域网络形象排行榜"第一名;宝安法院建成全国首家24小时自助法院;建成全国首家将太赫兹技术与电子信息制造业相融合的创新中心——深圳市太赫兹制造业创新中心;建成全国首个国家级出口小家电质量安全示范区;等等。

产业结构转型升级

　　1993年，拆分宝安县，分设宝安、龙岗两个市辖区。其中宝安区下辖新安、福永、沙井、松岗、公明、石岩、龙华、观澜8个镇，1个光明农场，196个行政村、9个居委会。宝安区的成立，意味着宝安原来的农村发展模式向城市化模式发展的根本转变，工作重心也将转变为产业结构的转型和升级、城市形态空间的确立与完善。而宝安五倍于特区内的土地储备，必然成为特区内产业转移的落脚点。

　　中共宝安区委、宝安区政府成立之后，即根据宝安已形成的陆、海、空交通网络，拥有700多平方千米的黄金土地储备的地理条件，以及未来深圳国际化大都市组成部分的定位，确立了加快宝安城市化、工业化、现代化（简称"三化"）的发展方向。通过中共宝安区第一次代表大会，又确定了实现三化分两个阶段进行：1993—2000年为三化奠定基础，2000—2010年实现三化。其中第一阶段目标是：在城市化方面，基本完成基础设施，初步建成一个以区中心城、航空城和镇中心区为起点，以快速干道为轴的相互关联的城市网络，使新安—福永、沙井—松岗、龙华—观澜、石岩—光明—公明四个组团的建设基本连为一体，基本实现农村向城市、农民向居民的转变；在工业化方面，建成一批有一定规模、有拳头产品并在国内外市场有较强竞争力的企业集团，初步形成以先进技术的工业骨干企业为重点的工业体系，而且第三产业有较大发展，产值超过社会总产值的50%以上；在现代化方面，各类产业和科学技术的发达程度及社会文明水平都有一个显著的飞跃，人民生活水平有较大的提高，使之与回归祖国的香港相衔接。

自此，宝安迅速承接了特区内的产业转移，成为外来资金（含港澳台）投资的热土，紧接着2004年宝安开始城市化。2011年特区扩大，宝安成为经济特区的一部分，宝安驶入经济社会文化综合协调飞速发展的快车道。

城市建设则从恢复宝安县建制时，在资金严重匮乏的条件下，在一片荒坡上建设新县城开始，逐次开展配套建设。引进"三来一补"配套"三通一平"，撤县分区前已村村通水泥路。1991年，宝安国际机场（原名黄田机场）通航，现已成为中国最大的国际航空港之一。1994年，宝安启动了在10.8平方千米的海滩上进行宝安中心城区的建设。20世纪90年代中期，开始园林式居民新村建设，改善居民居住环境。改革开放之前的民居，除极少数作为传统文物景点保留外，均已拆除重建，昔日宝安的农民均已成为深圳特区市民，迁居于园林式花园小区。

转型升级是宝安区建区之后的主基调。撤县建区之前，宝安三次产业构成在35：45：20之间浮动。建区后经过10年时间，三次产业结构已调整为1.6：69.6：28.8。工业成为地区经济的支柱。到2003年，宝安的工业企业从1993年的3 470多家发展到8 450多家，从业人员近200万人。工业企业中，外商及港澳台投资企业占绝对主导地位，至2003年，外资（含港澳台）企业从数量上，虽只有2 753家，但实现产值达到1 486亿元，占宝安工业产值的94.5%。其中，台资企业富士康在宝安投资，从一个小小的电脑外壳组装企业，发展成为全世界最大的电脑和手机组装企业，宝安经济逐渐形成以工业为主导的外向型经济格局。

城市化

　　1993年宝安区建立之初，中共宝安区委、宝安区政府就制定了《深圳市宝安区经济社会发展战略》，并由于光远、王钰等一批著名的专家、学者进行评审论证。报告根据宝安各项事业蓬勃发展的趋势、特殊的区域优势和资源优势，明确提出了宝安的发展方向是城市化、工业化、现代化。而1993年当年，宝安有农业人口12.9万人，占全区户籍人口21.5万人口总数的60.3%。

　　为推进宝安的城市化，宝安区委、区政府一直持续发力。

　　城市化的关键是人的城市化，"换脑进城"。一个城市的文明程度，除设施、机制外，关键看市民是否具备现代文明素质。宝安区自建区起，就坚持人本思想，把"塑造现代宝安文明人"作为战略任务来抓，坚持不懈地开展创建文明镇（街道）、文明村、文明户、文明单位、文明企业活动，创建花园式城区达标竞赛活动等，并创造性地把股份制条文引入文明创建活动中。

　　2000年开春，国家主席江泽民视察广东。宝安根据江泽民指示精神，在全区开展"致富思源，富而思进"（简称"两思"）教育活动，目的是使干部和群众弄清楚：为什么我们能够取得改革开放的显著成就，怎样坚定信念、戒骄戒躁，在已经取得成绩的基础上继续不懈地努力奋斗。这对于还有10多万刚洗脚上田的农民的宝安来说，转变传统观念、克服小富即安的思想，尤其重要。

与这场教育活动相结合，宝安区委、区政府大力推进"一镇一广场一中心区，一村一公园，一街一景点，一路一树一花"工程建设，拆除违法建筑，整治"脏、乱、差"，改善生产生活环境，全区已建成高标准广场10多个、村组或社区广场40多个、公园80多个。

同年5月，深圳市第三次党代会强调特区要内外协调发展，人代会上深圳市政府所做的工作报告更明确提出宝安、龙岗是深圳今后发展的潜力所在。

2003年10月，中共深圳市委、深圳市政府做出了关于宝安、龙岗两区加快实施城市化的决定。第二天，市委即成立由市委书记挂帅的深圳城市化领导小组、派遣工作组进入宝安区。当时的宝安区委主要负责人认为，市委关于宝安、龙岗两区城市化进程的决定，是宝安发展过程中一个重大的转折点。宝安在建区之初就提出了"三化"，10年以来，宝安各项事业均取得了很大发展，完成了农村到城市的转变，水到渠成。

城市化面临一系列体制机制的改革。中共宝安区委、宝安区政府根据市的决策，确定宝安区城市化的十项任务：

行政管理体制改革——撤镇设立街道办事处，撤村委会设立社区居委会；

经济管理体制改革——居委会与原村委集体经济组织脱钩、成为独立的经济实体，原村委和村民小组集体经济组织的所有财产等额折成股份，组建股份合作公司；

教育体制改革——村办学校移交政府管理，管理体制转为"一级管理，以区为主；多方投入，以政府为主；多元办学，以公办为主"；

市政设施移交——市政设施无偿交由政府管理，由政府安排专项经费进行改造和维护；

户籍与计划生育改革——全区12.4万名村民全部"农转非"，变村民身份为城镇居民身份，享受与城镇居民同等就业、教育和社会保障权利，纳入现代城市管理体系，改变农村一定条件下可以生二胎的计划生育政策，按地市人口计生政策管理；

劳动就业和社会保障——将年满18岁的农村从业人员纳入城镇养老保险体系，从养老基金中交纳医疗保险费用；

发展规划改革——彻底改变之前特区内外"两个标准"规划的现状，实现宝安区与特区内一体化的规划标准，调整、优化宝安的产业结构；

城市管理体制改革——改变之前镇管镇、村管村的二元行政管理体制，采用"大市政、大管理"的层层管理方式，实现区下属街道、街道下属居委会的逐级城市化管理模式；

党的建设和其他事务——各街道和居委会成立党工委，建立起成形的党组织，民兵组织、工青妇等亦完全按照城市化标准建立；

土地转制——原属村民集体经济组织的所有土地依法全部转为国家所有，对非农建设用地没有达到市政府规划标准的，一次性留足非农建设用地，统一规划和调整。

市、区选择先在龙华镇进行试点。12月9日，在龙华镇召开试点村养老保险金发放现场会。2004年1月1日，在龙华镇三联村举行第一批城市化居民户口簿发放仪式。2日，成立龙华街道党工委和街道办事处。2004年1月15日，区三届二次党代会召开之后，区委、区政府于19日印发《关于抓住城市化历史机遇，加快经济社会和人的全面发展的意见》。1月底，试点镇龙华10个村委会1.7万名村民全部完成户口簿换发。3月，根据城市化工作涉及的10个方面的内容，各镇（街道）全面开展经济、土地、人口、资产、学校等调查摸底，全面推进城市化。6月，市委、市政府在西乡会堂召开宝安、龙岗两区城市化试点工作总结暨推广动员大会，部署全面推开城市化。全区成立了由近2 000人组成的"三纵三横"城市化专业队伍。7月1日，西乡、福永、沙井、松岗、石岩、公明、观澜7个镇撤销镇级设置，成立街道党工委和街道办事处。9月29日，宝安最后两个村委会——沙井街道村委会、福永街道塘尾村委会同时挂牌改设为社区居委会，"农村""农民"在宝安成为历史。

城市化是一场持久的系统工程，除体制机制外，城市治理、人的城市化等都是城市化的重要内容。

在城市化转制后，宝安首先迎来的，是由深圳市统一领导和发起的、旨在提升城市管理水平和整治市容环境乱象的"净畅宁工程"，第一场行动就是"梳理行动"，对乱搭乱建进行清拆。宝安区从2004年3月开始，确定每周三为统一行动日，历时5个月，全区共拆除清理乱搭乱建1 712.3万平方米，占全区总量的99%。

随之，全区开始查处违法建筑和城中村改造。按区委、区政府部署：一年内不再出现违法建筑，三年完成全区违法建筑查处整治，以点带面推进城中村改造并确定16个旧城改造项目。而这项工作，至今仍在继续推进，并继之以城市更新。

五年"再造一个宝安"

"十一五"计划期间，宝安采取"积极引进、大力培育、转型升级、有序转移、依法淘汰"等举措，区委、区政府出台保增长"1+8"和调结构"1+6"①等文件，制定扶持战略性新兴产业发展系列政策，启动"5年6 000家低端企业淘汰"工程，经济增长实现"六大突破"：规模以上工业总产值、地区生产总值、出口、固定资产投资、税收、一般预算收入分别突破1万亿元、3 000亿元、900亿美元、700亿元、500亿元、100亿元大关，五年再造"一个宝安"。产业结构实现"三个优化"：工业结构进一步优化，电子信息、先进装备制造业产值占工业总产值80%以上，比2006年（下同）提高10.5个百分点；企业结构进一步优化，境外世界500强投资企业由71家增加到103家，上市企业由6家增加到32家，国家级高新技术企业达292家，产值超亿元工业企业由481家增加到1 065家，"三来一补"企业由2 900多家减少为1 100家；市场结构进一步优化，内销比例增加10个百分点，对新兴市场出口年均增长21%。经济质量实现"三个提高"：自

---

① 保增长"1+8"文件，是指宝安区委、区政府在2009年为应对国际金融危机而制定出台的《关于采取综合措施确保经济平稳较快增长的若干意见》及其8个子文件（深宝发〔2009〕1号文）；调结构"1+6"文件，是指宝安区委、区政府在2006年出台的《关于加快产业结构调整的实施意见》及其6个子文件（深宝发〔2006〕4号文）。

主创新能力提高，高新技术产品产值占工业总产值的55.8%，提高11.9个百分点，公开公告专利数增长227%，新增省级以上名牌产品和驰名（著名）商标105个；资源利用效率提高，每平方千米产出生产总值4.35亿元，实现翻番，万元生产总值电耗、水耗分别下降18.2%和32.3%；人均产出和收入提高，人均地区生产总值达到6.9万元，年均增长8.3%，居民人均可支配收入达到3.38万元，年均增长9.7%。

这一时期，城市建设始终坚持高水平规划、高标准建设，城市功能不断完善，城市面貌显著改观。按照市委、市政府加快推进特区一体化的要求，累计完成政府投资800亿元。

基础设施建设实现跨越式发展。地铁1、4、5号线全线开通，11号线启动建设，广深高铁通车，厦深高铁建设顺利推进，宝安正式迈入"轨道时代"。宝安大道、南光、龙大、南坪、福龙等重点道路建成通车，107国道二、三期改造完成，沿江高速加快建设，宝安客运中心、华南国际物流园等投入使用，500米公交站点覆盖率由45%提高到85%。

重点区域规划建设成效显著。高标准完成中心区城市设计，一批公共和商业建筑拔地而起。深圳北站建成并投入使用，民治特区一体化先行示范区建设取得实效，松岗"西北门户"实现三年一大变。大空港地区规划建设加快推进，大浪片区被确定为全市重点规划建设的城市发展单元。

城市环境显著提升。成立中国绿化基金会绿色宝安基金，募集资金近1亿元。五年种植各种树木450万棵，建成区域绿道84.1千米，加快推进170千米城市和社区绿道建设。新建公园128个，全区绿化覆盖率达46.3%。全面提高清扫保洁标准，开展"5333"严管区创建，强力推进"城管进社区"试点，数字化城管全面铺开。完成建筑立面刷新2 300多万平方米，占全市的

52%。建成6座污水处理厂和1 675千米截污管网，污水集中处理率提高到79%。开展河流治理大会战，观澜河清湖段、西乡河（三期）等综合整治卓有成效。新增排涝泵站36座，防洪排涝能力显著提高。

城市更新稳步推进。完成龙华弓村、西乡劳动村、沙井商业中心（一期）全面改造，新安上合等10个改造项目开工建设。率先探索政府收购旧村建设公共配套模式。累计完成475个城中村综合整治。坚持查人与查事相结合，严厉查处违法用地和违法建筑。

坚持民生优先，大力发展各项社会事业，民生福利水平明显提升。一般预算支出70%以上用于民生建设，每年做好"十件民生实事"，基本公共服务均等化水平进一步提升。成功创建"广东省推进教育现代化先进区"。新建公办中小学19所，改扩建73所，投入两亿多元扶持民办教育，民办学校规范化率达100%，新增学位11万个，成为全市首个"教育国际化实验区"，家庭教育、社区教育、学校艺术教育屡获国家级荣誉。卫生和人口计生事业迈上新台阶。区人民医院新门诊大楼、区慢性病防治院新院等建成投入使用，区人民医院通过"三甲"评审，建成社康中心168个，成为全国"社区卫生服务示范区"和"慢性非传染性疾病综合防控示范区"。建成151个社区生育文化中心，11个计生服务机构完成标准化建设，连续8年成为"全国计划生育优质服务示范区"。文体事业蓬勃发展。打造了观澜版画、打工文学、福永杂技和民工街舞等文化品牌。入选国家级、省级"非遗"名录10个。建成全国首家劳务工博物馆，获省级以上文化、艺术奖项260多个，其中全国"五个一"工程奖4个。广泛开展全民健身活动，新增各类体育设施1 200多处。落实就业和社会保障政策，在全国率先成立职业能力开发局，大力提升"七类人员"整体素质，累计开展各类培训教育889万人次。建设创业孵化基地7个，促进2.6万居民就业，"充分就业社区"覆盖率达98%，城镇居民登记失业率控制在3%以内。各险种参保总人次达1 200万，构建了较为完善的社会救助体系，在全市率先建立低收入居民生活救助与物价上涨挂钩联动机制。培育各类社会组织905家，开发社工岗位215个。

高度重视社区建设和发展。财政承担社区社会管理经费35亿元，投入50亿元完善社区基础设施，完成332个固本强基项目。"村改居"小区物业管理基本实现全覆盖，社区给水管网改造一期竣工，二期完成50%。省、市"六好"社区创建率分别达75%和94%。实施欠发达社区帮扶项目294个、同富裕工程项目112个，为欠发达社区1.6万名困难居民缴纳社保。投入4亿元扶持社区股份公司转型和发展，安排4 000万元参股两家村镇银行，收益用于帮扶贫困社区。

"十一五"期间，宝安行政管理体制不断优化。配合成立光明新区，全面实施大部制改革，顺利完成居站分设，在全市率先完成一街道一行政服务大厅建设，行政审批事项削减37%。实施第三轮区街财政体制改革，公共服务和基本建设力度不断加大。政风行风不断改进，实行部门、街道"一把手"任期经济责任审计，全面推行绩效评估、电子监察和公共服务白皮书，行政效率进一步提高。

"十一五"期间，是宝安建区以来综合实力提升最快、城市环境面貌变化最大的时期之一。

第七章

湾区核心　智创高地

　　以中国共产党第十八次全国代表大会召开为标志，宝安迎来一个崭新的发展时期：特区一体化持续推进，经济发展重质提速、高新科技含量大幅提高，服务民生成为区委区政府首要任务。以国家大湾区发展战略为机遇，宝安充分利用在大湾区建设中的独特优势，城市建设向世界一流城市看齐，着力把宝安建设成为"湾区核心，智创高地，共享家园"。

第一节 特区一体化

一、撤销二线关

1979年3月5日，国务院批复同意广东省宝安县改为深圳市。

1986年8月26日，第五届全国人民代表大会常务委员会第十五次会议批准《广东省经济特区条例》。同月，划出附城等4个公社327.5平方千米建立深圳经济特区。1982年，经国务院批准，设立"深圳经济特区管理线二线"：东起深圳盐田区梅沙背仔角，西至宝安区南头安乐，全长84.6千米，设有10个检查站，在通往特区的主要公路上设立6个（后增加为8个）供车辆、人员进出特区专用通道，在二线巡逻路设立29个专供附近居民进出二线的"耕作口"。沿线路面用花岗岩石板铺成，路北侧用高3米的铁丝网隔离。这道铁丝网把深圳分为特区内和特区外，俗称关内和关外。自特区管理线建成直至2005年，非深圳户籍人口凭边防证进入特区，2005年改为使用身份证进入特区。

1981年10月，以特区外地域恢复宝安县建制。1993年1月，撤销宝安县建立宝安、龙岗两个市辖区。随着深圳的发展，特区内外的划分，让深圳面临发展不平衡和"一市两法"的问题。所谓"一市两法"，是指"深圳经济特区"有立法权，但所立法规只能在特区内使用，无法在深圳特区外使用。发展不平衡，是特区内空间限制了特区的发展，而特区外虽然发展快速，但与特区仍然有较大差距。2000年，深圳市第二次党代会就强调"特区内外协调发展"，深圳人代会上的政府工作报告更强调宝安、龙岗是深圳今后发展潜力所在，要发挥后发优势。

2010年5月，中央批准深圳扩大特区版图的申请。从当年7月1日开始，深圳特区范围扩大到全市，特区总面积扩容为1 997平方千米。二线关依然未撤，特区一体化的进程受到阻碍。

随着原特区内外的经济差异减少、地铁路线的延伸、生活圈的融合与公共服务的逐步一体化，二线关存在的必要性渐渐消失。

2015年6月，宝安进入特区的南头检查站开拆，撕开了"二线关"的口子。其后16个二线关全部拆除，"二线关"成为一个历史名词。

二、宝安的特区一体化进程

2010年，宝安纳入特区范围后，宝安区委、区政府认为这是加快宝安发展的重大历史机遇，按照市委、市政府提出的"六个突出""六个一体化"的要求，积极行动，先后召开区委四届八次、九次全体会议，专题部署特区一体化工作，明确了总体目标和重点工作安排，并就特区一体化开展深入细致的调研，详细分析各方面的差距，提出了推进特区一体化的重点任务和保障措施，着力优化城市空间布局，完善城市功能，提升人居环境。自纳入特区范围始，短短的几个月时间，宝安区即完成了以下工作：

1．法制一体化。基本完成了2008年至2009年宝安区规范性文件汇编工作，汇编各类规范性文件60余件；开展全区规范性文件预清理，修改区规范性文件10余件，废止区规范性文件20余件。配合市相关部门开展《深圳经济特区股份合作公司条例》

《深圳经济特区城市规划条例》《深圳市河道管理条例》等特区法规规章修订征求意见调研。

2．完善城市规划体系。高标准编制国民经济和社会发展"十二五"规划以及23项专项规划和法定图则编制，2010年底实现全覆盖。

3．重点区域和重点项目建设。市布点宝安区的37个重大项目完成投资172.4亿元，62个区级重大项目完成投资35.4亿元，一批道路交通、供水供电、防洪排涝、垃圾收运等重大项目相继投入使用，宝安中心区、龙华新城等重点区域基础设施日趋完善。

4．大力推进城市更新改造。已列入市计划的52个全面旧改项目中，有8个项目已动工建设，34个综合整治类项目已竣工。

5．全面实施市容环境提升行动。着重开展"三个重点区域""四条景观长廊""五条主次干道"的环境提升工程；开展259个城中村综合整治，提升107家重点企业周边环境，实施户外广告招牌综合治理；连续三年获得"鹏城市容环卫杯"。

6．扎实开展环境保护和国家生态区创建。大力推进观澜河、茅洲河等河流水环境综合治理，建成燕川、福永污水处理厂一期工程和龙华污水处理厂二期工程，加快污水干管工程建设，全区污水集中处理率提高到64%；强力推进污染减排和治污保洁，均超额完成市下达的年度任务；完成80.4千米绿道网建设；加快推进创建国家生态区各项准备，2010年底完成申报。

在已完成相关特区一体化阶段性相关工作基础上，宝安区委、区政府按照深圳市委、市政府的要求和部署，科学谋划和推进特区一体化工作，动员全区人民，把特区一体化落实到具体项目上，落实到工作行动中，体现在经济社会发展的速度、质量和水平上，让老百姓得到更多实惠。

1. 以规划布局一体化为龙头，引领新一轮城市建设和经济社会大发展。充分发挥规划的先导统筹作用，突出战略性和前瞻性、突出功能开发、突出区域协调、突出打造精品、突出规划执行，以高标准规划推进城市空间和功能的战略性优化。加快宝安中心区、龙华新城、航空城、西部滨海新城、松岗片区和各街道中心区等重点区域规划建设。

2. 以交通一体化为突破口，加快推进基础设施和公共服务设施建设。进一步加大投入、提高标准、优化布局、加快进度，努力促进供水供电、防洪排涝、污染治理、环境卫生、有线电视等市政设施和学校、医院、文化、体育等公共服务设施在短期内有明显改善，构建功能配套、安全高效的现代化基础设施体系。

3. 以大项目和园区建设为载体，促进工业化、城市现代化与产业转型升级相融合。牢固树立"全市一盘棋"思想，坚持差异化发展、错位发展，进一步巩固工业主导地位，推进支柱产业高端化、新兴产业规模化、优势传统产业高级化，加快创新型城区建设，加快产业转型升级，加快实施大项目带动战略，加快新型产业园区建设、土地整备和城市更新工作，努力种出"高产田"，以产业发展促进城市发展，以高水平的城市发展引领产业发展。

4. 以管理创新为着力点，促进城市环境的全面提升。坚持管建并重，按照"整洁、有序、生态、有特色"的原则，提高城市管理的档次和品位，加快推进市容环境提升行动，加大环境综合治理和生态修复力度，深入开展国家生态区创建工作，创造宜居宜业的城市环境。

5. 以提升民生净福利为重点，把更多人力、物力、财力和精力投入公共服务领域，加快构建覆盖面更广的终身教育体系、就业服务体系、社会保障体系、医疗保障体系和住房保障体系；继续加强社会主义精神文明建设，大力实施文化强区战略，促进群众文化与精品文化、文化事业与文化产业的协调发展，满足广大群众多样化的精神文化需求；以大规模干部培训和百万劳务工素质提升行动为重点，继续深入实施素质工程，加大人才引进、培养力度，不断提升市民综合素质；创新社会管理机制，加快编织"民心网"，积极推行以证管人、以房管人、以卡管人的流动人口管理模式，探索建立现代警务机制和立体治安防控体系，不断完善"一格多元、一岗多责"的网格化管理机制，努力维护社会平安稳定和谐。

6. 加快提高党的建设科学化水平，为特区一体化提供坚强保证。继续深化干部人事制度改革试点工作；进一步加强基层党的建设，深入开展"创先争优"活动，认真抓好党代会常任制试点、区域化党建、"两新"党组织建设等工作；切实加强"廉洁城市"建设，促进廉洁自律，坚决惩治和有效防止腐败。

同时制定了推进特区一体化的总体目标和阶段性目标。总体目标是：2010年下半年全面起步，一年明显见效，两至三年实现大的突破，力争五年基本实现特区一体化，十年全面实现特区一体化。

2017年3月，深圳市发布《深圳经济特区一体化建设攻坚计划（2017—2020年）》，到2020年实现特区一体化。宝安区委、区政府与市特区一体化建设攻坚行动计划，宝安区国民经济和社会发展"十三五"规划，宝安区六届一次、六届二次党代会报告和政府工作报告及各专项规划相衔接。编制《宝安区特区一体化建设攻坚计划（2017—2020年）》（简称《攻坚计划》），并把计划任务和具体工作落实到具体单位、落实到人头。《攻坚计划》提出：

（一）《宝安6个街道"三年大提升"行动计划》

安排42个行动、1 733项任务、662个项目，总投资达3 651亿元，在新安、西乡、福永、沙井、松岗、石岩6个街道实施，使经济发展质量大提升、社会建设大提升、城市规划建设大提升、城市服务管理大提升和城市文明水平大提升。五大方面提升的具体内容为：

1. 经济发展质量大提升

经济发展质量大提升共有9个行动，包含增加龙头企业和产业空间、提升智能制造水平和地区生产总值质量、人才引进等内容，进一步推动产业发展，提高土地资源利用率，加快培育和发展战略性新兴产业。

2. 社会建设大提升

社会建设大提升包含8大行动，全面提升街道社区党群服务能力和教育、医疗、文体、社会保障等领域的建设水平。

3. 城市规划建设大提升

城市规划建设大提升包括城市规划和设计优化提升、违法建筑拆除行动、"双宜小村"建设行动、交通设施建设提升行动、棚户区改造人才住房保障行动等12项内容，完善6个街道空间规划、交通规划、产业发展规划、民生规划等一批规划建设，统筹城市建设和发展。

4. 城市服务管理大提升

城市服务管理大提升涵括了政务环境、智慧管理、安全管控、平安稳定维护、市容秩序、市容环境、交通环境和生态环境8个方面的提升行动，旨在推动6个街道继续提升基层政务服务水平。

5. 城市文明水平大提升

城市文明水平大提升围绕文明素养提升、公共环境秩序提升、志愿者服务提升、爱心公益"三进"、市场秩序规范5个方面提高各街道精神文明建设水平，并推动志愿服务发展，大力发展公益事业。

（二）实现六个"一体化"

通过实施攻坚计划，实现城市功能布局一体化、基本公共服务一体化、城市安全一体化、环境保护一体化、管理体制一体化和基础设施一体化。

（三）主要建设目标

1. 交通、环境、社会发展目标

次干道及以上路网密度，从2015年底的3.6千米/平方千米提高到4.0千米/平方千米；500米公交站点覆盖率，从2015年底的92.6%提高到100%；轨道交通运营及在建里程，从2015年底的21.1千米增至98.5千米（不含国家铁路和城际轨道）；新增污水管网1 474千米；燃气管网覆盖率达到74.7%；城镇污水处理率，从2015年底的82%提高到88%；每千人总体学位数，从2015年底的110座提高到112座；每千人病床数，从2015年底的2.48张提高到3.0张；人均公共文体设施面积，提高到1.85平方米；光纤入户率增至88%；重要公益性公共场所免费无线宽带覆盖率提高到99%；每万人八类刑事案件立案数控制在3.2宗以内。

2. 城市功能布局

高品质打造西部活力海岸带：

合理划定岸线功能，塑造景观特征鲜明的主题岸段，打造北段空港新城生态新城区、中段机场航站区生产配套服务功能区和南段宝安中心区生活配套服务功能区，形成生产、生活与生态功能平衡发展的综合性活力海岸带。

推动大铲湾港区转型与创新发展，主动承担对前海—宝安滨海中心区的服务支撑功能，强化现代服务业，大力培育临空、海洋经济，推动航运商贸服务、海洋科技研发、滨海休闲旅游等功能布局。

重点推进滨海文化公园、西湾红树林公园二期、海上田园、潮汐公园等重要节点规划建设，连点成线，打造大美西海岸，成为深圳最具魅力和活力的城市岸线。

强化107时尚商务带：

实施"107·120"工程，一张蓝图2020年抓到底，强力推进面积约53平方千米的107国道宝安段商务走廊建设，加快推进道路、轨道交通、综合管廊和城市建设一体化，将107时尚商务带打造成国际知名、品质卓越的"第二深南大道"。

松岗门户段布局先进制造业和配套服务；沙井高新段侧重发展高新技术产业和现代服务业；福永空港段优先发展会展、现代物流等临空经济；宝安中心段集中布局总部经济、现代服务等高端业态。

高起点、高定位打造立新湖、尖岗山等战略性新兴产业园区，大力发展战略性新兴产业和未来产业，与广州科学城、东莞松山湖以及深圳高新区等创新园区共同形成珠三角的科技创新服务带。

塑造东部生态休闲带：

结合宝安区自然景观和人文特色，围绕新安段—西乡段—福永段—沙井段—松岗段—松岗示范段，串联罗田、五指耙、凤凰山、羊台山等重要生态节点，塑造不同主题的特色景观。

依托良好的生态环境，推动生命健康、科技服务等功能的发展，重点吸引科技创新型企业的研发、孵化环节，探索生态、人文、产业互促发展的新模式。

建设、维护区域绿道2号线，串联全区主要绿地、风景名胜和文化古迹，完善自行车道、步行道、驿站及自行车租赁和停车场等配套设施，规范建设绿道网标识系统和城市慢行系统，打造和谐共融的城市绿脉和生态休闲廊道，使之成为珠三角生态休闲胜地。

3. 科学谋划布局产业发展重点片区

高标准建设宝安滨海中心区和大空港新城：

宝安滨海中心区着力加强与前海融合、与大铲湾港区互促发展，强化西部城市中心核心功能，发挥中心区对周边地区的辐射带动作用，提升中央绿轴和广场品质，建设艺术馆、美术馆、博物馆"三馆合一"的文化中心等城市精品，打造高端产业企业和总部经济集聚区、深圳西部"城市新客厅"以及具有深圳特色的滨海中心区。

大空港新城以国际先进标准要求加快推进深圳国际会展中心建设，积极争取国际会议中心和新科技馆项目落地。

推进16.9千米综合管廊及29.2千米道路一体化工程。

立足深莞庞大的制造业基础，充分发挥空港的触媒作用，集聚、整合、优化高端要素资源，加速高端产业发展，植入战略性新兴产业，拓展前海深港合作区政策与功能优势，建设区域性的产业链、供应链、价值链的中枢控制区，打造国际领先的航港都会区、国际化科技创新基地、前海战略拓展区和临港经济示范区。

精心打造先进制造产业城和科技创新产业城：

在福永北至沙井、松岗区域，高标准规划建设约38平方千米的先进制造产业城和约31平方千米的科技创新产业城，重点发展新一代信息技术、新能源、机器人、可穿戴设备、智能装备等新兴产业，建设生产、生活、生态"三生合一"的现代化产城融合示范区。

制定园区建设标准和招商引资专项政策，专业化打造招商引资、投融资、转型升级服务、创新创业服务、知识产权保护、创业人才集聚、综合管理服务、示范拓展辐射八大公共服务平台。

力争将宝安先进制造产业城和科技创新产业城打造成规划建设有序、高端产业集聚、功能设施完善、服务体系健全的新型工业化产业示范区、智能制造引领区和创新创业生态区。

全面推进石岩科技健康绿谷建设：

充分利用石岩"一山两湖"的山水资源禀赋和现有高新技术产业基础，重点发展智慧、高端的科技创新型产业和低能耗、高附加值的总部经济。

基于基因检测、精准治疗等先进医学技术，以健康、休闲、生态为主题，融合客家历史文化底蕴，大力发展健康管理、健康服务、休闲养生等生命健康产业，促进区域经济、生态保护和人文历史底蕴的有机融合，高水平打造创新宜业、健康宜居、生态宜游的石岩科技健康绿谷和山水人文休闲慢城。

4.加快规划建设特色小镇

按照"规划为先、文化为魂、特色为本、生态为基"的思路，结合宝安资源禀赋条件，规划建设西乡滨海风情小镇、福永凤凰文化小镇、新桥大学小镇、沙井金蚝美食文化小镇、燕罗琥珀文化小镇、石岩阿婆髻雕艺文化小镇、新安上合孝德园、燕罗航天科技文化小镇等一批"特而强、聚而合、小而美、活而新"的特色小镇，把特色小镇发展作为提升城市品位、丰富城市内涵、完善城市功能的重要着力点。

坚持组团式布局和产城融合发展，不断提升城市发展质量和宜居宜业水平，打造城市发展新名片，为探索全国新型城镇化的先进经验和成功模式提供示范。

5.大力提升土地资源利用效率

加快城市更新项目规划建设：

以"大尺度+大榕树（大项目）+大规划+大统筹+大创新"五大策略为特征的连片城市有机更新，按照"先规划、再招商、后改造"的原则，加快推进"117+N"个更新项目规划建设，通过引进大企业、大项目，带动整个片区发展，形成产业生态。

强力拓展产业发展空间：

创新供给模式，大力推广"规划与整备协同作战""以空间换土地、换配套""带重点产业项目挂牌出让"的"大族模式"和"盘活社区土地资源""以容积率换公配、换产业空间""带重点产业项目挂牌出让"的"臻鼎模式"，走出产业用地供给的宝安新路径。

到2020年，将产业发展空间从5 300万平方米拓展到1.2亿平方米，突破产业空间瓶颈。推进转型发展，推广旧工业区改造"福海信息港模式""银田旧工业区模式""工业上楼模式"，推动老旧工业区腾笼换鸟、凤凰涅槃。

优化空间结构，加快推进"两区两城"建设，优先推动先进制造产业城和科技创新产城内7平方千米"双差空间"整合提升。

强力推进棚户区改造：

大力推广38区、39区棚户区改造试点经验，10个街道各抓紧遴选和推进一个棚改项目，将棚户区改造与城市更新及人才房解决结合起来，发挥大城市更新体系优势，把棚改政策用足用好，按照"政府主导+国企实施+消除隐患+配套完善+人才安居落地"的模式，实现政府、业主、人才、国企多方共赢（各街道办、区住房和建设局牵头）。

大力实施土地整备：

综合运用规划、土地、资金、政策等手段，以及资金补偿、留用土地、收益分成、物业返还等方式，实施差异化土地整备策略，合理开展围填海工程，为城市有序发展提供优质的空间。

以大空港新城整备片区、固戍中心整备片区、宝安康达尔整备片区、机场北整备片区等为重点，落实近、中期重大项目用地供应，引导项目和用地向整备单元集中。

积极探索多方利益共享的土地整备运作模式，开展沙井壆岗及西乡三围、黄田利益统筹试点。

（四）基础设施一体化

1. 构建现代综合交通体系

强化综合交通枢纽功能：

加快深圳宝安国际机场第三航道、卫星厅及T4航站楼建设，推动开通更多国际航线，打造国际航空枢纽。加快大铲湾整车进口口岸建设，扩大港口吞吐量和区域辐射能力。

推动深茂高铁、赣深客专建设。

配合市相关部门推进轨道交通三期工程建设和四期工程前期工作，推动国际会展中心市政配套工程2018年建成，6号线2020年通车，12、13号线2022年投入运营；加快轨道15号线、107线、中运量有轨电车规划建设，到2020年全区轨道运营里程63.7千米，在建里程33.8千米。

推进道路网络建设：

持续完善道路交通路网，推动深中通道、外环高速、沿江高速二期、石岩外环路等9条骨干道路建设，完成16条干线性主干道和49条一般性主干道的建设，加快形成"五横五纵"高快速路网和"十五横十八纵"主干道网。

配合市交通运输委开展南头关、新城关交通组织优化和形象提升，多方疏导、消化瓶颈和畅通关口，整治交通拥堵节点。

强化107国道、宝安大道沿线东西片区联系，新改扩建142条次支道路，进一步完善路网功能，盘活片区交通微循环。

到2020年，新增道路里程220千米，路网密度7.0千米/平方千米。

打造一体化公共交通体系：

强化轨道交通、常规公交的衔接互动，构建"轨道交通为骨干、常规公交为主体、慢行交通为延伸"的公共交通体系。

大力实施公交优先发展战略，推进新沙路、南环路、凤塘大道等17条公交专用道的建设，投放公交快线50条以上；

建设公交场站、换乘枢纽20个，新增人行过街设施39座、慢行空中走廊5处、公交停靠站500座；

实施社区微巴"百线工程"，微巴覆盖所有社区和工业区；交通微循环连接家家户户。

到2020年，新增公交专用道160千米，500米公交站点覆盖率达100%。

2. 大力推进水务设施建设

提高水资源保障能力：

加快西江饮水工程建设，保障原水供应。应急备用水源达到满足城市90天的用水需求。完善城市供水网络，加大水厂、市政给水管网等工程建设，取消村级小水厂，扩建五指耙、长流陂、石岩湖水厂。

进一步改善供水水质，五年内完成360千米社区优质饮用水供水管网改造。到2020年，城市供水保证率达到97%以上，自来水供水普及率达100%，供水水质达到"新国标"要求。

加快海绵城市建设和防洪排涝治理。将宝安中心区、石岩浪心、大空港、西湾公园等四大片区作为先行窗口，加快全区各主次干道、公园广场透水铺装改造和人工湿地、雨水调蓄池等设施建设，建成西湾公园示范项目。新建宝安中心区、沙井桥头等片区排涝工程，大力实施107国道内涝整治等城市内涝整治工程，完成鹤州立交等42处易涝点整治。

2017年前完成11座排涝泵站的新改扩建，2018年完成1 830千米管网清淤，城区基本实现1小时50毫米强降雨不淹不涝。2020年前新建项目70%实现降雨就地消纳，20%以上建成区达到海绵城市标准。全区66条河流和所有水库达到防洪标准，海堤防潮标准提高到200年一遇。

3．提升环保设施建设水平

高标准处理城市固体废弃物：

按照国际先进标准新扩建垃圾处理设施，加快老虎坑垃圾填埋场二期中区工程、老虎坑环境园垃圾焚烧电厂三期工程、老虎坑垃圾渗滤液处理厂一期升级改造工程建设，提高城市垃圾无害化处理能力和焚烧处理比例。

实施生活垃圾分类回收处理，加快餐厨垃圾收运处理工程（一期）建设，建立完善餐厨垃圾回收和综合处置体系。

加强工业垃圾的监督管理工作，大力推进建筑废弃物、电子废弃物、危险废弃物规范化回收与综合利用项目建设。

高标准推进余泥渣土受纳场建设，加强余泥渣土的堆放、处理与安全监管。到2020年，生活垃圾实现全量焚烧，无害化处理率稳定在100%，垃圾减量分类达标小区覆盖率达到90%。

（五）补齐民生短板

1．跨越提升教育服务质量

推动基础教育均衡优质发展：

积极应对义务教育学位增长需求，优化增加宝安中心区、福永、沙井等片区小学学位供应，重点推进沙井、福永、松岗等区域中学学位建设，新改扩建学校38所，规划建设1所特殊教育学校，新增中小学学位6.68万个。

优化学前教育资源配置，扩大普惠性幼儿园数量和覆盖面，新增民办幼儿园100所、公办幼儿园10所，新增学位3.3万个，普惠性幼儿园覆盖率达到60%以上，3—6岁儿童毛入园率达到98.5%。

鼓励优质学校开展集团化办学，充分发挥宝安中学集团、幼教集团、新安中学集团带动作用，多渠道扩大优质教育资源供给。

引进和培养10位名校长、100位名师，建成教师进修学校。实施民办学校品质提升工程，鼓励差异化、特色化、高端化发展，打造20所品牌民办学校。

推动高等教育和职业教育协同发展：

依托宝安信息技术、高端和智能装备制造、物流、新材料等产业基础，探寻高等教育特色化、国际化、专业化发展的新路，积极建设不同专业领域的特色学院。

加快中国人民大学、湖南大学深圳校区建设，2018年前启动研究生培养，筹划本科教育。

扩大中等职业教育规模，探索举办职业教育和普通教育融通的综合高中，开展中职学校"双元制"和"现代学徒制"等培养模式试点，打造"宝安职教集团"，规划建设"设施先进、机制创新、多元开放"的职业教育园区，构建适应产业和就业导向的现代职业教育体系。

2. 推动医疗卫生优质发展

加大医疗卫生资源配置：

科学合理配置医疗卫生资源，高起点推进人民医院整体改造工程、中医院整体改造工程及中医院（集团）二院、三院、中心医院新院、中山大学附属医院、儿童医院、眼耳鼻喉口腔专科医院等新改扩建医院建设。

实施"三名"工程，引进培养50名学科带头人、100名特聘专家，全面提升医疗卫生服务水平。落实社会办医优惠政策，积极引进民营资本创办高水平医疗机构，支持民营医院创建等级医院。

优先保障医疗卫生经费和用地，到2020年新改扩建医院18家，三级医院不少于7家，新增（在建）床位1.4万张，每千人病床数达到3.0张。

打造"中医药创新之都"：

发挥中医药特色优势，创新发展中医药事业，打造区域中医医疗中心、中医科教中心、中医药产业中心、中医药文化交流与传播中心、中医药大数据中心5个中心。与国内知名院校共建中医药创新学院及华南（宝安）中医药协同创新中心，建设博士后流动工作站。推广中医馆、中医坐堂医模式，放宽中医药服务准入，每个街道至少建立1家特色中医馆，新增50家中医特色社康中心。建设中医药博物馆和宝安中医药主题公园，将其打造成国内知名的中医药文化传播和中医药文化养生的基地。

完善公共卫生服务体系：

规划建设10家3 000平方米以上的街道级社康中心，新改扩建社区健康服务中心60家以上，每千人医生数达到2.25以上，平均每个社康中心配置1名以上公卫医生、1名以上中医师。

3. 提高公共文体服务水平

完善公共文体服务设施：

重点建设一批标志性城市文化新地标，高标准建设艺术馆、美术馆、博物馆"新三馆"，升级改造新安影剧院、图书馆、文化馆"老三馆"。

积极推进新安、福永、沙井三个街道文体中心和西乡、石岩两个体育馆"三心两馆"重点项目和健身广场、运动场、羽毛球场等社区"一二一"配套工程建设，基本建成"10分钟"公共文体服务圈。

2017年区青少年宫建成开放，2020年建成宝安音乐艺术中心、50个社区阅读中心、100家基层综合性文化服务中心和200个全民健身小场地，人均文化设施面积达到0.35平方米，人均体育设施面积达1.5平方米。

4．加快完善社会保障体系

健全住房保障体系：

到2020年，累计筹集人才住房和保障性住房不少于5.38万套。对符合条件的高层次人才和新引进人才提供实物配租、货币补贴，对重点企事业单位人才通过定向配租的方式，提供住房保障和服务。

充分考虑住房困难群体经济承受能力，继续贯彻落实保障性住房基准租金和基准售价实行政府指导定价原则。

提升养老服务保障体系：

按照省一级社会福利机构标准筹建1家区级公办养老院，转型升级各街道敬老院，养老床位数增加到3 000张以上。

在5万人以上社区规划和预留养老用地，城市更新项目预留社区老年人日间照料中心等养老设施，推进前海幸福之家等民办养老院建设，增加民办养老床位数500张以上。

大力发展社区老年人日间照料中心和长者家园，2020年达到街道全覆盖，千名户籍老人养老床位数达到40张以上。

（六）建设宜居宜业之区

1．改善城市环境质量

加快水环境综合整治：

全面推行河长制，建立健全河道治理管理维护长效机制，加快推进河流综合治理工程，实现全区重点河流水质显著改善。

2017年底前，完成茅洲河宝安段、排涝河、沙井河、罗田水、沙福河、福永河、石岩河、西乡河、新圳河和双界河宝安段10条建成区黑臭水体治理工作，确保每条建成区黑臭水体治理后水质达标、公众调查满意度达90%以上。

全力推进茅洲河流域综合治理，加快EPC工程46个子项目建设，2017年底完成界河整治、660千米主干管网铺设、1419个排污口截排和88千米河道底泥清淤，确保旱季污水不入河，初步实现不黑不臭；

2018年完成18条支流综合整治，2019年基本达到国家"水十条"要求。2017年启动前海湾、大空港、铁石水源等三大片区水环境综合治理；

2018年底前，完成大空港片区国际会展中心水务基础设施建设；2019年全面完成全区43条黑臭水体治理。

2. 建设生态宜居城区

推动城市生态网络建设：

以创建国家森林城市为契机，以城市公园、水源、森林公园等为生态板块，以羊台山、凤凰山、立新湖等大面积生态绿地为生态基质。加快推进凤凰山森林公园三期、罗田森林公园、五指耙森林公园、大钟山城市公园等项目建设，完成羊台山森林公园及片区综合改造，建成29千米石岩湖环湖绿道和8.8千米立新湖环湖绿道，优化区域绿道网络。

推进社区建设小型公共绿地公园，合理布局社区开放式公共绿地缓冲带。到2020年，建成区绿化覆盖率达到48%。

新建35座公园，改造提升91座公园，公园总数达到200座，人均公园绿地面积达到16.5平方米，建成公园之区。

（七）管理体制一体化

1. 提升政府行政效能

优化政府服务方式，加快政务服务平台建设，消除部门壁垒，提升政务服务平台运行效能，健全在线监管平台，实时动态监测。

创新政府服务方式，大力推动"十大服务中心"建设，提供线上线下互动的O2O服务，实现政府服务前移。建成"8590"一号通办电话服务网络，实现全口径受理、咨询。

以社区党群服务中心为载体，将区、街道的政务服务功能有效地向社区延伸，实现全部社区"一门、一窗"政务服务。在每个社区开设不少于2个综合服务窗口，逐步推进部分行政审批事项实现街道内社区通办，探索开展社区代办服务和上门服务。

2. 创新土地管理体制

支持农地入市：

总结推广凤凰社区"1+6"政策"农地入市"试点经验，成立以街道为主体的农地入市工作小组，负责项目的筛选落实工作，推动"农地入市"土地收益分配方式调整，推动符合条件的产业用地入市，支持原农村集体工业用地参照工业用地入市的方式改造成医疗卫生、教育文化、保障性住房、养老设施等。完成福永街道新和社区灶下涌农地入市挂牌出让。

加强农村土地确权管理：

加快原农村土地房屋确权，加快解决征、转地历史遗留问题，建立土地权属争议多元调解处理机制，探索通过城市更新和土地整备等方式推动确权工作的路径、流程，解决原农村土地管理家底不清的问题。

选取2—3个征转地遗留问题较多、城市更新意愿强烈的社区进行试点，摸清社区土地权属情况及用地性质。探索"空间换配套"的新型土地利用模式，实现城市发展与社区发展共赢。

建立土地利用监管制度，率先试行土地统一登记，充分利用现代高新技术实施土地利用动态监测，建立公共监督举报机制，杜绝违法用地现象。

截至2018年，攻坚计划确定的2018年之前应完成的任务均已按规定完成并经过验收，其余目标正稳步推进。

第二节 宝安中心区建设

宝安中心区建设，是宝安发展史上一件不容忽视的大事：既使宝安成为真正的滨海城区，增添了建设用地，又为宝安城市化和特区一体化进程中的城市建设提供了典范。

中心区与南山前海相邻，东北临宝安大道，西北至碧海湾公园，东南隔湖滨西路与南山区相邻，西南面海。规划用地面积15平方千米，包括滨海片区和碧海片区，东南部的滨海片区约7平方千米，西北部的碧海片区约8平方千米。

宝安中心区从1994年起进行规划，1996年开始填海开发建设，边规划边建设，随经济和形势发展不断变更和扩充建设内容。

1993年，宝安区成立。当时，宝安中心区还是一片滩涂、蚝业养殖点。新成立的宝安区委、区政府在城市发展思路中，决定在推进旧城改造的同时开发新区。在颇有一些争议的情况下，区委、区政府决定建设一个不会马上看到成效的工程——填海建设新区，并于1994年形成决议。区政府从农行贷款1亿元作为启动资金先期投入。鉴于当时财力，区委做了一个决定：谁开发谁受益，填海、"三通一平"都交给企业，参与施工的企业以土地收入返还的形式获利，发动企业参与。1996年，填海工程开始，不少企业投入重金开始填海工程。深圳市长李子彬视察后，肯定地说填得好，把宝安变成了一个滨海区。随着经济的快速发展和区财力的充裕，区委、区政府陆续投入财政资金开发建设各项配套工程，不断提升功能、定位。2006年，成立了中心区规划建设领导小组，区政府成立了直属机构中心区规划建设管理办公室，具体负责中心区规划建设管理工作。

经过十多年的发展，到2007年，宝安中心区区域已涵盖滨海片区与碧海片区，总规划用地面积已达到15平方千米。

《深圳市城市总体规划（2007—2020）》提出：深圳将构建城市双中心体系，即福田中心和前海中心，前海中心包括前海、后海和宝安中心区，主要发展区域功能生产性服务业、总部经济与现代物流业，定位为国际性生产服务中心。

2010年，深圳经济特区扩大到全市。同年8月，国务院又批复同意《前海深港现代服务业合作区总体发展规划》，明确提出把前海建设成为粤港现代服务业创新合作示范区，使之成为全国现代服务业的重要基地和具有强大辐射能力的生产性服务业中心。宝安中心区作为前海合作区的重要组成部分，正面临历史上最好的发展机遇，亦将承载更为宏大的历史使命。区委、区政府据此决定：进一步解放思想，打破束缚，用新的理念，高起点、高标准规划建设城市，推动城市发展，再一次高标准调整中心区规划，把宝安中心区建设成为深圳经济特区一体化示范区。中心区域以深港西部通道、大铲湾港区、沿江高速、国际机场、地铁等重大交通设施为依托，形成珠江东岸发展轴的重要枢纽，其功能定位为与前海共同组成深圳市城市双中心之一，成为深圳西部的文化、商业、商务、总部经济和体育中心。位于"香港—广州"这一珠三角战略发展轴线核心位置的宝安中心区，完全有希望成为珠三角地区的"曼哈顿"。

一、总体规划

特区一体化，首要在于按照现代化、国际化的标准规划、设计和建设原特区外区域。宝安中心区的滨海片区已被纳入前海深港现代服务业合作区规划，规划近期为前海片区级服务中心，远期结合特区一体化和前海合作区开发建设形成更高一级服务中心。

碧海片区位于宝安中心组团南部，处于珠三角区域重要发展节点核心区和深圳市"西联东拓""南北贯通"的西部交点，对于强化深圳与香港及珠江东岸城市的联系，推进区域协调发展极具战略意义。

滨海片区发展目标为利用滨水岸线资源，塑造滨海片区特有的城市空间形象；打造便捷交通系统，以提高土地利用价值；强调生态环境，提高环境质量和生活品质，践行生态建设一体化；寻求可持续发展模式，提供多样化的都市活动场所，创造具有世界级水准的滨海中心城区。

二、发展方向

按国务院批复同意的《前海深港现代服务业合作区总体发展规划》，要求加强统筹规划，集中优势资源，发展总部经济，促进现代服务业的集聚发展，增强资源配置和集约利用能力，把前海深港现代服务业合作区建设成为全国现代服务业的重要基地和具有强大辐射能力的生产性服务业中心，引领带动中国现代服务业发展升级。

根据前海是未来深港共建、深港机制和体制创新、深港现代服务业合作的重要载体的定位，宝安中心区确立了优先发展总部经济、现代金融、现代物流、文化创意、先进制造业总部，同时配套发展面向高端服务业和国际人群的商业、技术服务和文化环境，打造高端、集群、创新、总部型的现代产业示范区的发展方向。

三、分片区功能配置

为打造总部经济和发展现代服务业，滨海片区核心区规划为商务办公区和核心商业区两个部分。商务办公区位于核心区西翼，布置高级商务办公及配套商业服务、配套公寓，提供完善的商业服务，建筑体现滨海办公区的高品质；核心商业区位于核心区的东翼，紧邻地铁1号线和5号线，布置商业步行街和大型商业购物中心。商务办公区由宝兴路、裕安西路、海澜路和海滨大道围合，总用地面积为65公顷；核心商业区由创业路、新安路和新湖路以及宝华路与兴民路围合，总用地面积约为45公顷。整体建筑布局突出多元化城市形象，创造丰富的海岸线景观，整个核心区将建成五十多栋高100至230米的现代化高层、超高层办公、商业及配套建筑，形成设施完善的现代滨海都市CBD（Central Business District，中央商务区）。

四、打造深圳西部文化体育中心

2008年11月29日，宝安区图书馆、青少年宫、演艺中心、体育场、海滨公园等五大公共文化设施在中心区同时奠基，总用地面积7.5万平方米，总建筑面积11万平方米。宝安中心区的功能定位为与前海共同组成深圳市城市双中心之一，是深圳西部的文化、商业、商务、总部经济和体育中心，因此，设计、规模均按照市级公共文化设施进行配套建设。中心区图书馆定位为深圳西部重要的市级文献资源保障基地、文献信息服务中心和向全社会共享的文化知识交流平台。青少年宫是集素质训练、文化娱乐、信息交流、宣传教育于一体的市级青少年校外教育及文化艺术服务机构。演艺中心为市级大型文化活动设施，1 500座的剧院和500座的音乐厅能满足大中型戏曲、话剧、歌舞剧及音乐会的演出需求。海滨公园为联系宝安中心区商务办公区和核心商业区的纽带，景观结构为"三轴、两片、一带"。"三轴"分别为城市人文景观轴、中心绿地景观轴和自然生态环境景观轴；"两片"分别为中央公园片区和中央滨海公园景观片区，前者为城市的休憩活动区，集展示、教育、参与等多种功能于一体，后者是市民亲水、户外露天剧场的最佳场所；"一带"为人工滨海风情带。

五、建立完善的交通系统

宝安中心区经过十多年的规划建设，市政道路网架已基本形成，随着地铁1号线、5号线以及沿江高速等设施的建成运营，作为特区一体化示范区的宝安中心区，要求规划建设管理从区域的高度重新审视、构建便捷的内外交通体系。

根据宝安中心区交通规划提出的形成立体化、高效、经济的可持续发展的一体化综合交通体系，为中心区提供畅达、安全、舒适和清洁的交通运输服务的要求，根据规划，宝安中心区要形成以轨道交通、常规公交为主体，内部公共交通、出租车为补充的网络状、立体化公共交通体系。其中滨海片区安排12—15条始发线路和16条以上的过境线路，这其中包括了设置3—4条区内环形公交线路，形成与轨道交通的无缝接驳；规划1个公交综合车场、4个地铁接驳站和6个公交首末站；碧海片区首发的公交线路为17—19条，规划公交首末站5处，地铁1号线西乡中心站、坪洲站设置枢纽换乘站。

宝安中心区综合交通规划另一亮点是创设安全连续的步行系统和自行车系统，做到以人为本，体现人文关怀。滨海片区规划沿中央公园和滨海地带形成两条步行主轴线，自行车道与人行道设置绿化带分隔，规划自行车停车场10处，每处停车位不少于200个。碧海片区规划西乡河步行通廊，结合河道整治进行整体的步行环境改造设计，规划沿宝源路、海城路和银田路设置主要自行车走廊，西乡河沿线、碧海湾公园设置独立的休闲自行车通道。创设智能停车系统、停车诱导系统，根据不同交通区域、不同使用类型和不同停车时段，实行不同的停车价格和收费办法，最大限度优化停车资源配置。

宝安中心区的另一突出特点是建设之初就设计了中央绿轴的建设。绿轴串联了海滨广场、公园、图书馆、青少年宫、演艺中心等市级规模公共文化设施。

2011年，深圳西部重要体育设施宝安体育馆在中心区建成，并成功举办了第26届世界大学生运动会等多项赛事。

随着国家粤港澳大湾区建设战略的提出，宝安中心区以其处在湾区核心的位置，再一次迎来重大发展机遇。按照深圳市总体规划，宝安中心区与南山前海共同组成深圳城市双中心之一，城市功能定位为CBD+TBD，即中央商务区和科技开发服务区，深圳西部商务、商业、总部经济和文化体育中心。宝安区亦再次规划调整建设目标。总体规划为：深圳西部为重要经济增长极。通过打造总部经济和现代服务业主轴发展带，辐射和带动其他片区城市功能提升和服务业发展，引领深圳西部主业升级和经济转型；建设现代化国际化先进城市示范区，创造宜业宜居环境。建成四大标杆项目：

滨海文化公园——位于前海湾滨海生态走廊的重要节点，计划五年内分两期建成。其中一期占地40万平方米，计划投资120亿元，于2017年9月底开工建设，正在续建。

深圳书城湾区城——位于海滨广场，规划用地面积约7.5万平方米，包含书城、广场、公园、地下停车场及相关配套设施，总建筑面积约14万平方米，计划投资约15亿元。

"互联网+"未来科技城——位于大铲湾内侧，规划用地面积1.33平方千米。建设以"立体城市、森林城市、未来城市"为理念，建成具有全球辐射引领作用的"互联网+"未来科技城。

创新型中小企业总部大厦——为扶持中小企业集聚发展，在中心区建设了中小企业总部大厦，建筑面积7万平方米，为创新型中小企业提供办公用房。已竣工投入使用。

宝安中心区的规划结构可概括为："一条滨水岸线、两条轴线、三个圈层、一个都市绿环"。

一条滨水岸线：中心区南侧为近凭水色、远眺山光的公共休闲区，规划布置了海滨公园、演艺中心、滨海酒店、滨海休闲俱乐部等休闲设施，强化了滨海特色，形成了一条约4千米长的城市公共的亲水活动岸线。

两条轴线：一条是中央绿轴。中央绿轴向南正对大小南山，以海滨广场为主线，安排了图书馆、青少年宫、艺术中心、演艺中心等文化设施。另一条是发展轴。沿新湖路地铁线成为发展主轴，在地铁站周围形成购物中心、步行商业街等服务设施。

三个圈层：第一圈层为核心区，包括商务办公区和核心商业区。其中商务办公区位于中央绿轴西侧，规划占地约60万平方米，拥有建筑面积约180万平方米高档商务办公楼及配套设施；核心商业区位于中央绿轴东侧，规划占地约40万平方米，建筑面积约120万平方米，是集大型商业购物中心、五星级酒店、办公及配套公寓于一体的商业区。第二圈层为混合区，为核心区的外延部分，功能包括体育中心、商业街和商住混合建筑。第三圈层为居住及配套区，功能包括居住和居住配套设施，并以大量的合理规划的旧改建设项目带动区域功能的完善，形成高品位的生活居住环境。

一个都市绿环：沿核心区外围道路外侧控制30米宽的绿带，建设成连续的、有树阴遮蔽的开放空间，与滨海带状公园、中央绿轴相连，创造一个郁郁葱葱的都市绿环。

2018年1月，宝安区委第六届代表大会第三次会议提出，在新时代新征程中干在实处、先行一步，用2—3个五年规划，建成湾区核心、智创高地、共享家园，全力打造社会主义现代化先行区典范，高品质打造宝安中心区、大空港新城两个重点区域。

宝安中心区自1994年开始规划、1996年开始填海建设，至2018年，地面建成度达80%。对比现状与法定图则，宝安中心区规划路网总长约88千米，其中已建成道路约70千米。中心区图书馆、青少年宫、宝安区城市规划展览馆全面投入使用，大型综合体——壹方中心、卓越宝中时代广场、新锦安壹号公馆已开业。

宝安区还拟订了中心区地下空间开发利用、公共空间环境提升计划。按照计划，中心区将新增加地下空间50万平方米，以及地下停车设施、轨道设施等大量配套设施。规划确定地下人行通道共计9.26千米，地下道路（海澜路）及3条地下车库联络道7.6千米。借助连续的地下步行道，市民在5—10分钟内，可以从地铁站直接到达中心区书城、滨海文化公园、商务办公区，提高公共交通可达性。碧海片区结合轨道15号线及城市更新项目，布局2条地下商业街，总长度约2千米，连接5个地铁站点，创造连续舒适的地下慢行环境。

近两年，宝安中心区加大投资力度，其中2017年建设项目48个，完成投资148.8亿元，投资完成率100%，名列市重点区域前列。2018年，宝安中心区完成192亿元固定资产投资。在社会投资项目上，宝安中心区瞄准了智能制造、航天科技等项目。中国首个全球高通量宽带卫星通信系统、发射4颗高通量通信卫星的亚太卫星宽带通信（深圳）有限公司总部已落户宝安中心区。农商行、易尚、中意、怡亚通、亚太卫星、鹏鼎6家总部项目落地中心区并陆续开工建设。众多高新企业及大型总部项目陆续进驻，并与深圳湾、前海逐渐形成集聚效应。宝安中心区正在以产业集聚的力量点亮"宝安湾"，成为独具海滨特色的现代化国际化创新型先进城区、大湾区核心城区、智慧创造高地。

城市更新

　　城市更新承接宝安建区后城市化进程中陆续进行的旧城改造。伴随特区一体化进程，按市的统一规划和安排开展，城市更新速度加快。2016年，宝安区设立城市更新局，承担原由宝安区城中村（旧村）改造办公室城市更新的全部职能，包括制定更新项目计划申报、专项规划编制和审查等。

　　2012年，宝安区12个城市更新单元项目被列入深圳市年度城市更新计划。

　　2013年，宝安区共和旧村片区城市更新单元等6个项目被列入市改造计划，占全市列入计划数的20%。官田明月街工业区等19个项目完成规划编制。深圳奔迅汽车玻璃工业园更新单元等16个项目被列入专项规划审查。9个专项规划通过市建环委审批。区举办大规模城市更新项目推介会，吸引恒大、万科、星河、佳兆业、中海等一批知名企业参与开发。另有沙井商业中心等5个旧改项目建成，9个通过市审批，12个被纳入市计划。

　　2014年，制定《宝安区城市更新专项规划》，以"一带两区九大项目"为抓手，坚持规划引领、建管并重，全面启动国际化城区建设，推进西乡商业中心等重点项目，完成西部活力海岸带城市设计国际咨询，西湾红树林湿地公园开工建设。出台国际化城区建设方案，新增城市更新单元10个，启动臣田、西成工业区全市综合整治产业升级试点，为全市更新项目实施综合整治模式积累经验。更新项目涉及拆除用地41.9公顷，8个更新单元规划获批。获批的项目中，拆除用地面积约55.84公顷，公共配套设施建筑面积约53 480平方米，配建中小学2所、幼儿园5所、社区健康服务中心4处、公交站场7处、老年人日间照料中心4处及其他公共配套设施一批，完成9个城市更新项目土地使用权出让工作，实际供应用地38.43公顷，超额完成市政府下达的绩效考核任务。

2015年，宝安区列入年度更新单元计划项目20个，涉及拆除用地133.12公顷，通过市建环委审批的更新单元规划4个，完成7个城市更新项目土地使用权出让，实际供应用地47.1公顷。继续推进臣田工业区、西成工业区两个综合整治试点并通过建环委备案。试点项目成功实施后，将新增产业建筑面积9万平方米。依托土地市场动态监测与监管系统，强化已出让土地的批后跟踪监管及疑似闲置地认定，以加快地块动工建设为原则，强化已认定的闲置地处置。处置完成16宗历史遗留闲置地，面积约52.58万平方米，征缴土地闲置费1 826.25万元，处置完成18宗新增闲置地，面积约23.31万平方米，征缴土地闲置费1 268.58万元。全年闲置土地处置涉及宗地共31宗，总面积约87.40万平方米，征缴土地闲置费为1 620.20万元。推动西乡黄田社区、三围社区、南昌社区及沙井壆岗社区列入首批土地整备利益统筹试点项目。修订简化了城市更新项目实施主体确认流程，新增城市更新项目10个。松岗沙浦工业区（一期）、福永塘尾第一工业区（一期）等18个项目完成实施主体确认或土地使用权出让，总数创历年新高。石岩官田工业区（一期）等4个项目建成并投入使用。通过城市更新，土地利用更加集约。

2016年，深圳市实行"强区放权"政策，城市更新主要项目审批权力下放到区。宝安区探索构建通过城市有机更新引进大项目、大企业的宝安模式。接住、管好市"强区放权"下放的城市更新事权，在全市率先成立城市更新工作委员会，建立政策、组织、管理、廉政四大体系，出台"1+12"政策，坚持以供给侧结构性改革为主线、以"大尺度+大榕树（大项目）+大规划+大统筹+大创新"五大策略为特征，按照"先规划、再招商、后改造"的总原则，走出城市更新的宝安新路径。"大尺度"即推进20万、30万平方米大规模、大体量的连片更新，不零敲碎打；"大榕树"（大项目）就是要"种下一棵大树，养成一片森林，守住一方水土"，通过引进大企业、大项目，带动整个产业链和片区发展，形成部落、形成生态；"大规划"就是做好片区规划，把城市功能、民生服务、基础设施等统一规划；"大统筹"就是要通过利益统筹、片区统筹，实现政府、企业、业主多方利益共赢，调动各方参与城市更新的积极性；"大创新"就是要创新思路、创新模式、创新方法，形成更多像"天谷模式""大族模式""臻鼎模式"这样可复制、可推广的范例和经验。全年新增城市更新项目12个，福永同和工业区等9个项目建成，西乡骏业工业区（东区）、松岗沙浦工业区等8个项目动工，福永塘尾华强城项目签订土地出让合同。完成土地整备3平方千米，区四套班子成员牵头，抽调74名干部全力推动24个重点拆迁项目。出台严查严控违法建设"1+1"文件和"10条禁令"。通过城市更新，实现功能置换和产业升级。城市更新项目年投资额120亿元，占全区固定资产投资比例为21.6%，比上年增长17.6%。全年通过城市更新建成投入使用学校1所、幼儿园3所、垃圾站2个、社康中心1个等公共配套设施，同时规划批准学校、幼儿园、社康中心、公交首末站等一批配套设施32处。通过城市更新项目，加大了产业转型升级力度。新增9个"工改工"城市更新项目列入市更新计划，占全年新增数的56%，提供产业用地44.8公顷。宝安区共有"工改工"城市更新项目36个，拆除用地面积2.12平方千米，项目数量居各区之首。城市更新工作又涉及千家万户，在拆迁谈判过程中，极易出现违法拆迁、上访等突发性事件。全年处理信访52件，信息公开4件，提案和建议27份。

2017年3月6日，宝安区人民政府正式印发《深圳市宝安区城市更新暂行办法》（简称《暂行办法》）及其配套12个文件（合称"1·12"政策）。"1·12"政策已形成较为完善的区级城市更新政策法规体系，成为宝安依法、有序、高效推进城市更新工作的行动指南。《暂行办法》体现出鲜明的"宝安特色"。

一、建立区政府领导下城市更新协同工作机制

（一）建立"116"高规格更新工作领导体系

"1·12"政策建立了"1（城市更新工作委员会）1（城市更新工作委员会办公室）6（6个专业委员会）"的高规格更新工作领导体系，加强城市更新与规划和交通市政、公共资源和民生发展、产业发展、住房保障、整治提升、廉政建设6个方面的协调联系。

宝安区城市更新工作委员会是宝安区城市更新工作的最高决策机构，也是全市首个区级城市更新工作委员会。委员会的成立，有助于强化政府在城市更新中的服务意识，优化审批流程，提高办事效率，推行城市更新工作的规范化、标准化及信息共享。

（二）明确议事规则、确立工作指引

为进一步提升城市更新工作效率和水平，"1·12"政策文件还专门就更新工作委员会及6个专业委员会分别规定了议事规则，明确了委员会的主要组成人员、主要职责、会议制度、议事议程等。城市更新工作委员会原则上每周召开一次会议，委员会办公室和各专业委员会根据工作需要随时召开会议。同时，

"1·12"政策文件针对搬迁补偿、棚户区改造、片区规划、综合整治、廉政风险等均制定了指引和规则，强化操作性。

（三）明确指导思想和更新理念

《暂行办法》提出了几个理念：一是突出成片开发，增强城市更新的整体效应和集聚效应；二是有机更新，在可持续发展的基础上探求城市的更新发展；三是产业优先，满足产业空间需求；四是优化审批流程，提高更新速度与效率；五是强化项目监管，对项目实施全程进行监督监管。

二、强化规划统筹，片区规划研究抬高更新规划门槛

《暂行办法》专章规定了宝安区城市更新规划管理，亦专门制定了《宝安区城市更新规划编制管理规定》作为配套文件。宝安区的城市更新规划管理体系包括总体规划（战略规划研究、五年规划）、片区规划研究、城市更新单元专项规划三个层级的规划。在城市更新规划管理体系中创新性地引入了片区规划研究，片区规划研究成果将作为城市更新计划及专项规划申报、受理、审查的依据。更新单元位于未开展城市更新片区规划研究区域的，更新单元计划与专项规划的申请将不被城市更新主管部门受理。对于在《暂行办法》生效前已列入更新计划但未通过审批的，由区更新主管依据上层次规划和法定图则等对该专项规划进行受理和审查。区政府正在编制概念性规划的重点片区，待片区规划研究成果确定后，区城市更新主管部门再受理有关专项规划申报。

三、空前重视城市更新公共资源配建与管理

在城市更新项目中配建保障性住房、学校、养老服务用房等公共资源是完善城市公共配套的重要举措。过去，对于城市更

新公共资源的管理并未有专门的规定，而在本次"1·12"政策中，宝安区专门制定了2个规定用于规范公共资源的配建标准、规划建设和使用管理，城市更新公共资源管理得到空前重视。

（一）公配设施及配建房与城市更新项目"四同步"

《暂行办法》明确要求确保配建产业用房、人才住房和保障性住房及其他城市公共配套设施与城市更新项目同步规划、同步建设、同步验收、同步使用，实现"四同步"。《宝安区城市更新公共资源规划建设和使用管理规定》明确了公共设施的配建标准和管理规范，确保设置科学、设计规范、实用适用。

（二）优化公共资源空间配置

城市更新项目配建的公共设施原则上将集中布置，通过整合零散的空间资源，整合成综合服务用房（邻里中心），形成百搭的复合式公共空间，优化小区功能，最大限度保障公共利益实现。这让城市更新工作在服务宝安发展的同时，也能让企业、老百姓享受到城市更新带来的福利。

四、保障产业发展，明确重点企业与产业空间对接平台运作机制

随着产业不断升级，空间利用多元化的需求提高，产业发展对产业用地规模、产业空间布局等提出新的挑战。"1·12"政策文件的配套文件之一《宝安区城市更新项目重点企业引进指引》明确了重点企业与产业空间对接平台运作机制。通过建立重点企业及项目库和区城市更新产业空间库，将更新区域与产业需求空间进行对接，推动重点企业（项目）与城市更新项目（产业空间）的有效衔接。产业类更新项目在土地合同签订和完成报建任务后，将被纳入宝安区城市更新产业空间库。专业委员会获取关于产业类城市更新项目提供的创新型产业用房、销售意向信息

后，将组织需要购买的重点企业开展优先谈判工作，满足重点企业（项目）的空间需求。同时，对于解决重点企业产业空间需求的项目，可优先列入宝安区年度城市更新计划，并给予优先扶持奖励。值得注意的是，产业类城市更新项目申报主体须与区经济促进局共同签订产业监管协议，明确监管阶段、内容、要求、措施及配建标准等内容，进一步监督产业类城市更新项目的开展。

五、从"综合整治"到"整治提升"

综合整治、功能改变和拆除重建是城市更新的三大模式，近几年，深圳市政府加大了对旧工业区综合整治的推进力度，允许采用局部拆建、空地扩散相融合的复合式综合整治。而本次"1·12"政策文件中，宝安区则创造性地在综合整治的基础上推出"整治提升"改造模式。根据《暂行办法》，综合整治、功能改变、旧住宅区申请拆除重建的城市更新项目，仍应按照深圳市城市更新的有关规定执行，但整治提升类项目可适用"1·12"政策文件。

宝安区"整治提升"改造模式主要分为旧工业区整治提升、文化遗产保护整治提升两类。旧工业区整治提升是指旧工业区在不改变产业功能的前提下基于消除安全隐患、完善现状功能等目的进行的综合整治。文化遗产保护整治提升是指对历史文化街区、历史风貌区和传统村落核心保护范围内的建筑物、构筑物和历史建筑的使用和修缮，维护历史文化遗产的真实性和完整性，保护与其相互依存的自然和人文景观。

宝安区城市更新工作委员会下设整治提升专业委员会，且"1·12"政策文件以《宝安区整治提升工作指引》明确了旧工业区、文化遗产保护两种整治提升类型，并对操作规则进行细化。由此可见，宝安区鼓励对旧工业区、文化遗产保护区域原有建筑物实施整治提升，未来或将扩大整治提升的适用范围。

六、将棚户区改造与城市更新工作结合统筹安排，参照城市更新审批流程实施

"1·12"政策文件的配套文件之一《宝安区棚户区改造工作指引》提出以"棚户区改造为切入点"，消除安全隐患、大力配建人才住房和保障房，探索宝安特色棚改项目，结合之前宝安区相关部门提出的以街道为单位，每个街道申报一个棚改意向项目，可见宝安区对棚改将有积极举措，本次专门出台棚改指引也是各区首创。该指引明确将棚改与城市更新相结合，纳入城市更新工作委员会决策范畴。棚改项目将按城市更新工作程序办理审批手续，由住建部门制订计划，走城市更新规划报建审批。棚户区改造专项规划管理参照《暂行办法》关于城市更新单元专项规划管理的相关规定。

七、细化搬迁补偿安置规则

"1·12"政策文件的配套文件之一《宝安区城市更新搬迁补偿安置工作指引》创新建立更新搬迁补偿安置标准指引制度，明确搬迁补偿协议需明确的事项、补偿方式等，并明确更新单元规划、专项规划审批通过后，搬迁补偿安置过程中争议的协商机制。

（一）城市更新搬迁补偿安置标准

根据《宝安区城市更新搬迁补偿安置工作指引》第三条规定，宝安城市更新局根据工作需要可以发布宝安区城市更新搬迁补偿安置标准指引，对宝安区城市更新项目的搬迁补偿将具有重大参考价值。

（二）经备案后的搬迁补偿安置协议内容不得进行修改

根据《宝安区城市更新搬迁补偿安置工作指引》要求，经备案的搬迁补偿安置协议内容不得进行修改。搬迁补偿安置协议中应约定补偿方式，补偿金额和支付期限，回迁房屋的面积、地点和价格，搬迁期限、搬迁过渡方式和过渡期限，协议生效的时间和条件等相关事项。

（三）搭建搬迁安置过程中第三方谈判协商平台

城市更新搬迁补偿安置过程中，搬迁人与被搬迁人容易就房屋权属、搬迁补偿等产生争议。根据《宝安区城市更新搬迁补偿安置工作指引》，宝安区城市更新局将搭建三方谈判平台，并组织律师事务所、评估机构等第三方专业服务机构参与协商解决搬迁补偿过程中的争议。

八、明确项目实施监管资金的计算方式

《暂行办法》中规定实施主体在签署了监管协议后方可拆除城市更新单元内建筑物，同时，为了保障更新项目公共配套设施及搬迁补偿协议中产权置换（物业分成）未支付完的货币补偿款的履行，宝安区城市更新局、城市更新项目实施主体及其受托监管银行应共同签订项目实施监管协议。

《宝安区城市更新搬迁补偿安置工作指引》进一步明确了监管金额的组成，即：监管金额=公共配套设施、搬迁补偿协议中产权置换（物业分成）的建安成本+未支付完的货币补偿款。同时，指引进一步明确公共配套设施、产权置换（物业分成）建安成本的计算方法为：公共配套设施、产权置换（物业分成）建筑面积×单位面积建安成本（按当期发布的建设工程价格信息）。实施主体可采取保函形式履行保证责任。

九、细化土地权属认定规则

"1·12"政策文件的配套文件之一《宝安区城市更新项目土地权属认定规则》从两方面对土地确权认定进行分类，使城市更新项目土地确权规则更具实操性。

第一类为可直接确认为合法用地的类型（共8种），包括：（1）持有房地产证或土地出让合同等土地权属证明文件和规划确认文件的用地（用地范围清晰、面积准确）；（2）非农建设用地；（3）旧屋村用地；（4）"两规"处理用地；（5）持有国有土地使用证用地（用地单位和范围明确、记载用途与现状功能一致）；（6）持有集体土地使用证用地（用地单位和范围明确、记载用途与现状功能一致）；（7）持有原宝安县代为行使规划国土职能的单位签署的基建委托合同书（建房合作书）的用地（能有效确定使用范围）；（8）原县级人民政府或国土部门已核发用地批文的用地等。

第二类为经处理可认定为合法用地的类型（共7种），并规定了具体类别和处理方式。

同年，宝安区以市强区放权为机遇，提出"政府主导、规划领控、产业优先、公配同步、廉洁为基、服务为本"的城市更新工作理念，实现体系、制度、各项事权无缝衔接，项目实施率进一步提高。区成立城市更新工作委员会，制定以《宝安区城市更新暂行办法》为主，《宝安区城市更新片区规划研究范围划定和改造范围划定指引》《宝安区城市更新公共资源规划建设和使用管理规定》等12个配套文件为辅的"1+12"政策体系；编印《城市更新工作手册》；修编城市更新"十三五"规划，划定35平方千米拆除重建范围，明确17项任务指标；启动城市更新项目智能审批系统、跟踪监管系统、辅助决策支持系统、综合管理信息库、移动终端查询系统、市区系统对接融合的城市更新智慧平台建设。年内新增2个城市更新项目；宝城三区新兴宾馆等13个项目动工建设；新安街道22区中粮工业园等6个项目竣工；通过城市更新完成土地出让50.22公顷，比上年增长23.2%，收入地价款20.21亿元；城市更新项目年投资额150亿元，增长25%，有效拉动宝安区的经济增长。城市更新过程中，实行产业优先政策，开展新桥东、衙边工业区等17个产业片区规划研究；鼓励和倡导"工改M1"项目，要求强区放权前列计划工改M0项目主导功能规划建设20%的厂房；新列入的2个城市更新项目主导用途的70%为厂房，新增厂房60万平方米。建立公共设施配建标准和管理规范，实现公配设施与更新项目首期同步规划、同步建设、同步验收、同步使用"四同步"，破解城市更新项目空间"碎片化"、配套设施配建不足等顽疾，达到成片开发、完善公共配套的目的。同时在强区放权以来，宝安区城市更新局收储移交政府公共利益用地26.64公顷，其中教育用地7.33公顷、道路用地15.81公顷、绿地3.08公顷；通过城市更新规划配建九年一贯制学校2所（93班），小学3所（90班），幼儿园10所（102班），保障性住房（含宿舍）和人才安居房36.6万平方米，社康中心10处（1.2万平方米），公交首末站6处（2.14万平方米），停车位25 804个，可打通市政路31条，变电站等公共配套设施108处，附属设施建筑面积13.1万平方米，可移交公共利益用地24.08公顷；通过城市更新建成投入使用初中1所（36班），幼儿园2所（21班），保障性住房和人才安居房3.82万平方米，停车位5 414个，社区老人日间照料中心等公共配套设施17处1.25万平方米。

2018年，以更大力度、更快速度、更高要求持续推进城市更新领域强区放权改革，简化决策程序，出台《关于加快城市更新工作若干措施》，推动片区规划研究与城市更新单元计划申报有效衔接。完成《宝安区城市更新十三五规划》修编，明确宝安区城市更新总体目标、发展方向、潜力规模、实施时序路径及绩效考核目标。年内，宝安区城市更新局划定范围约37.49平方千米的31个片区，深入开展现状空间、产业、更新潜力调查，分析上层次规划情况，提出功能定位、规划结构、更新模式、单元划分、更新时序、公共配套、市政交通、产业升级、城市设计等方面的初步建议，为具体更新项目审查提供技术分析。以连片旧工业区更新改造、完善公共配套设施、提高城市发展品质为目标，更新基础进一步夯实，更新项目有序有效推进，项目实施率进一步提高。年内新增20个城市更新项目；确认实施主体12个；上星工业区、骏业工业区等10个项目开工；沙浦工业区（一期、二期）、鹤州工业区等7个项目竣工；推动新安街道107发展带翻身片区、沙井街道沙一万安工业区等20个城市更新单元计划审查，拆除重建用地面积约275.6公顷，其中改工类项目14个，拆除范围用地面积202.2公顷，改商住类项目6个，拆除重建用地面积约73.5公顷，平均单个项目规模超12公顷，通过城市更新完成土地出让供应58.38公顷，完成年度任务100.01%，同比增长16.2%，收入地价款29.56亿元；城市更新项目年投资额达78亿元，同比增长18.7%。始终坚持产业优先政策，由政府主导旧工业区连片改造，提出"政府主导+区属国企实施+街道、社区参与"和"重点更新单元+土地整备+综合整治"模式，梳理28个连片旧工业区，总用地规模约30.53平方千米；试行M1+M0混合开发模式，优化产业空间结构，深入开展"工业上楼"研究，拓展产业空间，激发市场工改工动力；制定《宝安区旧工业区整治提升暂行办法》，完善相关操作程序，有力推动桃花源智创小镇、福永军民融合小镇等项目的实施，全力推进片区升级改造，为重大产业落地提供保障。由政府主导实施的"宝安区新桥东片区重点更新单元"经市政府批准列入计划，拆除范围用地面积127.4公顷，是全市最大城市更新单元，获得市规划国土委高度重视，拟在全市推广。项目规划建设后，新桥东片区将释放数百万平方米量级的产业空间。制定《宝安107科技创新走廊空间规划》，加快"107发展带、广深高速"沿线市政化改造，促进空间再造、扩容升级，107发展带重要节点6个项目被列入计划，拆除范围用地面积65.27公顷。按照《深圳市城市规划标准与准则》规定中的高限配置，坚持"三个优先"和"四个同步"配置公共设施，提供约95公顷公共利益用地，配建小学3所、幼儿园5所、保障性住房（含宿舍）26万平方米、社康中心6处、停车位17 032个、公交首末站等公共配套设施33处共4.5万平方米；收储移交政府公共利益用地15.85公顷，其中教育用地5.1公顷、道路用地7.73公顷、绿地2.28公顷；验收移交幼儿园3所共39班，社区健康服务中心等公共配套设施28处共2.87万平方米。

智慧宝安建设

2014年，宝安在原建设数字化政府的基础上，开始探索建立"互联网+"公共服务模式，并在宝安区人力资源局试点，在全省率先建立公共就业网络移动平台。为适应求职招聘网络化趋势，10月，区人力资源局通过政府购买服务的方式建立宝安区公共就业网络移动平台，依托网站、手机APP（应用程序）和微信公众号，免费提供就业创业信息发布、企业招聘服务、求职服务、就业岗位推送等综合服务。截至2014年末，平台免费服务区重点服务企业、7类百强企业600多家，向登记失业人员、生源大学生等推送就业服务信息1.8万条；在全省率先建立人力资源视频远程综合服务平台。为提高管理和服务效能，以电信视频办公系统为基础，启动集劳资纠纷调解、行政审批服务、执法办案监督、日常检查等4大功能于一体的远程综合服务平台建设，2014年完成区、街道人力资源部门布点，并开展劳动信访远程调解、重大劳资纠纷远程指挥调度、行政审批服务远程预审、执法办案远程监控等试点。

2015年，宝安区开始全力打造智能化、信息化、网络化"智慧宝安"，制定《智慧宝安建设总体规划（2015—2017）》，列出项目库、时间表、路线图。其中按规划开展的一期工程主要打造"智慧宝安"管理控制中心、大数据资源平台（一期）工程、智慧安监"1+6"指挥中心、智慧城管指挥处置中心、智慧查违等。充分发挥"制度+科技"优势，以智慧宝安管理控制中心为主要载体，打造一个"大数据资源中心"，构建"智慧政务、智慧管理、智慧服务、智慧产业"四大平台，形成"一个中心四大平台"的体系框架，一批城区智慧应用系统建成并投入使用，基本建成智能化、信息化、网络化的"智慧宝安"，让宝安的城市转型发展、产业转型升级、社会管理服务插上科技的翅膀，为宝安各项事业发展提供强大的科技保障。同时，以市民的需求倒逼政府服务职能转变，通过打造"宝安通"APP手机终端，实现"宝安通、通宝安"，一机在手可享政府所提供的全部行政服务。

宝安区首先实现智慧政务。区委、区政府应用移动互联网思维，建立领导移动办公、区电子公文交换、电子公文库等子系统，在全区党政机关率先打造"移动办公平台"，实现政务应用的移动化、无纸化、智能化、融合化，增强服务基层、企业、群众效能。其中领导移动办公系统，实现领导审批公文、政务安排信息等多项政务处理移动化，具有公文实时在线查阅审批、领导活动安排自动提醒、每日值班情况直接报送等功能。区电子公文交换系统实现政务流转无纸化。统一制作区有关部门电子公文红头模板、电子印章，规范公文交换渠道、流程和收发文表单，实现各部门间正式公文的电子化制作传输，接入部门达58个。建立区电子公文库，实现政务应用智能化。通过"公文自动分析功能"，实现对公文按标题、日期、关键字等条件的分类管理、查询。建立参考资料库，实现政务应用整合化，建立区领导参考资料库，有关部门录入资料，按统一规则整合梳理，供领导及时掌握全区经济社会发展情况。宝安区社会工作委员会在西乡街道开展"织网工程统一受理平台"和"基层公共服务综合平台"双试点工作，成立5个专项工作组。推动公共服务事项全部进驻，变"多头受理"为"一口受理"。进驻西乡街道行政服务大厅的审批服务事项由43项增至73项（街道级45项、区级23项、市级5项），初步完成67项事项流程优化设计。2015年10月16日，全区试运行，建立33个综合窗口。截至2015年底，全区综合平台共受理业务279件。促进办事部门公共服务相互衔接，变"单兵作战"为"部门协同办"，努力打通市、区、街道有关部门的15个应用审批系统（城管、环保水务、通用审批等3个区级审批系统完成对接，市卫计委计生证明、人社局的社会保险电子政务和统一用户管理平台（应用统一身份认证）等3个市级系统完成对接，市出租屋综合管理和市人社局公共就业服务管理等2个系统进行接口开发），10个项目实行前台统一受理、网上实时流转、后台业务协同，窗口人员避免重复录入率50%以上。推动实体大厅向网上办事大厅延伸，变"柜台式管理"为"全天候、多渠道办事"，与宝安通APP、"网上办事大厅"、24小时智能服务终端无缝衔接，实现"全天办""网上办"。①由宝安区社会工作委员会、区信息中心牵头开发的宝安通APP打造手机上的公共服务平台。根据智慧宝安建设领导小组系列会议精神，将原有宝安民生APP升格为宝安通APP，1月18日与智慧宝安管控指挥中心共同上线，下载量突破38万次。宝安通APP上线后移交区信息中心负责维护和新的开发，计划下载量达到50万之后正式移交区信息中心。打造移动网上办事大厅，实现移动终端一站式网上政务事项办理，形成实体办事大厅与移动版虚拟办事大厅有效对接并优势互补。截至2015年底，"我要办事"板块共

---

① 深圳市宝安区档案局（馆）、深圳市宝安区史志办公室编：《宝安年鉴》（2016卷），深圳报业集团出版社2016年版，第79—80页。

372项政务事项实现办事流程查询和指引，62项实现手机端申报并提供实时进度查询。建设一站式便民服务线上平台，以"开放式平台+门户"模式，整合全区若干普遍功能单一的政务微信平台及APP，集成医疗、教育、文体、交通等26个部门的民生服务事项。建立运营保障机制试点大数据精准化运营，建立单位负责制和部门联动机制，确保各专业板块内容的持续更新和长期开发。开发信息精准投送功能，进行"定制化"的精准信息推送。

2016年，智慧宝安建设重点放在机制创新上，以智慧宝安建设倒逼政府职能转变。坚持向科技要人力、要管理、要服务，以智慧宝安建设倒逼行政流程再造。"1+4"智慧宝安框架体系基本建立，大数据资源中心和智慧政务、智慧管理、智慧服务、智慧产业四大平台建设相继启动。4月28日，智慧宝安"1+6"（1个区管控中心+6个街道管控中心）管控指挥中心揭牌，标志着智慧宝安"1+6"管控体系确立。区委书记黄敏为智慧宝安管控指挥中心及6大街道分中心揭牌，要求切实做到会用管用，依靠智慧的力量，不断提升宝安管理治理现代化水平。继"1+6"建成投入运行后，管控指挥体系投入运行，智慧宝安管控指挥中心、6个街道分中心和安监、城管、卫计、出租屋、交通、公安管控指挥分中心建成投入使用。航城、福海、新桥、燕罗4个新设街道挂牌成立后，又各建成管控分中心，进一步完善智慧宝安"1+6+N"体系。"两厅两中心"建设加快，新行政服务大厅进入招标建设阶段，网上大厅二期建成，22个区直部门、6个街道、124个社区共457个事项进驻。基层公共服务综合平台成为全市试点，73项公共服务事项"一窗式"办理，进而形成"1+6+N"。"宝安通"1.0版本上线试运行，涵盖办事大厅、公共服务、生活资讯等五大板块，62项审批事项实现手机申报。[①]
区印发《智慧宝安建设项目管理实施细则》，严格项目审批，
确保项目质量和安全；狠抓全区统一网格化管理、智慧宝安综
合中控平台、"两个100%"政务服务平台、视频联网及共享
平台、统一云平台、大诚信平台等智慧政务和智慧管理平台建
设，推进城市管理和社会治理能力创新；加强公众服务一站式
手机APP——宝安通、服务企业平台信息系统等智慧服务平台建
设，推进公众和企业信息服务体系提质提效；与政法委共同构建
"1+10+126+4833"网格化城市管理治理体系，按照"大巡查、
大智慧、大执法、大诚信、大参与"的理念，形成"一张网"运
行，充分展现智慧宝安科技的威力：全年汇聚39个部门、243项
业务数据，整合数据12.8亿条。宝安通APP下载量超过100万人
次，日均使用量约2.9万人次。网格化日均巡查人次增长1 155%、
日均发现事件增长64 824%、日均办结事件增长871 040%，事件
办结率由1%上升至41%，事件处置时间减少29 354%。[②]

　　同年，还建成以下智慧管控服务体系：

　　智慧廉政监督。宝安区纪委（监察局）增设智慧廉政监督
室，建设"智慧廉政监督综合信息平台"，出台《阳光政务廉政
风险防控"1+10+1"工作规范》。建立工程交易、政府采购"大
数据库"，构建5种数据分析模型。建立廉政回访制度，针对34
家单位的工程招投标、政府采购、行政处罚等事项，回访服务和
管理对象2 464人次。建成"社区集体经济综合监管服务平台"，
出台规范管理"1+9+1"系列文件，覆盖全区248家股份合作公

① 深圳市宝安区档案局（馆）、深圳市宝安区史志办公室编：《宝安年鉴》
（2017卷），深圳报业集团出版社2017年版，第2页。
② 深圳市宝安区档案局（馆）、深圳市宝安区史志办公室编：《宝安年鉴》
（2017卷），深圳报业集团出版社2017年版，第72页。

司。大力推动平台交易，其中，社区大宗物业公开招租成交21单，租金总额10.05亿元、上涨52%，建设工程招投标总成交2.35亿元，货物与服务采购总成交948万元，两项资金支出共节约3 430万元。[①]

"互联网+妇联"网络。宝安区妇联推进"互联网+妇联"，打造线上物理空间，区妇联主动适应"互联网+"新趋势的紧迫要求，推动妇联工作在新形势下创新发展，协调整合资源。升级改版"宝安女性"网、区妇联官方微博、"宝安妇联"和"宝安妇儿家园荟"微信公众号等新媒体平台，为宝安妇儿提供报名、互动、咨询等"一键式"服务。

"智慧工务"。区建筑工务局运用科技手段，推进"智慧工务"建设，主要包括：工程项目建设管理引入EIM系统（项目现场资料信息化）、BIM系统（建筑图纸三维可视化）和工地现场监控系统（现场施工情况实时可视化）；内部办公引入E人E本，实现基于宝安区协同办公系统和宝安区内部办公系统的网上办文和办会，向完全意义上的无纸化办公迈进。

"智慧城管"。2016年，区城市管理局（执法局）开发出智慧城管"三个一"系统。通过人机绑定、责任片区绑定，将行业监管人员纳入巡查采集队伍，接入公安、交通、环卫、路灯等视频系统和自建视频系统等，形成大采集格局，全面提高城市管理问题的发现能力，案件采集量比上年增长34%。实现案件派遣的自动分拨，案件派遣速度由原来平均每宗15分钟以上缩短到2秒以内，提高工作效率，消除案件派遣过程中的人为失误。通过"城管通+"和案件办理的全移动化，实现案件的快速办理和及

---

① 深圳市宝安区档案局（馆）、深圳市宝安区史志办公室编：《宝安年鉴》（2017卷），深圳报业集团出版社2017年版，第108页。

时反馈。建立和完善双考评机制，系统自动生成明晰、客观的量化考核指标，分别对处置部门进行日评、周评和月评，有力促进案件办结时效。案件办理速度由上年的平均每宗23.44小时提高到平均每宗5小时，案件办结率为95.24%。通过系统全面升级和硬件改造，中心平台的硬件设备和技术水平处在全国最领先行列，共接待全国各地参观学习团体34批共1 200多人次。福永街道执法队创新"大城管"机制，将"智慧宝安"管控指挥中心福永分中心各有关平台打通成统一的平台，将辖区划分为5个片区15个责任区，执法、城管、市政等业务骨干、小组、网格员，与挂点领导、驻点工作组一起，连同交警、市监、卫监等职能部门工作人员，与社区一起捆绑进行责任包干，制定考核制度，进行督查督办，街道数字化案件结案率排名由原来的中下跃居前列。①

智慧环水。区环保水务局建成150平方米智慧环保水务管控指挥中心，4月通过验收。完成智慧环水平台（一期）项目建设，起草《宝安区环保水务网格化智慧管理工作方案》，落实智慧环保水务大巡查和大执法培训项目、教材大纲、教员，完成教材初稿编制。

智能交通。依托道路运行指数系统、智慧交通系统、全市营运车辆GPS监管系统、视频联网监控系统、公交GPS监管平台八大系统、道路客运安全智能管理系统、行政执法系统、信息发布与服务系统，完成设备巡检及日常维护报告5份、故障申报单3份、GPS监测报表48份、机房日常巡检11份。

城市网格化智慧管理进一步完善。按照"大巡查、大智慧、大执法、大诚信、大参与"理念，构建"1+10+126+222+44+392+4 833"

① 深圳市宝安区档案局（馆）、深圳市宝安区史志办公室编：《宝安年鉴》（2017卷），深圳报业集团出版社2017年版，第180页。

网格体系，222个安格、44个消格、392个警格与4 833个基础网格深度融合，全天候巡查整治11类153项实有事件，日均发现实有事件1.7万件，较年初增长5.5倍，平均处置时间缩减到2小时，处置效率提高10.7倍，实现问题隐患第一时间发现、第一时间处置、第一时间解决。网格化智慧管理效果明显。238名处级以上干部挂任网格员，保持大抓安全的凌厉攻势。动态监管重大危险源企业6家，开展16项专项整治，打通出租屋生命通道8.1万处。控停厂房改公寓89栋、拆除2栋266间（套），拆除房中房2 925间（套）。强力推动"两个全面纳管"，质量安全排查14.4万栋，消防隐患整改3万处。完成8个A类余泥渣土点、36个A类地质灾害和危险边坡整治，整治易涝点31个，完成30万平方米旧工业区改造，城市安全基础得到夯实。严查严控违法建设，建成智慧查违系统，拆除消化违建353万平方米，实现"零增量、减存量"。强力推动土地整备，完成民主社区整备项目，全市单宗整备面积最大；完成三围码头等12宗市、区重点整备项目；整备土地3.36平方千米。完成壆岗地块等3个利益统筹试点。创新开展城市更新，新增更新项目16个，总数达117个，拆除重建用地面积8平方千米，发展空间有效拓展。

2016年底，区智慧宝安管控指挥中心、10个街道分中心和安监、查违等12个专业分中心全面启用，"1+10+12"智慧宝安管控指挥体系初步建立；"1+10+126+4833"的网格化管理体系，实现11大类153项综合事件和4大类59项专业事件的巡办分离和闭环管理。

区和街道政务服务中心全部实现"一门集中、一窗受理"，30个部门626项行政审批事项进驻区政务服务大厅，756项行政审批服务事项全部实现"100%网上申报、100%网上审批"；区级

"十大服务中心"全部启用，涵盖11类595项服务功能的"宝安通"APP上线运行。[1]

2017年，制定《智慧宝安建设管理暂行办法》，严格按程序审批全区信息化项目；信息基础设施大幅完善，建成一个大数据中心、一个机房、一张网络，形成"共享、实用、安全"的信息基础设施体系；制定区中心与街道分中心的管理规范和操作指引，实现"十统一"准军事化管理，"1+10+15"管控体系高效运转；网格化系统运行效果显著，累计新增优化30多项功能，初步实现以社区为基础单元的网格化管理体系；建成全区统一公共信用信息系统，对接市、区共111家单位信用数据，归集法人、自然人等信用数据1 555万余条、涵盖全区企业主体93万余家；发布宝安通APP3.0，打造党建+360°服务联盟、义工、家校等全流程移动电子化管理互动平台，提供1 756项电子化公共服务功能和实现1 060项审批事项的手机移动办理，打造"一站式"服务。全年，巡查上报全区12大类155项综合事件600.36万宗，办巡比为99.39%，较2016年的巡查量增加380.34万宗、办巡比提高30.16%；信用报告查询总量15 500次，应用渠道访问总量62 266次；宝安通APP累计下载近205万人次，累计访问超过2013万人次，日均活跃度达到7.45%；支撑692个审批事项全流程网上办理，减少群众跑大厅9万人次，减少群众提供纸质材料14.5万件。

在2016年基础上，宝安区委政法委进一步优化"1+10+126+4 833"网格体系，整治A类隐患190.3万宗，为上年的4.1倍。智慧管控平台实现区、街道、社区三级联网，互联互通。全

---

[1]深圳市宝安区档案局（馆）、深圳市宝安区史志办公室编：《宝安年鉴》（2017卷），深圳报业集团出版社2017年版，第16页。

区领导干部兼任"网格长"，共巡查发现安全隐患2 473处。开展专项整治，将零星工程、厂房改公寓纳入网格巡查体系，共控停零星工程7000余起、厂房改公寓304处。加大危险边坡、"三小"场所、"黑燃气"、直排式热水器、电动车违规充电的整治力度，累计打通出租屋生命消防通道71.8万处，查处黑燃气224.6吨，清拆直排式热水器1.1万台，整治电动车违规充电95.4万宗，排除大批影响社会公共安全的"地雷"。负责智慧宝安管控指挥中心及各分中心运营的宝安建设投资集团，编制社会治理、民生保障、政务服务等各类监测报告6 907份，为宝安区城市运行状态实时监测和应急协同指挥提供保障。在防御台风"苗柏"中，管控中心成为全市"三防指挥"唯一实现市、区、街道三级无缝对接的平台。管控中心全年接待国家、省、市各级部门及领导考察学习310批次。区城市管理局智慧城管系统改造升级，建立"智慧城管"视频监控系统，通过强化"智慧城管"建设，提升城市管理信息化水平。创新城市管理信息采集，把采集的重点放到大的小区和工业区、城中村，进一步监督指导提高案件采集质量，全年立案55万宗，结案52万多宗，结案率达95%以上。深化推广无人机在城管领域的应用，完成49次飞行计划，实时调整外包企业"人、机、格"在系统上的绑定工作，确保相关案件实现第一时间处理。建立健全"三统一"联合值班指挥机制，实现全天候值班值守，提升区城管应急指挥和处置效率。区环保水务局率先在全省开发运行"环保+水务"的"河务通"APP，打造环水信息数据库，涵盖全区66条河流、6 732千米排水管网、102座泵站、60座水闸、2 420个入河排污口、631家重点污染源企业等基础信息；开通河长端、巡查端、执法端和企业端，392名区、街道、社区三级河长与68名环水执法员、219名环管员、219名河管员、652名企业环保主任运用相应终端，快速高效实现各类环保水政违法行为第一时间发现、第一时间处置、第一时间解决。智能交通系统按区打造"海陆空铁一体化综合管控平台"要求，推动43个断面地磁监测点、10个视频监测点、45个高清前端等基础设备布设，完善局监控中心、区域分控中心，建立重点道路断面交通数据采集系统、运政管理视频监控系统、桥梁和边坡在线监测系统、重点区域人流监测系统、积水检测系统、交通大养护数据采集管理系统，实现以综合交通管理一张图为核心的智慧管理模式。①

2018年，宝安坚持以人民为中心，加快智慧宝安建设，建成124个智慧宝安社区管控微中心，智慧宝安管控指挥中心与国务院应急指挥中心实时连接。智慧政务建设重点放在优化营商环境上，方便企业、方便群众，提升百姓的体验感、获得感，探索实施"零跑动""秒批""主题式并联服务""审批监管服务一体化"，239项业务实现"零跑动"，取消纸质申请材料约1 500项，减少群众跑动次数约25万人次，荣获"全国互联网+政务优秀实践案例"，得到国务院电子政务办的肯定。智慧督查通过"编码管理""颜色管理""大数据应用"等机制，提高工作效率、提振干部队伍的执行力，被省、市政府督查室推荐，并经国务院督查室认可，作为唯一区县级单位在全国政府系统督查信息化建设现场会上介绍经验，得到国务院督查室高度肯定。卫生系统建成智慧医疗，推出"预约就诊""智慧药房"。区住建局统筹推进智慧工地、智慧住房、智慧物业3个智慧平台项目建设实施，规范化、标准化、流程化促进业务模块和管理链条相耦合，实现工地监管实时泛在、住房保障阳光高效、物业管理协同共

---

① 深圳市宝安区档案局（馆）、深圳市宝安区史志办公室编：《宝安年鉴》（2018卷），深圳报业集团出版社2018年版，第206页。

享。智慧宝安运营服务完成福永、沙井、松岗3个街道和市场监督管理局管控分中心接管运营，推动智慧宝安"1+10+N"管控指挥体系统一管理、统一运营。智能科技公司成功申请深圳市信息系统集成和运维技术服务一级资质，人脸识别和语音系统投入使用，管控中心运营管理水平进一步提升。智慧宝安管控指挥体系成为全国标杆，相关成果写入中央党校授课教材。网格化智慧管理升级到2.0版本，区网格综合管理办公室坚持"制度+科技+责任"方法论，推进现代化社区治理"一核六体系"建设，构建精细的网格管理体系，优化巡查工作机制。修订《基层网格"大巡查"工作手册》4.0版，将综合巡查事件调整优化为13类150项，细化事件描述，明确结案标准，提升事件采集质量。梳理《网格员督办事件清单（第一批）》21项，网格员采集事件后，第一时间推送给业主、实际经营者自行整改，督促落实主体责任。统筹各单位深入开展九项调研任务，推进成果转化运用。构建扎实的力量下沉体系，实现多方联动共治。按照"一社区一中队"标准，在124个社区建立127个网格综合巡查中队，以社区为单位，联合消防、安监、社区整治队等开展联合巡整行动，每周二、周四定期开展统一早巡、夜巡，彻底消除安全隐患。智慧环水结合基层巡查执法工作需求，对河务通系统进行重新架构，从优化流程、美化界面、增加实用性等方面入手，开发3.0版河务通APP和河务通PC端，新增河长巡河上报、案件回退、河长巡河定位、巡河轨迹回放、执法后督查、数据统计导出等73个功能点，促使河务通用户使用更方便、管理更规范。全年收集解决一线巡查执法人员需求157项，修改VPN验证码400个；全区各用户利用"河务通"APP巡查上报事件51 522宗，其中环管员巡查上报48 690宗，河长巡河上报2 832宗。推进宝安区智慧环境信息资源平台（一期）建设。完成应人石河智慧管控系统、宝安区环保水务信息资源系统规划、宝安区城市地理信息系统建设。[①]

2018年10月30日，区政府又与腾讯公司签订战略合作框架协议，双方各充分发挥和利用各自的资源以及优势，加快推动大数据、云计算、物联网等新一代信息技术在宝安区各领域的发展应用和融合创新，共同推进宝安区新型智慧城市和"数字政府"建设。以区制定的一图全面感知、一号走遍宝安、一键可知全局、一体运行联动、一站创新创业、一屏智享生活的"六个一"发展目标为基础，通过推进在智慧政务、智慧交通+商圈服务、智慧教育等领域的合作，加速宝安区新型智慧城市和"数字政府"建设。

智慧宝安的建设，为新时代的城市治理和服务提供了一种以现代科技为依托的、全新的、便捷高效的城市治理和服务模式。国内外都在探索建设新型智慧城市，然而，新型智慧城市建设不是简单的数字化城市和信息化城市，也不局限于互联网、物联网、云计算、大数据，还包括转变政府职能、实行阳光政务、依法行政、提高公共服务效能。同时需要通过科技和大数据的应用，整合社会基层治理力量，改善体制内条块分割、各自为政的问题，提升精细化管理水平。宝安的模式或可作为借鉴。

[①] 深圳市宝安区档案局（馆）、深圳市宝安区史志办公室编：《宝安年鉴》（2019卷），深圳报业集团出版社2019年版，第183页。

第
五
节

创新驱动　质量双升

　　宝安向来重视科学技术创新在经济发展中的重要作用。撤县建区后，除科委（科技局）常规设置外，先后成立区级科技决策机构宝安区科技工作领导小组、咨询机构科学技术咨询委员会。并于1994年设立两年颁发一次的区科技进步奖，1999年设立科技进步区长奖，2001年设立技术创新奖。1996年认定首批高新技术项目，2001年建设完成科技孵化器"桃花园科技创新园"。先后建成光明、观澜、石岩、龙华、福永等高新技术产业园区，为以后科技创新驱动战略的实施奠定了基础。

　　2012年底召开的党的十八大明确提出，科技创新是提高社会生产力和综合国力的战略支撑，必须摆在国家发展全局的核心位置。强调要坚持走中国特色自主创新道路，实施创新驱动发展战略。这是我们党放眼世界、立足全局、面向未来做出的重大决策。

　　宝安区委、区政府认真贯彻执行党的十八大确定的国策，大力实施创新驱动战略，于2013年制定年度创新战略规划，决定采取引进科技机构进驻宝安、创建科技创新平台、开展科技攻关、大力支持和培育高新科技企业、设立创新基金、编制创新城市发展规划、实施"凤凰计划"引进高科技人才等战略性新兴产业载体建设的政策和措施，以保证创新驱动战略的实施：

　　（1）全力以赴争取引进1—2个特色学院；

（2）支持西北工业大学、华南理工大学等设立产学研基地；

（3）引进2个市级以上科研创新团队，新增4家市级以上科技创新平台，组建2个以上产业技术创新联盟；

（4）组织实施150项科技攻关计划项目；

（5）新认定国家高新技术企业50家以上；

（6）落实区创业投资引导基金，引进2—3家创业投资基金；

（7）推动15家以上企业完成上市股改；

（8）完成宝安科技创新城市发展单元规划编制，动工建设桃花源三期，出台桃花源分园设立标准；

（9）制定宝安工业研究院筹建方案；

（10）建成100万平方米以上可租可售、产权可分割的创新型产业用房；

（11）全面实施高层次人才"凤凰工程"，开展"万名优秀后备人才培养计划"。

2013年度，立新湖、超材料正式被列入深圳市第二批战略性新兴产业集聚区，并由市长许勤和副市长唐杰挂点推动。尖岗山产业基地初步被列入深圳市第三批战略性新兴产业集聚区。统筹推进一街道一战略性新兴产业园区建设，尖岗山基地初步被纳入市第三批战略性新兴产业集聚区，与新安街道共同组织召开尖岗山产业园区招商推介会。引进省、市级创新团队各1个，数字家庭互动应用国家地方联合工程实验室等5家高新企业研发机构签约落户尖岗山基地，组建新一代信息技术、生物医药等产业技术创新联盟。全年共扶持265个战略性新兴产业技术攻关项目。高新技术产品产值增长12.5%，占规模以上工业总产值的58.6%。9家企业获中国驰名商标，64家企业获省著名商标。全年公开公告专利9 479件，增长37.9%，其中授权专利增长16.7%，发明专利增长45.9%。新增230家国家级高新技术企业，总数达613家，增量居全市第一，总数居全市第二。大项目带动效果明显。新增超千万美元外资项目28宗。六大战略性新兴产业产值增长14.1%，IBM再制造中心、中兴环保研发中心等26个新兴产业重大项目投产。全社会研发投入占地区生产总值比重达3.5%，比上年提高0.25%。产业结构不断优化。战略性新兴产业产值、现代服务业增加值分别增长13%和12.8%，创新驱动能力增强。

2014年，宝安区在全国率先实现加工贸易全程信息化。全区有加工贸易企业约2 400家，占深圳市23.4%。宝安区加工贸易的发展，对推动宝安乃至全市的经济发展都具有重要作用。但在工作中由于辖区企业办理加工贸易业务时，仍存在需多次往返、重复递交资料，以及各行业管理部门与海关之间信息不互通、监管效果不理想等情况。为此，宝安区紧紧围绕"三化一平台"改革主攻方向，积极探索改革发展新路径，主动联合深圳海关在全国率先试点加贸业务全程信息化，得到海关系统的高度重视和大力支持，并被列入全国海关"金关工程"二期项目，促使单项业务办理时限减少70%，95%的加贸业务自动通关。2014年9月28日，在南头海关举行的加工贸易全程信息化改革启动仪式上，国家海关总署和省、市海关负责人肯定宝安的做法，称这项改革完全符合党的十八大、十八届三中全会全面深化改革的工作部署和新一届政府简政放权、转变职能的工作要求，十分契合加工贸易转型升级和总署加工贸易改革的方向，开创企业、政府的多赢局面。该项改革后在深圳海关全关区推广，继而在全省、全国逐步推广。

除实现加工贸易全程信息化外，创新驱动实现"五个增多"：

创新主体增多。新增国家级高新技术企业292家，总量达到

905家，实现两年翻一番，稳居全市第二。引进中科院先进技术研究院、华南理工大学等27所高校院所与区内企业开展全方位产学研合作。

创新空间增多。新认定科技创新园9个，新增园区建筑面积104万平方米，总面积比2013年底翻了一番；9个园区被认定为市级科技孵化载体。

创新投入增多。全社会研发投入85.6亿元，增长21%，占地区生产总值比重提高到3.6%；共落实"1+5"促转型政策措施资金6.79亿元，惠及企业达4 225家。

创新平台增多。全区创新平台达到91个，其中国家级8个、省市级29个；2014年新增省、市级创新科研团队2个与院士工作站2个、博士后工作站15个，区级高层次科技创新人才达到190人；智能可穿戴、机器人等未来产业加速集聚。组建大数据、激光及3D打印2个产业联盟。成功举办企业主题沙龙活动、创新创业大赛。率先探索建立"产业地图"，覆盖到2 500家重点企业和500多个重要产业载体，成为招商引资和企业服务的重要平台。

创新成果增多。高新技术产品产值2 927亿元，增长12.4%，占工业总产值的58.4%；专利申请总量超过1.4万件，居全市第二，其中发明专利超过2 200件，增长17%，高出全市19.4个百分点。

创新战略促进了经济的超常规发展。前50强国家级高新技术企业产值分别增长28.8%、18.1%；战略性新兴产业和现代服务业增加值分别增长15.4%、12.5%。智能可穿戴（指智能手表、智能手环、智能眼镜、智能电子血压计等电子设备）行业企业超过200家，产值过千万机器人企业22家，未来产业发展迅猛。创新能力持续增强。全社会研发投入85.6亿元，增长21%。高新技术产品产值2 927亿元，增长12.4%，占工业总产值的58.4%，占地区生产总值比重提高到3.6%。落实"1+5"促转型政策措施资金6.79亿元，惠及企业4 225家；引进中科院先进技术研究院、华南理工大学等27所高校院所与区内企业开展全方位产学研合作；新认定科技创新园9个，新增园区建筑面积104万平方米，9个园区被认定为市级科技孵化载体；新增华讯方舟院士工作站等各类创新平台18个，组建大数据、激光及3D打印2个产业联盟；成功举办企业主题沙龙活动、创新创业大赛；专利申请总量超过1.4万件，居全市第二，其中发明专利超过2 200件，增长17%，高出全市19.4%。宝安经济已由过去的要素投入转变为创新驱动，由外延发展转变为内涵增长，由产业空间的"单元"转变为产业空间"多元"，节能环保低碳的循环可持续发展模式初步成型，形成了"产、学、研、知、资、园"有效参与的创新驱动生态圈的宝安模式。

2015年，宝安出台一系列政策，构建创新生态体系，打造自主创新示范区核心区。改革科技服务机制，大力推行"产业联盟"战略，以这一优势互补、协同创新、平台共享、重点跨越的新型技术创新组织形式，促进区内企业提高自主创新能力，加快创新成果规模化的产业应用，打造具有较强核心竞争力的创新型产业集群。产业布局上，发展多个专业化的科技园区，推进科技创新平台建设。充分调动优势资源，重点支持企业建设重点实验室、公共测试平台等提供技术研发及公共服务的创新平台，鼓励创新机构、龙头企业积极承担市级以上创新平台建设任务。确定了龙头企业培育、上市企业倍增、园区企业聚集和高端人才引进"四大行动"促转型计划，力争在3至5年内打造一批50亿元、100亿元规模的行业龙头企业和一批上市公司。完成《宝安区战略性新兴产业和未来产业发展研究报告》。组织开展2015年度总部企业和战略性新兴产业百强企业认定工作，共认定15家总部企业和9家战略性新兴产业百强企业。对总部企业、先驱型企业和战略性新兴产业扶持政策实施三年来的情况进行了评估，并修订相关政策条款。

2016年，宝安着重大力提升创新能力和引进、培育创新龙头企业、组建产业创新联盟。安排科研资金2.2亿元，带动社会研发投入102亿元。新认定科技创新园8个，新增面积62.4万平方米，16个园区被认定为市级孵化载体。新增国家级高新企业261家，总数1 493家，居全市第二。新增国家级、市级孵化器各1个，区级科技创新园6个。高新技术产品产值占规模以上工业总产值62%。在全市率先组建VR、智慧城市2个产业创新联盟，组建产业投资服务有限公司，"1+30"高端载体与项目对接活动效果明显。新建各类技术中心17家、实验室16个，新增院士服务站2个、博士后工作站（创新实践基地）5个，引进高水平研发团队12个。成功举办创新创业大赛，吸引1 438个国内项目和100个海外项目参赛，102个优秀项目在宝安区产业化。通过持续推动创新，实现高新技术产品产值3 285亿元，占规模以上工业总产值的61%。专利申请量16 583件，增长27.8%，居全市第二。工业增加值率提高到23%，现代服务业增加值增长11.2%，战略性新兴产业增加值增长13.5%。新增中国驰名商标3个，广东省著名商标18个。全年专利申请量2.6万件，居全市第二；授权专利14 594件，增长28.5%，其中发明专利增长53%。国际PCT专利申请量1 147件。依法淘汰低端劣势企业526家，万元生产总值水耗、电耗分别下降8.9%和5.2%。引进、培育龙头企业，签约重点项目82宗，其中世界500强企业6宗，央企、大型国企8宗，产值千亿元以上项目2宗、百亿元以上3宗。新增上市企业2家，新增国家A级物流企业10家。中国天谷奠基并引入战略合作伙伴。大铲湾整车进口口岸通过国家验收，首批进口整车抵港，有望形成华南千亿级进口汽车产业集群和华南国际汽车贸易中心。产业载体建设取得实效，美生创谷、深业U中心等一批高端产业载体投放市场，鼓励企业实施技术和智能化改造，补贴1.1亿元，支持企业建设5个数字车间、80个机器换人和105个技术改造项目。

2017年，宝安以推进国家自主创新示范区、高新区、广深科技创新走廊等工作落地实施为契机，着力建立健全全链条科技研发体系、多样化创新载体体系、多维度成果转化体系、多层次人才集聚体系、多元化政策引导体系、全方位服务保障体系"六大创新体系"并拟定建设项目清单，打造国际一流创新体系，提升宝安科技创新能力和核心竞争力。新增4个国家级孵化器［宝安智谷、众里、中粮（福安）、高新奇］，总数达7个。321家区外企业落户科技桃花源，进一步助力宝安产业发展。引进捷豹电波科技"5G毫米波研发团队"、易瑞生物"易瑞快检团队"、前海信息技术"云芯一号"等3个高端研发孔雀团队项目落户宝安区。以高层次人才为核心组建创新科研团队，开展宝安"凤凰团队"培育组建，培育石金新型碳素材料科技团队等团队24个，引进培育未来天使机器人、星空侠客等75个团队项目，大力扶持区内初创企业成长。进行人才开发供给侧改革，促进企业和学校形成常态性合作，推进前海信息、维图视等科技企业分别与广东工业大学、深圳大学等国内知名院校深度合作，认定研究生培养实践基地12个。支持鼓励以产业发展的技术需求为导向，以院士及其创新团队为技术核心，与企业联合攻克产业关键、共性技术，促进科技成果转化及产业化。加快推进重大科技基础设施建设，实施"桃花源科技创新园+"工程，对接六大科技创新服务体系建设"六大科技创新服务平台"，新建2个产业技术创新联盟。实施紧缺人才引进"1000工程"，新认定区级高层次人才300名以上。

除以上总体布局外，还开展一系列重点建设和活动：

建成深圳市首个制造业创新中心。2017年4月12日，深圳市太赫兹制造业创新中心在宝安区西乡街道挂牌成立，这既是全市首个启动的制造业创新中心，也是国内首家将太赫兹技术与电子信息制造业相融合的创新中心。该中心的成立，旨在汇聚多方力量，聚焦太赫兹科学和应用最新技术成果，发展定位为面向国内外太赫兹科学与技术的高水平产学研平台，是攻克太赫兹领域关键技术的生力军，是培养太赫兹高新技术的产业与人才基地，是培育太赫兹品牌企业的摇篮。太赫兹技术广泛应用于电子信息、生命科学、生物检测、通信雷达、军事、国家安全与反恐等多个领域。多年来，华讯方舟坚持在太赫兹领域大力研发，太赫兹技术处于国内一流行列，部分技术已处于国际领先地位，在全世界率先实现同时用3种方式获得太赫兹源，并分别研发制造太赫兹人体安检门、光谱分析仪等实用型产品。

宝安"创意十二月"。2017年12月5日，宝安"创意十二月"开幕。经过资料审核和现场考察，从29个项目中筛选出25个项目进行专家评审，最终22个创意项目入选。入选的每个活动都有开幕式、展览、论坛和主题文化活动等4个方面138场活动。每年宝安"创意十二月"的重头戏、第十届中国（深圳）国际工业设计节在西部国际珠宝城（宝立方）启幕，以"设计智造·共创未来"为主题，举行为期7天的精彩活动，创新推出首届"宝安杯"智能硬件创新设计大赛，首创"平台+孵化/加速+投资+产品化+产业化"赛制，推动获奖产品走向产业化、市场化，尽显人文宝安的传统文化风采，绽放时尚宝安的产业活力，助力宝安全面建设具有全球影响力的质量型、创新型产业名城。宝安区与世界设计风向标的设计之都——荷兰阿姆斯特丹举行"深圳—荷兰设计战略合作签约"，通过多方资源和方式建立多种互帮互助渠道，进一步促进双方之间的设计、商业和文化交流。

2017年全国双创周深圳活动暨第三届深圳国际创客周活动。2017年9月15日至21日，全国双创周深圳活动暨第三届深圳国际创客周活动举行。本届双创周主题为"双创促升级，壮大新动能"，继2015年、2016年两届全国"大众创业、万众创新"活动周的成功举办，"双创"理念得到更精准的延伸，全民参与的双创活动为中国经济发展提供新的增长点。宝安分会场系列活动以"创响滨海宝安，智造产业名城"为主题，采用"1+N"模式，设立1个主会场、7个分会场，重点活动共计13场。其中主会场设在新安街道兴东社区的"众里创业社区"，福海信息港创客空间、深圳飞扬兴业科技有限公司等分别承办7个街道分会场。其间，主会场和分会场分别以高峰论坛、主题沙龙、专题研讨会、展览等形式展示双创新成果。

"2017智能制造产业国际合作发展"论坛。2017年12月12日，由宝安区五类百强企业联合会、智能制造产业国际合作委员会和中国国际投资促进中心联合主办的"2017智能制造产业国际合作发展"论坛在宝安举行。中外众多权威专家、学者、企业家共聚一堂，把脉宝安智造，探讨共享共赢智造产业转型发展之路，推动宝安智造走向世界。

"中欧协同创孵高峰论坛"。2017年12月17日，由宝安区人力资源局主办，"中欧协同创孵高峰论坛"在大公坊创业孵化基地举行，来自宝安区20多家创业孵化基地的负责人、运营人及各街道创业服务专员共100多人参加论坛。长江商学院创业项目副主任宫蓓、荷兰著名创业团队Trouble Maker负责人Henk Werner、美国Gragon Media创始人Andrew Aker、星网资本CEO陈凌等多位业内人士在论坛上发表对宝安创业孵化发展的看法，介绍欧洲先进的创业孵化理念，助推"新时代宝安创业"走向国际化。

在9月21日深圳市科学技术奖励大会上，宝安企业捧回多项国家、省、市科技大奖。

全区国家高新技术企业总数达到3 030家，占全市11 230家总量约27%。居全市各区第一，比上年度增加808家。专利授权量1.72万件，增长25%，万人发明专利拥有量20.8件，增长22%。宝安区规模以上工业增加值1 545亿元，增长9.7%，创三年来新高；工业增加值率提高到23.2%，新兴产业增加值增长12.6%，万元GDP电耗、水耗、建设用地分别下降4.5%、5.8%、8.1%，人均GDP达到11.18万元；新增中国驰名商标山特电子，新增省著名商标25个、省名牌产品10个；获评全国唯一国家级出口小家电产品质量安全示范区。[①]

2018年4月，宝安区印发《宝安区关于创新引领发展的实施办法》，共十一条，内容包括推动公共创新平台建设，培育国家高新技术企业，推进创新载体建设，推进信息和工业化融合，完善科技创新服务，实施标准化战略，强化知识产权创造、保护和应用，提升知识产权质量，推出一系列相关创新优惠和奖励措施：

第一条　推动公共创新平台建设。对国家、省、市各类创新平台及新型研发机构给予市资助额50%、最高5 000万元的配套奖励。对国内外高校院所在宝安设立的科研机构提供启动经费600万元以及从第2年起连续4年每年600万元且不超过实际投入的运营经费资助。对经区相关主管部门评审认定的基础研究项目给予最高50万元的资助，对经区相关主管部门评审认定的重点实验室给予100万元的奖励，对新设立研发机构的上一年度主营业务收

①深圳市宝安区档案局（馆）、深圳市宝安区史志办公室编：《宝安年鉴》（2018卷），深圳报业集团出版社2018年版，第247页。

入5亿元以上工业企业给予10万元的奖励。

第二条　培育国家高新技术企业。对经国家科技部初次认定的国家高新技术企业给予30万元的奖励，对经国家科技部重新认定的国家高新技术企业给予10万元的奖励，对首次达到规模以上的国家高新技术企业给予30万元的奖励。对在宝安实施的国家、省科技计划（专项）项目分别给予国家资助额50%、最高1 000万元和省资助额50%、最高500万元的配套奖励，对在宝安实施的国家、省、市科技奖励获奖项目按最高奖励等级奖金给予全额配套奖励。对规模以上国家高新技术企业的研发投入，按照年度财政研发投入项目资金预算安排总量占所有申请企业实际研发投入总量的比例，给予最高500万元的研发准备金补贴。

第三条　推进创新载体建设。对国家级科技孵化载体给予300万元的奖励，对国家级众创空间给予200万元的奖励；对省、市级科技孵化载体、众创空间（创客空间）按省、市资助额50%给予配套奖励。对在国家高新技术企业培育、研发投入强度等方面经区相关主管部门考核优秀、良好的科技园区分别给予50万元、30万元的奖励。对创新创业大赛获奖且落户宝安的项目给予最高200万元的奖励。

第四条　推进信息化和工业化融合。对通过国家级两化融合管理体系评定的企业给予100万元的奖励，对国家级、省级两化融合管理体系"贯标"试点企业分别给予50万元、30万元的奖励。对获得市级以上智慧城市、企业信息化或两化融合资助的项目，给予市资助额50%、最高100万元的配套奖励。

第五条　完善科技创新服务。对获得国家认可资质的检验检测实验室给予30万元奖励。对在产业链技术创新、行业技术共享、行业发展研究等方面经区相关主管部门考核优良的产业技术创新联盟运营单位给予20万元奖励。对在宝安检验检测的国家高新技术企业、规模以上工业企业发行实际缴纳检验检测费用50%、最高20万元的检验检测类科技创新券；对入驻区科技创新园的科技型中小企业、入驻区众创空间的创客企业，三年内每年发行实际租金50%、最高分别为10万元与5万元的创业孵化类科技创新券；对入驻区科技创新园的重点研发机构，三年内每年发行最多3 000平方米、每月每平方米实际租金100%且不超过50万元、最高180万元的创新研发类科技创新券。

第六条　实施标准化战略。对主导或参与国际国内各类标准制修订、承担国际国内标准化专业技术委员会工作的机构和企业，给予市资助标准50%的奖励。对每名国际专业标准化技术委员会/分技术委员会委员给予6万元的奖励，对每名全国专业标准化技术委员会/分技术委员会委员给予3万元的奖励。对获得中国标准创新贡献奖标准项目奖、市标准奖的项目，按照市资助金额给予全额配套奖励。对国家级、省级、市级标准试点或示范项目的，或通过深圳标准认证产品和服务的，按照市资助金额给予全额配套奖励。

第七条　强化知识产权创造、保护和运用。对授权后维持年限达5年及以上的国内发明专利，每件给予1 000元的年费奖励。对取得境外发明专利授权的，每件给予市资助标准50%的奖励。对参加"贯标"并获得《知识产权管理体系认证证书》的，给予每家10万元的奖励。对经区相关主管部门考核优秀、良好的知识产权服务机构，分别给予50万元、30万元的奖励。

第八条　提升知识产权质量。对国家、省和市知识产权优势企业或示范企业，分别给予50万元、30万元、20万元的配套奖励；对国家、省专利金奖的项目分别给予50万元、20万元的配套奖励；对国家、省专利优秀奖的项目分别给予10万元、5万元的配套奖励；对市专利奖的项目给予15万元的配套奖励；对深圳市知识产权孵化基地给予市资助标准50%的配套奖励。

在落实区创新引领发展实施办法的基础上，2018年，宝安创新驱动战略成效显著：全面完成省委、省政府部署的"5亿元以上工业企业研发机构全覆盖"任务，超额完成市科创委部署的工作任务，3亿元企业研发机构覆盖率92%，规模以上工业企业研发机构覆盖率44%。新增欣旺达和银宝山新等2个国家级企业技术中心，全区各类科技创新平台总数达235家。新增5家院士工作站，全区院士工作站总数达10家。新建广东省太赫兹产业技术创新联盟、宝安区区块链技术联合会等2个产业技术创新联盟，全区产业技术创新联盟达14个。全年新增国家高新技术企业900余家，总数超过3 900家，总量和增量均居全省区（县）第一。认定科技型中小企业2 234家，占全市的27%。全社会创新研发投入106亿元，产值5亿元以上工业企业研发机构实现全覆盖。发明专利授权量8 062件，增长20.4%。新增PCT专利1 654件，增长6.4%。企业制订、修订国家标准64项、行业标准48项。①

自创新驱动战略实施之后，宝安在分出龙华新区的基础上，全区生产总值突破3 000亿元，2018年达到3 600余亿元。原来的"三来一补"大区，成功转型为新兴产业、智能制造业大区，实现经济质量、效益的双提升。

① 深圳市宝安区档案局（馆）、深圳市宝安区史志办公室编：《宝安年鉴》（2019卷），深圳报业集团出版社2019年版，第48页。

附　录

附录一 **革命历史文献**

中共广东省委致宝安县委函（节录）^①

（一九二七年十二月十九日）

宝安县委：

傅大庆同志^②（省委去指挥暴动的）从深圳回来，知道你们的情形。你们虽曾起来攻打深圳，但有重要的错误：

第一，你们对此次暴动没有个具体的计划，据傅同志说，群众甚至于同志都不知所谓何来，更不知道如何去做法。你们只是带了些农军、土匪去攻打某处，群众全未起来，而且简直不去发动群众。

第二，关于土地革命，同志也是怀疑，自然更不肯在群众中去宣传，更加说不到实现的问题。

省委根据前函关于广州暴动的情形及上述你们的错误，特有如下严重的指示，希切实执行，否则应受处分。

一、广州暴动退出的武装有二千余人到达北江花县一带，省委已加派员前往指挥，训令他们改编为工农革命军第一师（第二

① 宝安县委与广东省委往来函件，均转自中共深圳市党史办公室编：《深圳党史资料汇编》第一辑，1985年6月。文中方括弧内文字，为订正或补充正文错漏；□为原文脱漏或文字已漫灭不能辨识，以此代替，下同。
② 据王克欧回忆，傅大庆曾任东江特委秘书长——原编者注。

师在海丰），在北江各县实行土地革命。各县的暴动，因广州暴动的影响都积极起来，或更加扩大而深入。因此，宝安决不能因广州暴动之暂时停止而不争斗。

二、惠州农民已经起来，他们特别注意平山、淡水一带，海陆丰工农革命军第二师现亦积极帮助惠州农民起来争斗，以期与东宝会合直达广州，你们必须与之联络。

三、暴动必须是群众的。群众不起来，徒然指挥一些农军或利用土匪攻打某处，结果必定是失败的。你们应不迟疑的把土地革命不还债等口号积极宣传并切实使其实现。只有这样才能使各乡村农民起来，这样才能破坏金融税收，动摇反革命政权，分散敌人武装，使其穷于应付，最后我们才能得到完全的胜利。

四、据傅同志说，宝安党的基础□□，以后应注意党的发展和整理。省委通讯以及一切重要通告都应在党员大会中报告讨论，使党员群众有深切的了解，必须在争斗中建立党的基础。

省　委

中共宝安县委给省委报告

——开全县代表大会及县常委会情形、县委之要求及提案大纲
（一九二八年二月二十五日）

省委：

本月二十日阮峙恒同志负你的使命来指导我们工作，是日常委会议接受你的命令，决定以民主化改选县委，同时决定派同志赴各区指导各支部选出代表，并决定本月之廿三日在周家村开全县代表大会。是日到会代表共十九人，代表成份农民十四人（其中佃农九人，雇农二人，半自耕农三人），工人四人，知识分子一人，参加同志十一人（但多是半知识分子）。开会由上午十一时至下午四时止。全场颇有新的精神，可惜农民太客气，无太多

意见发表。开会议事日程分为十二项：（原编者注：原文只有十项）

（一）全体起立向死难同志默哀。

（二）介绍同志姓名（由奭南介绍）。

（三）推举主席团及记录（公推麦福荣、吴学、麦志兴等三人为主席团，丽川为记录）。

（四）宣布开会意义（主席请奭南宣布）。

（五）政治报告（主席请峙恒同志报告）。

（六）党务报告（主席请奭南报告）。

（七）各区代表报告。三区代表庄年桂同志报告，大意谓全区详细情形不甚知确，因自暴动后该区白色恐怖过于厉害，各负责同志均皆逃避，各乡同志乏人指导，绝无自动奋斗能力。现在各级党部等于无形消灭。我乡（皇岗）的土劣分子异常活动，时时整〔准〕备向我们进攻。石厦乡潘柏煦同志（三区中坚分子）于正月十一夜因到我乡开会，被隔陇乡土豪在半途截捕，翌日提出枪决。湖贝、向西两乡的土劣大声疾呼倡办民团，若果县委不设法派人去指导一切，将来三区更不堪设想云云。一区代表郑大就同志报告，略谓该区虽有三十余乡，但有同志的乡很少，且从前的同志乏于训练，党的组织亦不好，各级党部有其名而无其实。自县委指定我充区委书记以来，时间只有一个月，但在一个月时间内，各乡同志比前较有新的精神，同志也有增多，燕川乡同志由两个增加到五个，罗田乡同志由三个增加到六个，周家村同志由五个增加到二十个，其它有同志的乡都有增多。可惜区委不健全，但不健全的原因皆由县委指导不妥当，县委书记刘伯刚同志更要负责云云。六区代表钟永恩同志报告，略谓该区虽有两乡有同志十余人，但两乡反动势力亦极深固，其他各乡不反动便守中立，自暴动后政治环境更恶劣。同志不但不敢活动，而在乡居住都不敢，故有同志跑去他处当雇工，现在党等于无形消灭云云。

爽南同志对于县委过去工作批评，略谓从前最大错误军事投机，机会主义都不能打破，而各同志工作又异常浪漫，就我自己的工作比未暴动前已相差太远，最错误的跟随其他浪漫同志去灰心。丽川同志负责秘书绝未有实际工作做到，同时陈绍芬、陈芬联同志都是不称职。少华同志批评芬联同志不做工作，终日沉溺打麻雀。

（八）提案

甲、组织问题；乙、宣传问题；丙、民众运动问题；丁、c.y.问题；戊、各种斗争问题。均照常委草定提案大纲通过（提案另详）。

（九）选举

结果选出郑大就、麦福荣、麦德明、陈昌盛、庄玉堂、谭少华、蔡励卿、陈义妹等九人为委员（其中成份农民占四个，工人三个，知识分子二个），候补委员陈细珍、麦齐亮、麦志兴（其中成份农民二个、工人一个）。

大会结束后随即开县常委第一次会议，到席者大就、爽南、励卿、福荣、德明、昌盛、少华、齐亮、志兴，缺席者玉堂、细珍。参加者：省委巡视员阮峙恒。开会议事日程：（一）推举主席（公推爽南为主席，励卿为记录）。（二）接受代表大会决议案。（三）分配工作，决定大就、德明、励卿、义妹四人组织常委，书记由省委派人来负责，但未派来之前暂由爽南负责，并决定爽南为秘书。常委经常会议每五日一次，县委经常会议每月一次。（四）各区工作分配：一区由徐启华同志负责，二区由一区兼理，三区请省委派该区籍工人同志返来负责，四区派少华同志负责，五、六区由常委兼理。各区委支部限两星期内一律以民主改组妥当。（五）c.y.问题：指派励卿、张丽川、张国勋三人负责发展工作。（六）其他事项：1. 决定县委设常备交通一人，指定张全寿同志负责。2. 陈绍芬同志是海员工人，由县委介绍去海员处工作，陈芬联、刘伯刚两同志介绍去省委〔安排〕他们相当工作，张作铿同志留县委做特别交通并印刷等工作，张金满同志负责c.y.所办农民学校杂役（以上张全寿、张金满、张作铿等是被三区反动派驱逐出境无家可归的）。

（十）经费

每月一百三十四元。1. 常委经常工作同志并负责巡视训练工作连省委派来负责书记的共五人，每人每月伙食八元，共四十元，常备交通一人，特别交通兼印刷一人共伙食十六元，派去二区工作徐启华同志，派去四区工作谭少华同志共十六元，以上九人伙食共九〔七〕十二元，交通费二十元，杂用五元，宣传费二十元，帮给交通局五元（东宝三、四区交界之山厦乡），招待费十元，总共一百三十四元。帮助c.y.经费尚不在内。（以上的经费请省委如数拨给）

省委：我们除却把工作情形报告你的外，还有特别的要求，请你切实答下去罢。

（一）这里除却第一、二区是整个的反动局面外，其他的反动势力都很薄弱，因为他们不能团结一致，又无集中武装。本来反动势力不成问题的，可惜我们的民众平日怕惯政治势力，我们同志的脑海里染了军事投机，机会主义遗毒牢不可破，不能以新的革命精神去领导民众奋斗。因此，麦福荣同志欲以赤色恐怖炸弹政策向反动势力进攻，鼓起我们的民众奋斗精神，镇压反动势力发展（因为各区豪劣分子提倡恢复民团）。这样我们如果能够做到，土地革命自然容易实现。现在福荣同志向县委提出请你设法派一位能做炸弹人才回来制造炸弹，但药料器具由你负担，这样可否做到，希望切实答复。

（二）去年十二月廿八日你派李源同志来指导我们工作，县委决定每月经费贰百元，经由李同志报告你许可，同时李同志给来暴动费一百元（港币），后因防军太多，不能实现暴动工作，故我们把给来的款拨作经常费（一月份的），其他的绝未有领到。二月份的完全告贷于人，现在债主不停的向我们进攻，工人同志已停止食饭了，请你把这个月份的经费如数给来，以免妨碍工作，还请你批准增加经费。

（三）从前绝没有把红旗、布尔什维克，及一切宣传品寄给我们，我们自然没有资料向群众宣传和训练同志，希望你以后不断的寄给来。

（四）我们（此处说通讯地址事，略去……）

（五）兹介绍谭少华、徐启华两同志到你处领款，请你接洽，其他问题可直接询问他们。

提案大纲：

（一）组织问题：

1．从〔重〕新整顿原有之区委、支部及小组，使到各级党部健全。

2．未有党组织的区须加紧设法发展组织。

3．未有党组织的乡须加紧发展组织。

4．代表大会结束后一个月内增加同志二百人。

（二）宣传问题：

甲、对内的，巡视训练。乙、对外的：A．有可能的乡须设法创办农民学校、夜学；B．每周须翻印党的红旗、布尔塞维克及各种宣传品。

（三）民众运动问题：

甲、执行省委通告成立士兵运动委员会

A．游击，B．警察，C．防军，D．土匪。

乙、执行省委通告成立工人运动委员会

1．被解散的工会须设法使其秘密恢复团结精神，受党指挥。

2．凡有工人的地方须设法发生党的组织。

（四）c.y.问题：

A．执行省委关于c.y.问题一切决议案。

B．指定三个同志负责c.y.工作。

C．有党组织的地方须发生c.y.组织。

D．县委对于c.y.应予以物质上、精神上的帮助。

（五）各种斗争

A．土地革命。

B．抗租、抗捐、抗税及抗缴一切行政费。

宝安县委
二月廿五日

中共宝安县委给省委信

——再次向省委述说计划不能完成的原因和党的组织问题
（一九二八年五月二日）

省委：

第二次来函早已收到，我们兹有下列情形报告：

（一）关于省委函中所指示各节，我们承认是非常明确，只是在事实上不得不复为省委说□□是：一、田寮与玉律械斗。二、农民与同志田工忙迫。这两件事的确是影响到前次决定计划而不能及期实行。□此间同志与农民的封建关系是非常紧要，他们看见同姓同族乡村与别族乡村械斗，即不管你们什么命令，只有挺身与帮斗；至于田工，农民与同志□认为是目前急切赶做的第一件事，到现在，他们□是许多只顾赶做田工，不听指挥，盖他们不□暴动斗争，究竟得到什么利益尚不知到〔道〕，如果抛□田工，即眼光光看到了损失。至于省委说我〔们〕只希望马上做到大斗争，大暴动，忽略了小的〔斗〕争与骚动工作，我们也许是有所忽略了，但我们时时想并鼓动同学〔志〕这样做。不过此间一向都是很少注意这样做，以致令到一般同志不甚愿意这样做，以为这样做影响不大。

（二）我们决定计划而不能及期实现，使敌人得从容布置做〔造〕谣恐吓群众，这是铁的事实。省委来函所说，此间已渐次发现。四月二十六日，六区迳背□头，四区长圳、玉律、新桥（三房）反动派勾结县游击围包迳背，□□了农民财物，并捕去六区农民唯一领袖、我们负责同志钟永恩到县城枪毙。四月二十七，四区沙井豪绅地主，〔亲〕自动手捕拿陈榜同志，陈耀同志刚从香港回〔家〕亦已被拿。四月廿八、廿九、三十数日，四、五两区豪绅地主连日在皇松岗、云霖、新桥开会，组织联团联乡，对付我们。我们胆小的同志与农民都恐慌起来了，但目时〔前〕我党与农民暴动风声亦震动了全宝安豪绅地主统治阶级而惶恐不安。我们在半和墟开了一次农民大会，四至六各区豪绅地主已开始震动，皇岗、云霖反动武装，不敢安心在当地驻扎，全县最大豪绅领袖曾奕樵（四区新桥人）秘密逃走，四区最大反动之乡村新桥沙井立刻宣布戒严，搜索住户并过往人。福永农民自动开会与本乡豪绅争公款，吓走了本乡最大反动豪绅潘乃昌。县游击捕拿钟永恩同志到县城枪毙，临刑时钟永恩同志慷慨大骂，并说"我们共产党已号召农民暴动，不久你们反革命派就要跟着我来死"等话，当时吓惊了全城，现在四个城门除南门外，完全关闭，县长不敢在衙门，每晚都潜往南山逃宿，城内住户亦有四成搬迁出外。四区西乡演戏，有晚演到十一点钟时候，观戏群众自己发惊，以为共产党来攻，有一人发声哄说：共产党来了，即全场惊慌逃走，连戏台都要压倒。四月十九日我们集中百余武装，包围六区迳背反动派，盖震动了豪绅地主统治阶级，许多反动乡村，如四区之长圳、唐家村，五区周家村之圹尾围，均搬迁逃走。三十日，四、五两区豪绅地主有数十人在新桥会议，亦因内部冲突哄闹无结果而散，乌石岩、福永、云霖区长巡官均继续自己惊慌逃走，乌石岩、新桥、沙井各处当铺完全闭门。县长及沙井、新桥各乡豪绅地主纷纷告急，到省城、虎门、深圳请兵。三区之湖贝、向西各反动乡村亦惊慌，全县大有风声鹤泪之慨。

（三）田寮与玉律械斗至四月十九日已开始停息，现在立刻加紧全体动员，命令各区党部执行，并在四月廿九日集中各乡武装于三十日晨早即围攻迳背反动派，击毙反动派男女四人，伤二人，焚烧反动屋宇四间。可惜我们队伍尚未有组织完妥，布置又不周到，迳背同志又畏却不前，入乡后农民与同志许多又只顾搬取物件，致使反动派完全逃空，武装亦获不到一支。我们最勇敢之四区新桥曾植同志反被牺牲。长圳曾榜同志反被击伤（另有周家村一同志被击伤）。这数日来，我们决定完全把武装集中组织起来，连续攻击福永、长圳、唐家村、圹尾围等处，乘豪绅地主统治阶级如此惊慌之际，一直猛干下去。可惜各乡同志，尤其是负责同志，竟多数动摇起来，不说广州未暴动，即说敌人将派兵来攻。由自己之动摇影响到群众，有些乡村只得数个武装来，有些乡村完全不来，三日来竟集中不及二百武装（统计四五两区农会乡村有二千武装，大半是公家枪），周家村武装几占一半。周家村负责同志看见各乡武装来得少，亦表现胆怯而动摇，不过他已经骑上虎背，不得不做。昨今二日因一般同志顾虑武装少，观望不去攻打反动乡村，令他们领导群众自动去杀本乡豪绅地主反动派，亦因封建关系而不敢做。今晚计算可增加数十武装来，明早即可进攻福永，继续依照前所决定计划做去。

（四）党的组织。在四月份以前一区党员得八人，三区党员得三十四人，四区党员得十七人，五区党员得一十人，六区党员得八人，全县共计一百九十七人。四月份三区增加十六人，四区增加五人，五区增加三十四人，六区增加二十五人，全县共增加八十三人。现在共计全县党员二百八十人。三区、四区、五区均已成立区委，一区与六区均成立独立支部。但均不得健全，一区党员完全不动，六区党亦只在迳背乡经此项事变，党员一半逃走，一半到五区来，在六区亦失作用，三区党员亦不甚活动，四五区党员比较好些，在群众亦不能起多大作用，党的力量仍算是非常薄弱。

（五）陈耀同志已回到〔来〕，暂指定他在武装指挥工作。又学增同志俟武装集中组织完妥，并亲身参加进攻一、二处反动乡村才回省委当面报告，听候调遣。

宝安县委学增

五月二日

中共广东省委致宝安县委信

——积极发动群众小的斗争，扩大土地革命的宣传，肃清党内不斗争分子，恢复与发展各区的党

（一九二八年五月二十一日）

宝安县委：

学增同志来，省委对宝安工作之意见，除了学增同志在所指示及省委前函之意见外，仍有下列之重要三点：

（一）必须积极发动群众小的斗争，不可尊从事〔于〕个人赤色恐怖。在目前宝安武装不能即刻集中，同志与群众多尚未有积极斗争热烈之情绪，且有等待东莞武装帮助之观念，因此县委

或将感觉到暂时的没有工作出路，而沉溺于个人赤色恐怖，以为只这样可以发动广大群众起来，而忽略了群众小的斗争。惠州经验告诉我们，在望〔这〕次暴动流产或失败以后，欲以专藉个人恐怖以维系群众斗争勇气，是绝对不可能的，必须注意群众小的斗争之发动。

怎样发动小的斗争呢？开始不一定是要武装的冲突，要打破同志以为必须有武装才能斗争的错误观念。譬如，现在宝安农民反对苛〔捐〕杂税，我们便号召广大群众起来，打收捐人烧毁其局所等，五区农民现要复仇，我们便可用复仇口号去号召广大群众起来，去包围地主住家，用群众力量去打死或打伤他们。这样胜过用个人恐怖，这样可以鼓起群众自己力量之决心。

但这样并不是说，赤色恐怖绝对不可用。自然，选择得勇敢之分子出来，黑夜去袭击豪绅地主，同时杀了一个人之后，散派传单，贴标语宣布其罪恶，以威吓地主阶级之更加动摇，增加群众之热〔烈〕情绪，这也是可以的。但决不是以为专藉恐怖政策，便能引群众到暴动之路。

（二）应该努力扩大土地革命宣传，肃清党内一切不斗争分子。据说自新围退出之后，一般不斗争的同志对指导机关肆力加以诋毁，对党的政策在群众中作反动宣传。这本不是什么奇怪之事，剧烈斗争一起，软弱的比较有家产分子，必然会表现出恐慌畏缩的劣根性，同时他要维持他的信用，便不能不要煽动群众与一致，反对党的机关及其政策，惠州也曾有此种事实。对于我们这些分子，无论其为领袖武装，我们都不姑息的将其开除出党。我们应在群众中指出他们完全是畏缩的分子，他们都是要为保持其身家性命而不敢斗争，他们只知自己房屋没有烧，他们并不理无数无家可归之农友，他们就要走到反革命的路上了。

我们在群众中对他们之攻击，是毫不要放松的。如果他仍继续其反动宣传，我应用严厉手段处理之。但只是消极的一方面是不够的，县委必须详细的指示出宝安此次事件失败之原因及其今后之出路，以煽动全体同志及群众。你们应该指出宝安此次失败最主要的原因是：一、各乡农民不能一致起来，尤其是楼〔村〕的领袖消极的阻止群众的行动，坐观新围之被围。二、在地主反动势力之下乡村，未有群众及党的力量的组织及宣传，在农团团丁中没有丝毫影响，致为地主豪绅所利用。所以宝安此次之失败，不是党的政策的错误。其次你们应该指出：1．现时地主阶级是一样的动摇的，他们整天的搬家忙，筹备组织联防忙，这证明地主阶级的动摇而无力量。他们现在没有很大的力量来进攻我们。2．农民的武装与力量此次至无损失，且增了斗争的经验。3．此次事件应〔影〕响东莞等地甚大，促起东莞、宝安、惠阳、石龙、增城五县的互相帮助的发展斗争，做成将来五县的暴动割据的前途。最后你们应指出今后工作要从小斗争发展到暴动，并提出切合农民需要的口号为复仇，"抗税抗捐"，"消灭民团"等，以鼓起群众斗争之目标，县委应训练全体党员，在群众中根据以上指示作出广泛的宣传。谁破坏这种宣传，谁就是地主阶级的走狗。

（三）即刻恢复及发展各区的党。现在四区同志已逃亡净尽，六区同志亦要卖枪潜逃者，因此，县委不可只顾了五区而忽〔略〕了各区之组织。因此县委须派出巡视员及得力同志马上恢复各区组织，要在此次斗争中表现积极者努力吸收，以增党的新的力量。凡知同志逃往何处者，即通知省委严令其回宝安工作，并设法打入地主势〔力〕下之乡村去。必须普遍发展党，才容易发动普遍的斗争。新发展之成份应特别注意雇农、贫农及工人分子，如土匪等，非有十分坚〔强〕斗争与了解党的政策，不应随便吸入党，尤其是加入指导机关。自然勇敢分子，我们是要的。

除了上述三点之指示外，〔其〕他如武装之集中，游击战争之发动，以前指示已详细，仍适用，兹不再赘。购弹药事已交六十元与周□□瑞办，顺告。

省委

五月二十一日

中共宝安县委关于进行武装斗争给省委报告

（一九二八年五月二十日）

省委：

此间各种情形，已交学增同志回去报告，想已知尽一切了。在这个星期内，据各下乡工作同志报告，共有十个同志增加。但四区方面据陈耀同志报告，自周家村楼村被军队围捕之后，该区同志均纷纷跑了。陈耀同志现在去二区工作，但二区情形如何，他未有回来报告。现在除二、四两区由陈耀同志负责工作，其余三、五、六区及东莞五区梅塘一带均有同志派去负责工作，虽得不到多大成绩，而未有同志的乡村，发展到有我们同志的已有成十条乡之多。此处现在决定在旧历三月初四日集队（地点在迳口），此项集队或者人数很少，因周家村、楼村有三数稳健思想的领袖——如陈义妹、麦金水、麦齐亮等，极端畏缩，因军队围捕时他们的房屋没有烧到，且损失甚微，若集队发动，恐惹第二次烧屋，因此，影响到群众斗争情绪亦随之低落。现在可以集中武装的，只有五区周家村、楼村、燕川、罗田、李松葫、白芋沥及东莞昆莲、宝安之圳尾乡等乡。在我们估量中能够常备集中的约一百人左右，如果到进攻反动乡村时，各乡亦分别有群众增加。例如进攻东坑、木敦，即楼村群众定必尽量参加，攻打塘尾即周家村群众定必尽量参加，攻打长圳、玉律即田寮乡群众定必尽量参加。因军队围周家村、楼村各乡时，那反动乡村曾参加抢劫，故这几条乡群众，对他非常仇恨。至东莞方面，至此间集队时五区或者有一百八十个武装到来帮助。此次集队武装虽然是很少很少，但是我们若不集队，宝安工作一定发生困难，甚或没有方法可以去做，因为各乡同志经此次斗争在本乡已难立足，若果再停止斗争，他们必为思想稳健的领袖所动摇而出于消极或过埠，即县委亦难觅一立足之地点。别一方面，各区豪绅地主——特别是五区，虽然恐慌到极，终日说我们共产军有若干千，某处又有若干千，于某日进攻某某乡，但在此恐慌中他们拼命组织联团，企图把我们镇压住，而群众方面对联团极之仇恨和反对。照以上的事实看来，除集队发动群众外，没有旁的方法。至进攻地点，现在尚未决定，因现在尚不知武装多少，若果照上面所估量的武装数量，一定是攻打东坑与木敦，因楼村群众对该两乡异常愤激，且反动力量又非常薄弱。宝安现在准备发动，你们至紧指示东莞城、石龙、虎门、太平、增城各地加紧做骚动工作及破坏铁路工作，免至宝安形势孤立。虎门、太平与宝安极之接近，仅距离五十里左右，前次军队所以得到从容调到宝安镇压，都因东莞方面未有什么动作以牵制它。前日东莞周满同志到省要求做炸弹问题，现在如何情形，请即答复。炸弹问题，此间非常重要，因各乡武装素来缺乏子弹，经过此次斗争，尤为缺乏，敌人枪械比较固然犀利，并且子弹充足，我们非有此种猛烈武器，实不足以制胜敌人，并不能鼓起群众的勇气。还有要求的：省委如有司号人才，请即派一个来。兹派少华同志带报告到来，如有何种指示，请交他带下。省委交通地点，如有变更，请即通知。

宝安县委
五月廿二日草

中共广东省委关于集中武装进行斗争工作给宝安县委指示信

（一九二八年五月二十四日）

宝安县委：

二十二日报告已收到。除给你们第五号函外，兹再有下列的意见：

1. 从你们的报告中，看见仿佛以为现在没有办法了，只有集中武装一干，这个倾向是错误的。宝安经过此次的挫折，表面上群众稍有恐慌，腐化同志更表露摇动，但这决不是宝安没有办法的证明，因为农民复仇的观念非常急切，对地主豪绅组织联防，更表现其愤慨，土地革命的宣传亦已开始，最近党内亦有新的发展，这一切，就是说革命主观的力量，仍然是存在，客观的形势仍然是可为的。至豪绅地主依旧在恐慌搬迁忙，组织联防忙，这是一个很好的例子。所以这个时候的反攻是必然应该采取的策略，决不是无办法中的一种孤注一掷。省委指示你们集中武装进行游击战争，不是"缸瓦船打老虎"的办法，这一点县委同志及全体同志必须了解的。

2. 你们现在计划集中武装，进攻各反动乡村，省委认为这是可以的。但你们必须知道，决不是只靠集中武装去攻打，必须广大的煽动该乡村的农民群众起来，作各种的斗争，不可变成械斗的形式或是吊民伐罪的行动。对反动乡村应派人进去活动，陆丰以前攻打反动乡村，亦是派人进这些乡村煽动，杨望同志曾作痛哭流涕之谈讲，卒使农民自动的起来杀戮豪绅地主，这是你们应学的教训。目前的计划，应该是在楼村先发动，鼓动五房及长房底下的群众，起来杀群众最痛恨之本村豪绅地主，或者集中现在可能集中之武装攻打塘尾围或青坑，楼村的群众自动起来参加斗争。此时，如果楼村的腐败领袖阻止群众参加，则鼓动群众为要求打反动乡村而反对这些腐败分子，口号可以是"反对打某某乡就是与豪绅地主勾结，阻止群众斗就是反革命"。你们必须注意，假使我们不鼓动群众起来扑灭楼村的反动势力，他将会成为阻碍我们斗争的一个阻力，假若你们在楼村、周家村一带，能够很好的鼓动群众起来斗争，同时能够集中起这些武装给这些斗争以正确的助力，宝安暴动的局面是可创造的。

3．宝安目前的工作是斗争的工作，而不是暴动的工作，所以你们在攻打某一个乡村的时候，除了普通的土地革命宣传以外，必须有小的斗争的口号去召号，这些口号要真正能取得群众的赞成。在开始发动战争的时候，不一定要武装，你们不应该过余〔于〕倚靠武装，就是没有武装集中的区域，你们亦应该普遍的发动各区小的斗争。你们目前的工作重心虽然在第五区，同时你们必须注意三、四、六区党的恢复，提高土地革命的宣传，及发动各种有力的斗争，尤其是□□职工运动与兵士运动，必须有计划的开始，只有这样才能汇合这些斗争到暴动的前途。

4．你们近来表现非常沉溺于红色恐怖的工作，最近你们在香港行刺由宝安逃出的豪绅地主的计划，你们这样杀豪绅地主是没有用的，豪绅地主决不是靠赤色恐怖所能杀尽的，在乡村有时其所以用赤色恐怖，是为了发动起群众的行动，而不是一种唯一办法，譬如你们现在终日企图制手榴弹，以为非此没有办法，也都是你们观念之不甚正确，望注意改正。

省委
五月二十四日

一九四三年东江纵队宝安大队军事工作总结（节录）①

（一）一年来的敌我友形势

A．敌人方面②

（1）一九四三年的宝安敌情，是划分着两个时期。第一个时期是十一月十一日以前，敌人未打通广九路前，其时本队所处仍是敌前线，东西南敌人是一个半弧形的包围着我们。自春天起，敌人虽已改变了去年的满足于反动派内战、坐山观虎斗、对我们采取守势的政策，而改向我们采取攻势。但十一月以前，敌人在本区的兵力是仍不大的，是采取突袭、远道奔袭的战术，大规模的"扫荡"不多。

这一时期，敌人的各据点的兵力分布如次：

深圳——经常驻有敌兵一个中队约一百人左右；

布吉——经常一个中队，约一百人左右；

沙湾——□□□□□警备一个小队，约二十多人，在春间是驻丹竹头，二月间移驻大望；

沙头、梅林——沙头是敌警备队所在地，兵力经常流动，但至少也有百人过外，分驻二十多人于梅林，防守梅林各炮台。

以上的敌人是一个系统，均属驻沙头的警备队所管。警备的责任是由警备队统一编配的，除沙湾、梅林外，布吉、深圳各炮台哨位，每日入夜均由沙头（有时迳由深圳）开军车载兵来守，天明乃车返原地。七月三十日，顽军进攻石〔雪〕竹径时，布吉敌即致电话报告，即由沙头敌车载来三车敌人分布唐径、铁路两旁、水径公路两旁，及分水坳警戒，即其一例。布吉之敌半年来

---

①摘自省档案馆全宗265号第1卷，转引自中共深圳市委党史办公室编：《深圳党史资料汇编》第二辑（内部资料），第1—30页。因篇幅限制，本文录入时有删节。

②原编者注：文内所写"敌人"，当时是指日军。

是驻防工兵，深圳也有一部分是工兵，专负责筑深圳布吉至梅林一带炮垒战壕的。敌打通广九路前，各工事已筑完，始调走这些工兵。整个警备队属守备性质，系统是属于驻新界粉岭的敌司令部（或系联队部）管辖，遇有大规模行动，多由新界调兵来，如丹竹头战斗后几次包围沙湾、南岭、大份〔芬〕及水迳的敌兵均新界调来。

驻沙头敌警备队之敌酋似系少佐阶级（有时系大佐），番号不明。未打通广九路前，深圳敌酋为高田正明（中尉，现已升大尉），番号是香八一一四。驻布吉敌酋松本（中尉），番号香八一一五。此外，还有香八一一六，敌酋山田，似即系暂驻于警备队。

（2）第二个时期，是敌兵于十一月十一日打通广九路后的情况。敌打通铁路后，沙头、梅林、大望各据点的敌兵均撤退。其后十二月间，复派敌兵一小队（约三十人）回驻沙头至今。

铁路打通后，在年底以前，敌人沿广九路各站均驻有兵。深圳最少，不足五十人。布吉为敌司令部驻地，经常配有预备兵力二百多名。另外有布吉守备队，兵力约五、六十名。李朗驻一个中队，兵力约八十名。此外，十一、十二月间，敌人赶修铁路，故李朗经常有工兵百名过外。平湖驻有一个中队，兵力二十名。

驻布吉敌酋为竹立少将（即司令官）。是否联队长不明，但似系大队长。驻李朗知酋番号不明。驻平湖敌酋山田，番号"香八一一六"。

（3）敌未打通广九路前，对我大规模扫荡是没有。这一期间，敌人主要是奔袭我据点及税站、交通站及部队驻地。总计这一时期敌人出动：

a．丹竹头战斗后，包围南岭一带三次。首次捕去民众数十人，其中两民众供出我在该处民运人员姓名、住屋。翌日敌又包围该村，按屋提名去捉，但不获。包围水迳一次，是在凌晨三时入村布置好，至天明始下村逐户搜索，但不敢超过打石坪，在打石坪扫了一轮机枪，即于九时许退却，兵力约百二十人，敌无所获，入村后只问有无短枪队（似指税收人员），余无所问，但搜索甚严，虽草屋亦详细翻搜。

b. 铁路税站平均每月必有三四次被包围。敌花样百出，极其狡诈阴险，有时化装货客，混于货客行列中，有时凌晨包围税收地点之山头及附近，不动声息，有时用军车由沙湾公路出铁路，自北向南搜索，截我退路。沙河站全年亦常被敌包围，敌捕去我之税收人员骆忠、曾伦宽等叛变后，包围次数更增，花样亦更毒辣。五月包围之后，沙河站长史权同志殉职。七月二十四日包围规模更大，且波及交通站，黄日东、丘翔两同志即于是役牺牲，曾伦宽亦于是役被捕后叛变。此外，各税站（如黄田、铁岗）及交通站（如上村）亦常受敌包围。

c. 在这一期间，敌人出动西边较多。如六月间远道奔袭我驻庄边之珠江队一班之驻地，及当顽军出动时，敌乘我、顽之后，企图取渔人之利的屡见不鲜。

第二个时间，即敌人打通广九路后，在此一个多月的时间中，敌除不断搜索包围它据点附近围村以及曾伸出包围板田、石〔雪〕竹径外，大规模扫荡是有二次：

d. 第一次，十一月二十三日，敌以扫荡龙华为中心，前后二天，出动兵力约共四百人。是次敌人系分三路来犯。第一路主力，由布吉出动，人数约一百五十人，步兵配备有轻机枪及掷弹筒（无重机无炮），沿布龙公路前进；一路由李朗出动，约百多人，经青湖、岗头仔而至龙华；一路由南头出动，约百二十人，用汽车沿岩口公路而至白芒附近下车，即直趋乌石岩，转由乌龙公路至横朗、大船坑、牛地莆等处包抄而下，九时许到达龙华，即与我激战终日。是晚敌盘踞龙华，翌晨黎明，始分路沿布龙路，沿望天湖、梅林及沙河、青湖等地而退，并反复搜索望天湖、布吉一带。是役敌带有物资搜集班来，劫掠粮食物资甚多。

　　e．第二次，十二月四日，前后三日，以扫荡乌石岩为中心，总共兵力约四百余，分三路来犯。一由林村、塘头厦，石鼓之敌集中塘头厦，沿大坪、章阁、百〔白〕花洞出迳口而至唐家村为止；一由天堂围、平湖出动，沿观澜、大船坑、小黄田而趋乌石岩；一沿布龙公路来，到龙华后分成小兵力，一支由赤岭头、步狗窝出乌石白〔壁〕、黄里，一支由窑下过黄京坑出乌石白〔壁〕、麻㘵，一支入窑下跨阳台山鸡板坑下山而趋乌石岩。

　　第一路之敌，在百〔白〕花洞、大水坑间即与我宝大韩队遭遇，展开激战。是路之敌配有小钢炮。我退去战斗后敌即占唐家村、楼村，在该处大抢掠后，翌日沿来路退却。其余两路，均汇合于乌石岩，是夜盘据乌石岩，翌晨，撤离乌石岩圩，配合是晨由南头出动之敌，向西路黄麻布至黄田一带严密搜索。是日海面之敌亦武装出巡，海陆空配合夹攻"扫荡"，但与我队未有接触。翌日（六日）由南头出动之敌退回南头，其余两路之敌约二百多人折回乌石岩，于下午经小黄田退却，在小黄田中我兄弟队卓队之埋伏，后即转向横朗出朗口，沿青湖而退，是役敌亦搜掠物资甚多。

　　（4）一年来，我们对瓦解敌军工作甚差，即对敌人了解也十分薄弱，在敌未打通铁路之后〔前〕，此项工作做得更差。但一般说来，目前敌人多数是新兵反败兵，士气低落，战斗力也不强。如龙华反"扫荡"战斗中，我们在布龙路上伏击之部队，曾目睹当时敌阵敌酋三次下令冲锋，但敌兵均畏缩不前。如乌石岩反"扫荡"战中小黄田我卓队埋伏，敌兵一闻枪声即伏地不起，群争向河边草丛躲避，均足证明。

（5）敌在宝安的特务工作的全部详情，我们是相当模糊的，只知：沙头敌警备队辖下有密探一队，约七、八人。深圳除伪区署有密探一队外，敌驻兵亦直辖一队约十人。驻深圳的面目较公开，驻沙头的面目较秘密，它的活动方式多数化装货客、小贩，潜入我区及K区（原编者注：即国民党统治区）活动，侦察破坏。此外，敌特务多从港九新界派来，相当秘密，掩闭〔蔽〕手法亦好。此外，敌人利用K探，收买他们消息，也所见不鲜。此外，南头、新桥方面也另有敌之特务系统。关于宝安全区敌特务活动情形，已详登于本队一九四三年政工总结的保卫工作总结中，兹不赘。

（6）宝安虽然是有伪宝安县政府在南头，深圳有伪第三区署，布吉等处均有伪乡村长，而南头、沙井、福永、沙湾等处也分别有伪联防队、伪警等，然而伪组织对敌关系只是附庸，无独立性，无统一系统，每一地方伪政权听命及依靠当地敌军较多于听命及依靠其伪上级。但伪联防队及伪警等的独立性较大，敌人亦较少直接指挥，双方因利害关系每有磨擦，如郑瑞之与敌军，前伪第三区区长张维栋之与深圳敌军曹磨擦等均是。特别是特务工作上敌人均欲统一指挥特务，但伪组织伪军因欲利用每地特务人员鱼肉民众及包私走私发财，多不允许编并，因而引起冲突，如前伪第三区密探队长张祖德之被迫去职，即系因敌人企图统一特务指挥。

B. 伪军方面：

（1）本区伪军可分为六种：

a. 汪逆伪正规军三十师曾派八十八团全团驻沙井，敌打通广九路前已调走。

b. 伪惠阳警察大队，大队长前为孙锦顺，九月间换了甘某，共二个中队。一个中队（缺一小队）驻沙头角，一个中队及一小队驻沙湾丹竹头，伪大队部也在丹竹头，全部兵力约一百人，驻丹竹头约四十余人。自本年六月丹竹头全部被我解决后，伪大队后又收容招募得三、四十，移住沙湾吓村，该大队伪警全部武器为旧式长尾七九步枪约有二百支，枪多于人，故先后为我队及惠大缴枪后仍能成军。

c. 伪宝安联防总队，总队长由伪警察局长郑瑞兼任，其实只有三个中队，分驻西乡（第一中队王合）、大涌（第二中队）、南头（特务中队）均系原日地方团队或散兵散匪等收聚的，枪械参差不齐，约共有人数一百多，步枪六、七十支，轻机一挺，无战斗力。

d. 伪宝安警察大队，大队长吴东权，有三个中队，分驻公明圩（伪大队部及一个中队）、福永（一个中队，中队长陈某）、黄松岗（一个中队，中队长麦浩〔永〕），总共兵力约三百人，配备步枪二百支，轻机十二挺以上，重机二挺。此队伪警多数系土匪编成，战斗力除福永一队外，其余较其他伪军略胜。

e. 此外，伪县府辖下尚有警察五十名，分驻南头（约三十名）、深圳（约二十名），枪械不齐，配备甚劣，无战斗力。

f. 此外，敌人曾利用过去投敌之K军官羌逆作然，伪称脱离抗战阵营，参加和运，大吹大擂，给以"和平反共义勇军"名义于本年×月间在西乡成立，聚啸流氓成军。但未及二月，即因与伪府及敌军官利害冲突，全队被敌缴械，羌逆作然被扣留。

伪军一般给养很差，除吴东权部成份系属土匪，在一贯作风上，给养待遇较平等较佳，且吴逆握有海边膏腴之地，经常在海面打家劫舍，抢掠货物，收入相当可观，故给养亦易外，其余由伪八十八团而至伪联防队、伪警给养俱差，每餐只六两米，且不足量，菜钱极微小，以至士兵营养不良，面黄肌瘦，了无生气，终日偷窃强夺民众食物，番薯、芋仔等，惟被服则较完备，即宝安伪警亦每人有军毡雨具等。

伪军士气极差，除吴逆系土匪部队其中一部较顽强（如麦永部）外，其余均无战斗意志，当我队前往袭击时，多束手待擒，不敢顽抗。士兵对长官多数不满，平日长官除〔对〕士兵打骂外，亦毫无教育，即算伪八十八团，虽有伪政工人员，但其效果亦等于零。伪军中由下级军官而至士兵均明知当敌伪走狗为可耻，多数尚有民族□□，大多并非死心塌地当伪军的。但此辈多为落后分子及流氓贫民，无以为生，于是苟安下去，无勇气自拔，如丹竹头之役我释放俘虏，其中少数复回丹竹头当伪警。

（2）宝安区有两个伪县府，一为伪宝安县政府，在南头，伪县长彭志德，有敌联络官一名经常驻扎，其实即太上县长。伪府下有一个区署，第一区设南头，伪区长郑瑞，第二区设公明圩，第三区设深圳，伪区长张维栋。张逆于五月间被敌扣留撤职，改由蔡某充任。

另一个伪惠阳县府，设在宝安之沙湾，伪县长孙逆绳武。此一伪府完全为空头机关，无多大人员，也无工作，不过因有一个伪警大队，故因而仍存在。

（3）伪组织伪军对我之特务工作：

伪组织伪军对我之特务工作，在敌人未打通广九路以前，因文件星散，未能作有系统报告，今只能将敌人打通广九路后报告，又因此总结执笔者一月已交卸工作，只能据一个多月期间之所知，故亦未算全豹。

敌打通铁路后，伪方特务系统在宝安的中心已移深圳，计有：

a. 伪广东省政府情报处东增宝分所，正主任王炳生（驻深圳），副主任叶保生（驻南头），有特务人员一百二十名。十二月间深圳已成立第一组，组长李光，组员十名，南头成立第二组，组长黄华东。

b．由香港调来便衣密探一队（约十五人，队长不明）十一月驻布吉，并派出个别人员分驻各站。该队密探，原系直接受各敌据点之敌酋指挥，但亦受伪县府之联络官指挥。

c．伪县府在平湖设有行署，行署下有密探一组，约六人，组长不详，组员多系从南头等处调来，对我队有了解并做过破坏工作的，如叛徒曾伦宽（番仔）便是调平湖。

d．敌占广九路后，香港敌特务机关长矢崎（少将）曾于十二月一日到深圳巡视，召集敌伪特工人员有所布署。

C．K军方面：①

一、在东宝的K军，无论正规军（一八七师及独九旅）也好，杂牌军（挺进队，国民兵团）也好，总是在反动派主持下进行内战的。在一九四三年十一月敌人未打通广九路以前，反动派对我进行内战，可分三个时期：

1．是三月以前，一八七师未北调，反动派继续去年十月起的对我大规模的残酷的深入的进攻，即所谓"勤剿、穷追、封锁"政策。其时K军在宝安的兵力是：

a．一八七师来宝安打内战的部队，在去年十月至年底前，经常配置兵力两营。本年一月，原有两营先后调走，改调冯营到来。冯营共四个连，人数约四百五十人，配备步枪约三百支、轻机约十五挺、重机三挺。

b．挺进队经常配置周义心、黄文光两个大队，一个机炮中队，共七个连，官兵夫约五百人，步枪约三百五十支，轻机约

————————
①原编者注：K军即国民党顽军。

二十挺，重机一挺，掷弹筒一门，追击炮一门。

2．三月十七日一八七师退走后，至七月底以前，顽军、挺进队仍死守龙华、朗口及乌石岩。这时，前者兵力约一个中队（周大队的约一百人，步枪约五十支，轻机四挺）及一个小队（特务中队的约三十人，轻机一挺，步枪十余支）；后者经常驻黄大队的两个中队（约一百八十人，步枪一百二〔十〕支，轻机八、九挺）有时加上一个机炮中队。

3．七月底至十一月敌人未打通广九铁路前，独九旅派出一个营协同挺进队进行内战，中间（八、九月间）因敌伪进攻常平而退出约二十天，其中独九旅之一营又于十一月下旬迅回惠州，挺进队则在敌进攻广九路后开始撤离路西。这个时期K军兵以如下：

a．独九旅的陈智伯营，四个连，约五百人，配备重机二挺、轻机约十五挺，步枪约三百支。

b．挺进队如上期，加上一个独立中队，人数八十名，轻机三挺，步枪四十余支。

二、一年来顽军对我进攻的情形及战略战术，可分两个时期来说：

a．第一个时期，即三月十七日以前，一八七师未调走前，顽军自去年十月起开始对我采取残酷的进攻，即是在军事策略上采取"勤剿、穷追、封锁"的政策，进入一月冯营调来，依然不出这一方针。其时冯营及挺进队分驻乌石岩、龙华、青湖及布吉的岗头仔（冯营一个连），一面加强军事上政治上的控制力于占领地区，杜绝我们活动，缩小对我们包围，一方面不断出动（一月份及二月上半旬差不多隔天出动），每次出动相当深入，在东边深入禾沙坑、下水径、上八约附近，而且战术上都有了改进。如一月间的一次进攻禾沙坑及分水坳，是天明之后始在驻地出发，在十时许乃到达禾沙坑、水径，乘我其时警戒松懈对我包围（是役我牺牲二名，顽军冯营的营附〔副〕被我击伤）。二月自从岗头仔两度为我袭击，迫使顽军退出岗头仔后，二月下旬至三月，顽军进攻之势乃稍煞。

b．三月十七日一八七师退走后，顽军黄、周两大队仍死守乌石岩及朗口两内战据点不退，但出动较少。出动方向多系侧重西边，对我主力队进攻。

c．为七月二十八日而迄十一月敌打通广九路前。这个时期有独九旅的陈营及挺进队对我进攻，攻势亦相当猛烈。在八月下旬，因敌伪进攻常平，曾全部退走，九月又卷土重来。十月中旬，陈营退走，但挺进队仍顽强死守龙华、乌石岩各据点不退，大筑工事，住炮楼，虽然我其时有了福永等诸役攻坚胜利，引起了顽军的害怕，然顽军仍伺机出动。这时顽军出动的次数虽不多，但每次出动必集中兵力攻我一处，或单独集中十数倍兵力袭我税站。在战略上顽军因兵力不足，且我们已经壮大了，所以是采取逐区进攻，各个击破（七月间先是全区并进），如九、十月对我进攻，便是放下龙华，先攻乌石岩及以小兵力牵制西边，集中兵力攻东边，以及在宝安取守势，集中力量猛攻惠阳等即其例。在战术上顽军是分进合击，每次出动，两路至三路，均集中一个小目标，对我包围。

三、一年来顽军的战斗，除四月二十日黄麻布之役，二十一日公爵薮之役系与珠江队共同作战及十月十一日袭击塘厦之役，系与珠江队共同作战外，统计大的战斗有一月间禾沙坑之役、五月十五日牛地埔伏击之役、十月初小黄田伏击之役、八月间上芬伏击之役及十月四日、十六日两役粉碎三路进攻。

四月二十日、二十一日两役，为两年来宝安反顽斗争中之首次大胜仗，而十月四日一役又为在宝安东边第一次粉碎顽军进攻的大胜利。这先后的两次战斗，均大大的削弱顽军斗志，使顽军对我从此不敢忽视，提高了我队士气与信心。

……

D．我军方面：

一、本队活动地区，在一九四三年四月以前，只限于宝安之龙华、望天湖、布吉、沙湾一隅，西路一带、南头沙河一带及乌石岩，其时系属总队部及珠江队所辖。三月以后，虽然奉令全地区均归本队管理活动，当时上级给予任务是巩固原地区（东），发展新地区（西），但因兵力及人力与地理条件关系，自四月至十二月，本队在宝安西边军事上仍是在从属地位，均配合珠江队活动，调赴西边之一个队，在军事上且归珠江队统一指挥，但发展工作（民运、统线、情报网、税收……）则有相当成绩，已见政工总结。

……

（二）一年来战斗总结

（略）

（三）一年来建军工作

A．扩员情形

①年初总人数	现在总人数	百分比
全队人数　140名	288名	50%弱
指战员人数　60名	133名	55%强

人数增加的来源：调来及介绍一百一十六人，自己扩大二百一十五人。

②武器发展数目：

年初时武器：轻机三挺（二挺坏的），步枪约五十支（十余

278

支坏）、短枪约二十支。

现有武器：（我们一月交卸后，机械册呈交潼关，故十二月现有武器，请查我等交卸时的报告及册籍）

③一年来伤亡逃跑开除数目：（略）

④在什么情况下最难扩大，在什么情形下最困难：

一九四三年宝大的扩军蓬勃的是两个时期，一个是二、三、四月间，一个是敌人打通广九路以后，前者本来其时一八七师退走（三月），内战锋芒较煞，但民众情绪仍极低落。在原地区动员不起来。那时能增员：（1）由于我们在执行上级扩军命令上有着详细的讨论与具体的办法订出，全队上下一致努力，有搏命精神；（2）我们向路东及沙湾去动员，那时沙湾民运工作较有成绩；（3）青黄不接，粮食恐慌，一些民众无以为食，参加队。

C. 财政经济

全年收支在三月份以前无可稽考，只记得那时收入每月约七、八万之间，支出约十万元左右，不敷之数借贷或向总队部请求补助。当时我们只有铁路一个税站，收入全为税收。四月以后全宝安税站奉令由我们接管，指定收入中之百分之五十总队部提回，其余百分之五十作我们经费，若有赢余则百分之六十作公积金，百分之四十缴回总部。但五月后因我们购谷存贮及物资存贮，故支出常超过税收百分之五十，未能依上级规定，唯经常费未超出。九月以后税站又奉令全由总部直辖，我们是按预算向总部请领经费，但亦录下税收数目，以资统计。

全年收支：

收入：四月三十七万元，五月四十七万三千零四十七元，六月三十四万七千五百二十一元，七月八十七万三千二百八十八元，八月七十六万七千一百五十九元，九月六十六万八千四百九十八元，十月八十五万六千二百一十二元，十一月七十四万八千零零四元，十二月一百一十二万六千五百零三元。

总计宝安区四月至十二月税收共六百二十五万零二百三十二元，全年税收约共七百一十万元。（九至十二月向税站查出统计如上，一至三月系估计每月约三十万元，总结约七百一十余万元。）

支出：（缺）

G. 情报工作

情报工作也是由四月起接由部队领导，其始负责人为黎明，后改以卢振彪负责。

（1）情报工作全区设总站，下面分设对敌伪情报组及对顽军情报组，前者以黄循道、陈觉负责，后者以杨元友、何炳佳负责。

情报组的组织：a. 敌伪组——中心在西边，对南头、深圳、布吉、沙湾、新桥等各敌伪据点都设法配置一个至二个情报员。b. 对顽军组则一方面我们计划在顽军各据点各机关配置人员，一方面利用被迫附从顽军之分子供给，另一方面靠后方×同志汇送顽军领导机关中（如支队部或县政府、县党部）及指挥中心地点（如石马、塘厦）所得来情报。（以下略）

H. 交通工作

宝大的交通工作，是由本年四月开始接收。

（1）宝安区是处我军一个中心地方，且不少时候，总的领导机关是在宝安，故宝安的交通工作亦至为繁重。当时我们除本区的区内交通外，我们要分别向港九、惠阳及东莞三线的交通联络，在全盛时期连总站在内我们一共有六个站。

1. 总站——经常在东边，在大队部附近，设总站长、服务员、杂务人员、交通员，共约七人。

2．唐径分站——系惠阳联络的站，分站长及交通员、杂务员共约五人。

3．沙河分站——东西联络的东继站，分站长、交通员、杂务人员共约七人。

4．上川分站——与总队部及西边的武装部队联络补助站，共三人。

5．黄田分站——与东莞联络的站，共约五人。

6．边界分站——与港九联络的站，共约三人。

其后，因为宝港交通日益困难，在深圳东西均无法觅得安全的路线，因此港九信件从惠阳转送，故撤边界分站。再后于本年十月间，执行精兵简政，又将沙河、上川两站合并，全总站人员及工作方法重新调整，迄至十二月时，本队交通站计有，共：

总站、东边分站（对惠）、西边分站（中继站）及黄田分站（对莞）四站。

全总站人员十五名，内总站长（服务员兼）一员、分站长三员、交通员十一名，无杂务人员。

交通站其始总站长之外，有服务员一名，负责全总站的政治教育。最初是黄日东同志负责总站长，杨升义服务员，黄、杨调动后，以卢振彪（总站长）、侯惠民（服务员）充任。其后卢调情报工作，即以侯惠民兼任总站长。各分站设分站长，分站直属总站，总站长直属大队部领导。

附录二 **革命烈士名录**

　　宝安县自大革命时期至土地革命时期，牺牲的革命烈士9人；抗日战争时期牺牲的烈士372人，解放战争时期牺牲的烈士358人。港澳台同胞及华侨投身革命斗争，在宝安土地上为革命捐躯的烈士100人。

　　本名录所收录的革命烈士，仅限于现宝安区行政区域内各街道籍烈士95名（新设立的街道包含在原街道内），所列名录亦仅限于大革命时期、土地革命战争时期、抗日战争时期和解放战争时期的烈士。中华人民共和国成立后，抗美援朝牺牲的烈士以及1949年至今在社会主义建设中因公殉职的烈士不包括在内。港澳台同胞及华侨烈士亦不包括在内。已入人物传的不再入名录。

新安街道

　　黄稳仲（1928—1947），新安街道甲岸社区人，1944年参加广东人民抗日游击队东江纵队，1947年10月在南头被捕，于后海机场就义，牺牲前为惠东宝人民护乡团三团战士。

　　邱剑洪（1915—1943），宝安（新安）人，中共党员。1943年7月在东莞县桥头朗下虎尾岭战斗中牺牲。牺牲前为游击队指导员。

西乡街道

姜明，又名姜启明（1915—1949），西乡街道固成人，1943年加入广东人民抗日游击队东江纵队，从事税收工作。1945年加入中国共产党。1946年，东江纵队北撤时，根据党组织的安排，转移到香港。1947年12月，由中共香港分局派回东宝，继续从事税收工作。先后任队员、组长和黄牛埔分站副站长、神山分站（代号艮中站）站长。1949年1月21日，姜明及其他税收队员被国民党军队发现并跟踪，姜明引开敌人，为保护队友和税款牺牲。

姜树明（1925—1945），固成人，1943年参加广东人民抗日游击队东江纵队，1945年在东莞县霄边战斗中牺牲。

姜东华（1913—1944），固成人，1942年参加广东人民抗日游击总队。1944年在沙井与土匪战斗中牺牲。牺牲前为机枪手。

郑谓权，又名郑捐权（1922—1940），共和村人，1939年参加东宝惠边人民抗日游击大队，在福永岭下凤凰岩与日军作战中牺牲。牺牲前为游击队战士。

周水林（1928—1945），共和村人，1945年5月参加广东人民抗日游击队东江纵队。同年5月在西乡街被捕就义。牺牲前为游击队战士。

周振东（1893—1941），麻布村人，1939年参加抗日游击队（第二大队），翌年10月在公明楼村就义。牺牲前为情报员。

周庆云，又名周仔（1922—1942），麻布村人，1941年参加广东人民抗日游击队，青年团员。1942年在羊台山反"扫荡"战斗中牺牲。牺牲前为副班长。

苏福（1923—1943），麻布村人，1940年参加东宝惠边人民抗日游击大队。在东莞县大岭山战斗中牺牲。牺牲前为小队长。

周玉粦（1925—1945），麻布村人，1943年参加广东人民抗日游击队东江纵队，青年团员。1945年1月9日在东莞县霄边战斗中牺牲。牺牲前为班长。

周玉明（1927—1945），麻布村人，1943年参加广东人民抗日游击队东江纵队。1945年1月在东莞县霄边战斗中牺牲。牺牲前为班长。

陈树根（1923—1943），河东村人，1941年参加广东人民抗日游击队。1943年在沙井战斗中牺牲。牺牲前为战士。

冯超贤（1925—1943），河西村人，1941年参加广东人民抗日游击队。1943年在南头白芒战斗中牺牲。牺牲前为机枪手。

戴坤（1917—1944），凤凰岗村人，1942年参加广东人民抗日游击总队。1944年9月在南头西门被捕就义。牺牲前为税站站长。

郑正霜，又名郑霜妹（1919—1944），乐群村人，1943年参加广东人民抗日游击队东江纵队。翌年在三围税站牺牲。牺牲前为通讯员。

姜树明，又名姜树发（1925—1945），塘东村人，1943年参加广东人民抗日游击队东江纵队。1945年在东莞县霄边战斗中牺牲。牺牲前为战士。

杨全（1908—1946），林屋村人，1944年冬参加广东人民抗日游击队东江纵队，1946年9月在石岩廖（料）坑后方医院牺牲。牺牲前为战士。

陈树森（1923—1949），安乐村人，1946年春参加广东人民抗日游击队东江纵队。在东莞县霄边战斗中牺牲。牺牲前为班长。

福永街道

张执（1909—1944），福永新和村人，1944年参加广东人民抗日游击队东江纵队。同年8月在福永战斗中牺牲。牺牲前为中队长。

庄崖就（1898—1943），庄屋村人，1943年参加广东人民抗日游击队东江纵队。同年在沙井战斗中牺牲。牺牲前为战士。

陈炳辉（1909—1943），陈屋村人，1942年参加广东人民抗日游击总队。1943年在沙井万家朗作战中牺牲。牺牲前为战士。

潘国财（1921—1946），怀德村人，1941年参加革命，共产党员。抗日战争时期，为抗击日、伪军队，他带动全村16人参加了游击队。他在怀德村的老家成为游击队的堡垒户和坚实据点。1946年6月被叛徒出卖，在市桥石排山后被捕就义，牺牲时为广东人民抗日游击队东江纵队中队长。

潘国佳（1920—1949），与潘国财为同胞兄弟。1941年参加革命，共产党员。1949年8月，在布吉战斗中牺牲。牺牲前为中国人民解放军粤赣湘边纵队三团队长。

郭炳（1905—1945），塘边村人，1941年6月参加东宝惠边人民抗日游击大队。1945年10月在东莞县客家洞战斗中牺牲，牺牲前为班长。

邓海泰（1895—1944），塘尾村人。1944年参加广东人民抗日游击队东江纵队，同年8月在沙井沙头松山作战中牺牲。牺牲前为战士。

黄金水（1925—1944），塘下涌村人。1943年参加东江纵队，担任小队长。1944年，在东莞涌头东侧战斗中牺牲。

黄天妹（1914—1945），又名黄天，塘下涌村人。1940年参加抗日游击队，后为东江纵队中队长。1945年，在宝一区打土匪战斗中牺牲。

沙井街道

陈才就（？—1946），生年不详，沙井人，1946年参加广东人民抗日游击队东江纵队。同年12月在五华县受伤后失踪。1981年8月被追认为烈士。受伤前为战士。

陈雨顺（1887—1944），沙井人，1944年11月15日在沙井战斗中牺牲。牺牲前任向导。

曾二梦（1904—1944），沙井人，1944年参加广东人民抗日游击队东江纵队。同年在沙井收税被捕就义。牺牲前为税收员。

陈成安（1910—1945），沙井朝阳村人，1944年3月参加广东人民抗日游击队东江纵队。1945年5月在黄猄坑牺牲。牺牲前为战士。

陈树（？—1944），朝阳村人，1944年3月参加广东人民抗日游击队东江纵队。同年在惠阳战斗受伤后失踪。1981年8月被追认为烈士。受伤前为战士。

陈锦良（？—1944），朝阳村人，1943年11月参加广东人民抗日游击队东江纵队。1944年8月沙井战斗受伤后失踪。1981年8月被追认为烈士。受伤前为战士。

陈汉球（1912—1944），朝阳村人，1944年3月参加广东人民抗日游击队东江纵队。同年11月在沙井战斗中牺牲。牺牲前为战士。

陈伟良（1911—1944），朝阳村人，1943年7月参加广东人民抗日游击队东江纵队。1944年8月在沙井范牛岗战斗中牺牲。牺牲前为战士。

陈锐岭（1906—1944），沙井村人，1944年参加广东人民抗日游击队东江纵队。同年5月在东莞县霄边将军山战斗中牺牲。牺牲前为战士。

陈国洪（1923—1944），沙井四村人，1944年3月16日参加广东人民抗日游击队东江纵队，南下时失踪。1981年8月被追认为烈士。

陈海筹（1923—1946），沙四村人，1940年参加广东人民抗日游击队。1946年北上因战负伤后失踪。1981年8月被追认为烈士。受伤前为战士。

曾海思（1899—1944），上星村（原沙井新桥二村）人，1944年参加广东人民抗日游击队东江纵队。同年在沙井战斗中牺牲。牺牲前为战士。

曾海恩（1899—1944），上星村人，1944年参加东江纵队，在沙井战斗中牺牲，牺牲前为东江纵队五大队战士。

曾富天（1911—1944），上星村人，1944年参加东江纵队，在沙井战斗中牺牲，牺牲前为东江纵队五大队战士。

曾柏芝，又名曾相三（1905—1945），上星村人，1945年参加广东人民抗日游击队东江纵队支前工作。同年8月在沙井战斗中牺牲。牺牲前为担架员。

曾富天（1911—1944），上星村人，1944年参加广东人民抗日游击队东江纵队。同年在沙井战斗中牺牲。牺牲前为战士。

陈连喜（1893—1945），燕川村人，1943年参加广东人民抗日游击队东江纵队，1945年8月在博罗县罗浮山战斗中牺牲。

石就（1911—1945），新桥村人，1941年参加东江游击队。1945年在沙井衙边战斗中牺牲。牺牲前为小队长。

曾进南，又名曾进兰（1925—1949），新桥人，1948年11月参加惠东宝人民护乡团。1949年6月在象角村马迹径战斗中牺牲。牺牲前为副班长。

曾柏蓝（？—1943），上寮村人，1943年参加广东人民抗日游击队东江纵队，同年在沙井支前时牺牲。

曾贺财（1905—1945），新桥人，1941年参加广东人民抗日游击队。1945年3月在博罗县战斗中牺牲。牺牲前为班长。

黄耀（1903—1948），新桥人，1944年参加广东人民抗日游击队东江纵队。1948年在南头战斗中牺牲。牺牲前为战士。

曾允亮，又名曾松良（1920—1945），新桥人，1945年参加广东人民抗日游击队东江纵队。同年8月在沙井衙边战斗中牺牲。牺牲前为战士。

曾炳坤（1912—1945），新桥人，1945年参加广东人民抗日游击队东江纵队。同年冬在沙井战斗中牺牲。牺牲前为班长。

曾勤技（1916—1945），新桥人，1944年参加广东人民抗日游击队东江纵队。翌年冬在东莞县棉花山战斗中牺牲。牺牲前为战士。

曾集轩（1914—1948），新桥人，1942年参加广东人民抗日游击总队。1948年在东莞县北安村战斗中牺牲。牺牲前为战士。

陈炳球（？—1943），南洞村人，1943年3月参加广东人民抗日游击总队后失踪。1981年8月被追认为烈士。失踪前为战士。

冼炳新，又名冼炳心（1921—1945），洪田村人，1942年参加广东人民抗日游击总队。1945年在白衣岗战斗中牺牲。牺牲前为战士。

冼淦明（1905—1945），洪田村人，1944年春参加广东人民抗日游击队。1945年因护送物资受伤在石坳医治时牺牲。牺牲前为副队长。

松岗街道

许玉祥（1923—1947），又名许亚九，松岗碧头村人。1947年参加惠东宝人民护乡团，任三团钢铁连班长。1948年3月，在东莞县长口山战斗中牺牲。

叶启明（1927—1945），红星村人。1943年参加沙井自卫队，后为东江纵队战士。1945年6月，在公明合水口战斗中牺牲。

蔡树（1910—1944），蚝涌村人。1942年参加广东人民抗日游击总队，后为东江纵队战士，1944年在中山石歧牺牲。

袁润兴（1890—1944），楼岗村人。1943年参加沙井乡自卫队，后为东江纵队战士，次年在潭头战斗中牺牲。

文鉴程（1896—1944），潭头村人。1943年参加沙井乡自卫队，1944年在白石岗战斗中受伤，转移到公明时牺牲。

文炳枝（1899—1944），潭头村人。1943年参加沙井乡自卫队，后为东江纵队战士。1944年在大头岗被捕，于沙井就义。

文宇（1906—1944），潭头村人，革命烈士。1942年参加抗日游击队，1944年在东莞县石马战斗中牺牲。

刘权，又名刘强（1924—1944），潭头村人。1943年参加东江纵队，为第五大队战士。1944年11月，在福永佛子坳战斗中牺牲。

文金全（1910—1945），潭头村人。1944年参加沙井乡自卫队，后为东江纵队战士。1945年7月，在白石龙被敌包围，在战斗中牺牲。

文海明，又名文润海（1908—1946），潭头村人。1943年参加东江纵队，1946年在沙鱼涌战斗中牺牲。

文派森（1920—1948），潭头村人。1942年参加广东人民抗日游击总队，1948年在海丰县战斗中牺牲。牺牲前为班长。

袁润兴（1890—1944），楼岗村人，1943年参加沙井自卫队。1944年在潭头战斗中牺牲。牺牲前为战士。

蔡树（1910—1944），蚝涌村人，1942年参加广东人民抗日游击总队。1944年在中山石歧牺牲。牺牲前为战士。

黄金水（1925—1944），塘下涌村人，1943年参加广东人民抗日游击队东江纵队。翌年在东莞冲头东侧战斗中牺牲。牺牲前为小队长。

蔡保良（1925—1944），沙埔（浦）村人，1942年参加东江游击队。1944年在龙华石坳战斗中牺牲。牺牲前为战士。

黄天妹，又名黄天（1914—1945），塘下涌村人，1940年参加广东人民抗日游击队。1945年在宝一区战斗中牺牲。牺牲前为中队长。

叶启明（1927—1945），蚌岗村人，1943年参加沙井乡自卫队。1945年6月在公明合水口战斗中牺牲。牺牲前为战士。

石岩街道

叶九（1917—1942），石岩官田村人，1938年参加东宝惠边人民抗日游击大队。1942年在羊台山战斗中牺牲，牺牲前为机枪射手。

叶天送（1925—1943），1938年参加东宝惠边人民抗日游击大队。1943年在东莞霄边战斗中牺牲，牺牲前为第五大队战士。

叶云（1932—1948），官田村人，1948年参加江南支队三团四平武工队。同年7月在上排村战斗中牺牲，牺牲前为边纵三团宝安大队石岩武工队队员。

叶来福（1919—1949），官田村人，1946年参加东江支队。1949年南下广州执行任务时牺牲，牺牲前为两广纵队连级干部。

叶天送（1925—1943），官田村人，1938年参加东宝惠边人民抗日游击大队。1943年在东莞县霄边战斗中牺牲。牺牲前为战士。

廖鸡友，又名廖皆友（1915—1946），石岩罗租村人，1943

年参加广东人民抗日游击队东江纵队。1946年随东纵北撤时在战斗中牺牲。牺牲前为炊事员。

何运财（1919—1948），罗租村人，1944年5月参加广东人民抗日游击队东江纵队，中共党员。1948年7月在河南东部战斗中牺牲。牺牲前为副排长。

曾春发（1927—1949），罗租村人，1949年春参加惠东宝人民护乡团。同年在上排村突围战斗中牺牲。牺牲前为武工队队员。

刘源仔，又名刘耀元（1913—1948），应人石村人，1941年4月参加广东人民抗日游击队，中共党员。1948年12月病故。病故前为连长。

钟永恩（1891—1928），径贝村人。宝安县四区农民协会负责人，1926年参加农民协会，1928年3月在南头城西门就义。

钟福财（1916—1948），又名钟亚仔，径贝村人。1947年参加惠东宝人民护乡团。1948年7月在沙井受伤后转石坳医院过程中牺牲，时为护乡团三团战士。

刘芹生（1913—1945），水田村人，中共党员，1945年参加广东人民抗日游击队东江纵队。同年在东莞县后（厚）街战斗中牺牲。牺牲前为战士。

刘天佑（1911—1946），水田村人，中共党员，1945年参加广东人民抗日游击队东江纵队。1946年在东莞大岭山战斗中牺牲。牺牲前为班长。

池天财（？—1945），塘头村人，东江游击队战士。1944年参加广东人民抗日游击队东江纵队。1945年在东莞县霄边战斗中牺牲。

池正发（？—1945），塘头村人，东江游击队战士。1945年参加广东人民抗日游击队东江纵队。同年在东莞县霄边战斗中牺牲。

池运财（1924—1945），塘头村人，1944年参加广东人民抗日游击队东江纵队。1945年6月在松岗红桥头战斗中牺牲。牺牲前为战士。

池伙桂（1922—1944），塘头村人，1942年参加广东人民抗日游击总队。1944年在东莞县后（厚）街战斗中牺牲。牺牲前为战士。

赵鉴芳（1921—1944），田心村人，1943年参加广东人民抗日游击总队。1944年在东莞霄边战斗中牺牲，牺牲前为东江纵队一支队副班长。

叶九（1917—1942），石岩焦窝山村人，1938年参加东宝边区游击队。1942年在羊台山战斗中牺牲。牺牲前为抗日游击总队机枪射手。

林亚兴（1907—1943），石岩水王田村人，1940年参加抗日游击队。1943年在龙华牺牲。牺牲前为炊事员。

谢平（1926—1944），龙眼山村人，1940年参加抗日游击队地下工作，1944年9月在石岩牺牲。牺牲前为中共地下工作者。

革命旧址　纪念场馆　文物

　　宝安县（今深圳市）自中国共产党成立到中华人民共和国成立，经文物部门或有关单位认定的文物单位包括遗址、遗迹、纪念场馆等在内，共111处。经过建市、建立经济特区、恢复宝安县建制、撤县分区，宝安区再次分出龙华、光明新区，现仍属于宝安区境内的革命遗址、遗迹有31处，其中重要历史事件和重要机构旧址21处、烈士墓5处、纪念设施6处、损毁遗址6处；市级文物保护单位1处，县级3处，未定27处；爱国主义教育基地市级2处，未定29处。

革命旧址　烈士墓　纪念场馆①

绮云书室——宝安县第二区区党部②、区农民协会旧址

　　宝安县第二区区党部、区农民协会旧址绮云书室位于宝安区西乡街道乐群社区西乡第二小学校内。

　　绮云书室由爱国港商郑姚创建于清光绪十一年（1885），坐北向南偏东10°。原建筑由前中后三堂、东书楼、西船厅、明

---

① 本节使用资料，均来源于《全国革命遗址普查成果丛书·广东省革命遗迹通览·深圳市》之宝安区部分，广东人民出版社2013年版。
② 据档案资料记载和当事人郑奭南回忆，1926年3月成立的县一级党组织明确建制为中共宝安县党部，虽产生了中共宝安县执行委员会，但行使职权不在执委会，而在县党部。1927年6月，中共广东特委指示县党部改组，产生了中共宝安县第一届委员会。

楼、厨房、水井等组成，占地面积3 000多平方米，是深圳历史上最大的私家书室建筑。绮云书室用料考究，木雕、砖雕、石雕工艺精湛，图案精美，为岭南地区所仅见。

1925年4月，宝安县农民协会成立，领导群众开展反对苛捐杂税和减租减息的斗争，得到广大农民的拥护。翻身农民纷纷加入农会，保卫胜利果实。至1926年春，宝安全县有6个区成立区农会，第二区农民协会设在西乡绮云书室。1926年3月，中共宝安县党部成立，龙乃武任书记。随着县党部的建立，各区相继建立了区党部，第二区区党部也设在绮云书室，梁永康任区党部书记。在党组织和农会领导下，农民运动蓬勃开展。

解放后，该书室由西乡粮站使用，东书楼和西船厅被拆除。改革开放后，郑氏族人收回绮云书室。2007年，西乡镇人民政府从郑氏族人手中收购后转归西乡第二小学使用。2009年，深圳市及宝安区政府共同出资对绮云书室进行维修，恢复原貌。

1998年7月，被深圳市人民政府公布为市级文物保护单位。

绮云书室

九围碉楼——广东人民抗日游击队演练地点

九围碉楼

广东人民抗日游击队演练地点位于宝安区西乡街道九围蔗园埔村九围碉楼。

1941年至1944年，广东人民抗日游击队曾驻扎该村庄，1984年被广东省民政部门评为广东省革命老区村。该炮楼建于19世纪，高约20米，长约7米，宽约5米，曾作为1943年7月广东人民抗日游击总队宝安大队为准备攻打公明墟的日、伪军而进行作战演习的地点。

南厅、北厅——广东人民抗日游击队办公场所

广东人民抗日游击队办公场所位于宝安区西乡街道九围蔗园埔村南厅、北厅。

1941年至1944年，广东人民抗日游击队曾驻扎该村庄，1984年被广东省民政部门评为广东省革命老区村。抗日战争时期，南厅和北厅是广东人民抗日游击总队为攻打公明墟、沙井、凰江、福永、霄边北棚的日、伪军而进行周密作战部署的主要办公地点。

北厅正面

南厅右侧

黄田阻击战遗址

黄田阻击战遗址位于宝安区福永街道宝安国际机场内。

1942年12月25日，广东人民抗日游击总队宝安大队副中队长兼小队长卢耀康、指导员黄密、副指导员王天锡和总队政治部派来中队蹲点的组织干事李国玺，带领两个班的战士，在宝安黄田的珠江大堤上，英勇抗击国民党顽军一八七师一个团和黄文光大队的疯狂夹攻。此战关系着驻在固成基围的总队领导机关的安全。战斗从早晨7时打到下午2时，战士们先后打退顽军六七次冲锋，杀伤顽军100余人。卢耀康、黄密、王天锡和10多名战士相继牺牲，阵地上只剩下李国玺和5名战士。大家立下"宁死不屈，战斗到底"的誓言，子弹和手榴弹全部打光了，便砸烂枪

托，丢掉机枪，撕碎文件埋入泥土，最后在顽军射来的弹雨中倒下。战后部队在大堤后面的芦苇荡里找到了17位勇士的遗体，他们中除卢耀康、黄密、王天锡、李国玺外，还有副小队长梁文波、机枪射手黄发、炊事员叶良，其余均为无名烈士。

黄田阻击战遗址

福永爆破攻坚战遗址

福永爆破攻坚战旧址位于宝安区福永街道。

乌蛟腾会议后，广东人民抗日游击总队按照会议确定的积极主动出击敌人的方针，从1943年初开始，向日、伪军展开全面出击。5月2日，主力队（珠江队）对宝（安）太（平）线上伪军一个重要据点福永展开攻击，取得全歼守敌的胜利。

这是游击总队第一次使用爆破技术的攻坚战。驻守宝安县福永的伪军吴东权部一个中队凭借坚固的炮楼扼守着宝太线，对总队在这一带活动是个很大的威胁。港九大队几经艰苦努力，弄到一批TNT炸药送到总队部。总队部参谋主任周伯明和珠江队大队长彭沃、政治委员卢伟良一起反复试爆并获得成功，于是总队部指示珠江队用爆破技术实施福永攻坚战。5月2日夜，珠江队在周伯明、彭沃、卢伟良率领下从蔗园埔出发直逼福永，利用两次成功的爆破炸毁了敌人炮楼的两道铁门。战斗进行了30分钟，全歼伪军1个连，毙敌连长以下30多人，俘敌副连长以下40多人，缴获轻机枪6挺、长短枪40余支和大批军用物资。珠江队只有1名战士负伤。

福永战斗的胜利有重要意义，它使广东人民抗日游击总队在宝太线夺取了主动权，为大岭山和羊台山两块根据地连成一片起到了积极的作用。同

福永炮楼——福永爆破攻坚战旧址

时，由于首次运用爆破技术的成功，为各部队普遍开展爆破战、地雷战起到了示范作用，使部队在袭击和攻坚相结合的战术上获得突破，有效地提高了作战能力。

旧址炮楼现已不存。

奇袭沙井战场旧址

奇袭沙井战场旧址位于宝安区沙井街道衙边祠堂。

广东人民抗日游击总队珠江队取得福永攻坚战胜利后，于1943年5月26日夜袭沙井。沙井是宝（安）太（平）线上伪军的重要据点，驻有伪军第三十师一一九团约800人，沙井东边约2000米的新桥驻有日军1个中队。经侦察发现，伪军驻衙边祠堂的第一营第一连和团部1个通讯排位置比较突出，易于突袭。于是珠江队彭沃大队长作出"消灭伪军第一连，争取消灭通讯排"的战斗部署，并提出"战术上要用快刀斩乱麻的速战速决打法"，发扬敢于虎口拔牙的勇敢精神。当夜，珠江队从洪田村出发抵达沙井。邱特带领第三小队冒雨迅速接近衙边祠堂，奇袭敌人，全歼伪军一个连。何通带领第一小队也全歼了敌团部通讯排。

奇袭沙井之战，由于计划周密，战术运用得当，指战员机智勇猛，只用了20多分钟便以很小的代价歼灭伪军1个连和1个通讯排，毙伤伪军连长以下30余人，俘敌30余人，缴获各种枪支60多支。

沙井衙边祠堂大门

沙井衙边祠堂内部

沙井衙边祠堂——奇袭沙井战场旧址

素白陈公祠——中共宝安县第一次党员代表会议旧址

中国共产党宝安县第一次党员代表会议旧址位于宝安区松岗街道燕川村107—108号之间素白陈公祠。

1928年2月23日，中共宝安县委在此召开了第一次全县党员代表大会，会议地址原定于公明周家村，后因情况有变，临时改在此祠堂内举行。会议期间，到会党员代表19人，中共广东省委巡视员阮啸垣参加大会并作了政治报告。会上选出了中共宝安县委第三届委员会，选出县委委员9人，候补委员3人。大会结束后召开了第一次常务会。这次大会通过了《提案大纲》，决定重新整顿各级党组织，进一步发展党员；加强宣传工作，创办农民学校、夜校，翻印《红旗》《布尔什维克》等党内刊物及各种宣传品；开展农民运动，成立士兵委员会和工人运动委员会；进行土地革命，开展抗租、抗捐、抗税斗争。1928年4月，县委制订"宝安暴动计划"，提出"建立工农兵贫民苏维埃政府""没收田地归农民"等口号。1928年4月下旬和5月初，在省委直接领导下，县委组织了两次武装暴动。这是深圳党史上光辉的一页。

素白陈公祠始建于清代中期，是燕川村陈素白的后人为纪念其祖先而兴建的分支祠堂，距今已经有近三百年的历史。该祠堂为三开间两进一天井两廊房建筑。主体建筑为砖木结构，清水外墙，大门门面、部分厅柱、墙角下部、檐阶、天井地面以红砂石岩石条为材料。前厅大门内两侧各有一间阁楼。祠堂内墙壁上部装饰有彩色壁画，壁画内容有人物故事、山水景物、珍禽异兽、花卉海草、

中国共产党宝安县第一次党代会会议旧址

中共宝安县第一次党代会会议旧址内部陈列

诗文题记等。前厅屋顶为船型脊，脊上有灰塑图案，内容为海草花卉，背面为海龙、麒麟、奔马、仙鹤、花卉等；后厅屋顶为博古脊，脊上灰塑图案为山水景物、花卉鸟虫等。通面阔11.6米、进深18.4米，占地面积213.44平方米。2000年，深圳市和宝安区文管办投入资金100多万元对其进行维修及设施的完善，同年10月建成并举办了"宝安革命风云"陈列展览。素白陈公祠改建成中国共产党宝安县第一次代表大会纪念馆，2001年6月正式对外开放。整个纪念馆的展览内容共分为五大部分，分别为"中共宝安党组织的建立""工农革命运动的高涨""反对国民党反动派的斗争""中共宝安县第一次党代会""宝安人民的革命武装斗争"，共有50多幅历史图片、20多件实物文物及浮雕和沙盘模型。公祠见证了宝安地区党组织波澜壮阔的革命斗争活动，也是深圳地区尚存不多的历史古建筑之一。2012年12月，被深圳市委公布为深圳市第一批党史教育基地。

　　1999年3月，燕川村素白陈公祠被宝安区人民政府公布为第一批区级文物保护单位。2006年9月，被中共深圳市委公布为深圳市爱国主义教育基地。

东宝行政督导处旧址

　　东宝行政督导处旧址位于宝安区松岗街道燕川村二区20号，分为两个地方，一处在陈氏宗祠，另一处在泽培陈公祠。

　　抗日战争时期，在中国共产党的领导下，深圳地区人民拿起武器，组织抗日武装，开展抗日游击战争，并在斗争中不断发展壮大。为了使人民抗日武装控制的区域成为有武装、有政权、有广大人民群众基础的抗日根据地，东江纵队于1944年7月1日在宝安松岗燕川村建立了广东省第一个县一级抗日民主政权——东宝行政督导处。其成立大会即在陈氏宗祠内召开。东宝行政督导处下设政治、秘书、财经、民政、民运、司法、宣教、税务各科和路西政工队、新大众报社、警卫连等机构，下辖10个行政区。督导处主任谭天度，政权行政机关设立于陈氏宗祠，政权领导机关驻泽培陈公祠。督导处一直运行到1946年6月抗日战争结束后东江纵队北撤。

陈氏宗祠是燕川村陈氏后人祭礼其祖先的总祠。宗祠坐北向南，面阔23.2米，进深38米，高约8米，占地面积881.6平方米。整个建筑祠堂正屋为一直四进（即三井四厅），左、右各有横屋一排，后面一排横跨正厅至两边横屋为后栋，后栋为二层楼，整体布局类似于客家五凤楼带后围垅式形制。

燕川泽培陈公祠为燕川陈姓泽培公房分祠堂。该祠堂为三开间两进一天井（一井两厅），右侧带一横房。通面阔19.02米（其中正厅面阔11.6米），进深20.6米，总面积近400平方米。建筑主体为砖木结构，清水外墙，门面、檐柱、檐阶、墙基、墙角均为花岗岩条石建造。祠堂前为空坪。

2001年，深圳市和宝安区文管办拨出文物专款对陈氏宗祠和泽培陈公祠古建筑进行维修，恢复原东宝行政督导处领导办公旧址原貌，陈氏宗祠作为宝安抗日纪念馆主馆，泽培陈公祠作为宝安抗日纪念馆分馆。

1999年3月，陈氏宗祠和泽培陈公祠被宝安区人民政府公布为第一批区级文物保护单位。2006年9月，陈氏宗祠和泽培陈公祠被中共深圳市委命名为深圳市爱国主义教育基地。

东宝行政督导处旧址内部陈列

陈氏宗祠——东宝行政督导处行政机关驻地旧址

泽培陈公祠内景

泽培陈公祠——东宝行政督导处领导机关驻地旧址

羊台山罗租抗日根据地旧址

羊台山罗租抗日根据地旧址位于宝安区石岩街道罗租社区罗

羊台山罗租抗日根据地旧址

抗战时期的罗租村

租老村，目前保护有两处，一处在老村前的廖氏宗祠旧址，一处在廖氏宗祠后面的罗租小学旧址（现已拆掉重建）。

1940年9月，曾生、王作尧两支人民抗日武装在宝安上下坪召开干部会议，决定由曾生领导的第三大队开赴大岭山区，王作尧领导的第五大队开赴羊台山区（一称"阳台山"）建立抗日根据地。经过艰苦斗争，曾生领导的第三大队建立了以东莞大岭山为中心，包括宝安松岗燕川村、公明李松朗村、楼村在内的大岭山抗日根据地。王作尧率领的第五大队首先在乌石岩（现称"石岩"）羊台山脚下建立了以羊台山为中心的抗日根据地，指挥部设在罗租村。

王作尧率领两个中队分别住在罗租村的两个祠堂内。大岭山与羊台山这两个抗日根据地成为东江抗日根据地的主体。

　　罗租村是一个以客家人为主的小山村，以罗租山岭为依靠，村落环山而建。罗租村民以雇工为主，具有很高的阶级觉悟。最初，王作尧率领的两个中队，分别住在罗租村的两个祠堂内。其中一个中队住在廖氏祠堂内，该祠堂面阔五间（明三暗五），坐北向南，修建于清朝末年。祠堂为单进深，设有塾台和前檐廊，面阔宽20.5米，进深9.5米，建筑面积194.75米，建筑结构为青砖三合土夯筑混合结构，墙角、门框、墙基础使用花岗岩石条砌筑，中间辟两个券拱门，两侧稍间正面各开一个小门，两稍间各有二层阁楼，前面小门之上还开有两个小方形窗户，可以用作射击孔。祠堂前面是一块禾坪开阔地，非常利于防卫。该祠堂在解放后被用作罗租村的生产队办公室，之后把祠堂屋顶拆除加高。现在已经废弃不用，成为危房。

羊台山抗日游击队秘密交通站旧址

　　羊台山抗日游击队秘密交通站旧址位于宝安区石岩街道羊台山山脚龙眼村第一排右侧第二间。旧村拆除修建羊台山登山广场时，交通站旧址也一并被拆除。

龙眼村第一排右侧第二间——羊台山抗日游击队秘密交通站

羊台山地处宝安区石岩、大浪、龙华、民治街道与南山区的交汇处，最高峰为大羊台山，海拔587.1米，有"深圳西部第一峰"之称。1941年年底，日军侵占香港。为了及时抢救被困香港的文化名人，广东人民抗日游击队在此建立了秘密交通站，其中以石岩龙眼村蕉窝山的秘密交通站最大。站长陈东。石岩龙眼交通站是抗日武装在敌占区建立的秘密情报站和抗战物资转运站，转移保护了众多军政、文化名人，传递了大量的情报。

龙眼村石洞——抗日游击队隐蔽处

龙眼村石洞位于宝安区石岩街道龙眼村后约300余米处羊台山南山坡下。

石洞处于两山沟之中结合处，上面三块大石岩覆盖，前面入口处处于石缝之间，石缝十分狭窄，高度不足1米，宽不超过50厘米，仅能容一人侧身弯腰钻进。洞口外面有野生杂草荆棘树木生长，覆盖洞口，因此洞口十分隐蔽。洞内由于自然岩石形成分叉，地面随山势高低不平，最高处不足2米，一般高度1米左右，容积有10多立方米，仅能容10余人藏身。解放前，龙眼村民为躲避山匪，经常隐蔽在此洞中。抗日战争时期，为隐蔽伤病员和躲避日、伪、顽军围剿，当地自卫队、游击队和龙眼村民将抗日军民隐蔽在此，为赢得抗日战争的胜利作出了贡献。

龙眼村石洞

现在，该石洞保存完好。

乌石岩古寺秘密交通站旧址

乌石岩古寺秘密交通站旧址位于宝安区石岩街道石岩社区老街乌石岩山下,俗称"慈石古寺"。

乌石岩古寺

乌石岩古寺庙堂

在抗日战争时期，王作尧领导创建羊台山抗日根据地，乌石岩古寺里的住持是地下党员陈慧清。他利用自己特殊的身份从事地下工作，建立中共地下秘密交通站，凡大年三十就出去卖写有"六畜平安"的字符，以此为掩护来搜集敌人情报。后来，因身份暴露，陈慧清被敌伪军杀害。

与别的寺庙不同的是，乌石岩古寺内供奉的是一块大乌石，是岭南古百越人祭祀山川鬼神的遗迹，其始建的时代非常久远。乌石岩庙屡建屡毁，1985年在此重建。

羊台山营救文化名人蕉窝坑遗址

羊台山营救文化名人蕉窝坑遗址位于宝安区石岩街道龙眼村后羊台山蕉窝坑。

1941年底，日军侵占香港。1942年初，在中共中央、南方局周恩来领导组织下，广东人民抗日游击总队营救出滞留香港的国内著名的新闻、文学、艺术界人士、民主爱国人士、国际友人等800多人，其中有600多人是通过羊台山抗日根据地进行隐蔽和安全转移的。其中，石岩蕉窝坑就是当年接待和隐蔽邹韬奋、茅盾、胡绳、戈宝权、丁聪等文化名人的避难所。丁聪所绘文化名人在山窝间休息的图，就是在石岩的蕉窝坑绘制的。

羊台山营救文化名人的蕉窝坑遗址

庄南烈士墓

庄南烈士墓位于宝安区西乡街道黄麻布村。

庄南（1923—1949），深圳市福田区水围村人，1948年加入中国共产党，同年8月入伍，后任粤赣湘边纵队一支三团五虎连一班班长，1949年在黄麻布金刚山战斗中牺牲，终年26岁。

庄南墓建于1949年，为黄麻布村民纪念庄南烈士而修建。1994年进行维修，2008年由西乡街道办重建。

庄南烈士墓

洪田七烈士墓

洪田七烈士墓位于宝安区沙井街道黄埔社区洪田村。

1944年，设在沙井南洞村一个破庙里的游击队总部遭到敌人的破坏，游击队员20多人被困在火山上七天七夜，后来幸亏几位妇女上山砍柴才从小路突围，5位游击队员牺牲后被安葬在洪田火山。同年12月，游击队奉命攻打沙井。陈培伪军凭借依山傍水坚固工事，负隅顽抗。几天后，游击队从海上敌人背后袭击，取

洪田七烈士墓

得了成功。这次战斗中，游击队员有20多位同志牺牲，其中两名外地籍同志因不知姓名而被安葬到洪田火山。

洪田七烈士墓用花岗岩建造，坐南向北。7名烈士都是从外地转战到此地的东江纵队游击队员，没有留下姓名。牺牲时年纪最大的不过30岁，小的只有15岁，其中一名是指导员，另一名是中队长。

羊台山龙眼村革命烈士墓

羊台山龙眼村革命烈士墓位于宝安区石岩街道浪心社区龙眼

村龙腾路3号右侧。

　　烈士墓是为了纪念在羊台山战斗中光荣牺牲的谢平、周振东等18位烈士，而由群众自筹资金建立的。烈士墓坐南朝北，东西长1.9米，南北长2米，建于1979年4月，1996年10月迁移至龙腾路3号谢氏宗祠右侧。谢平（1926—1942），石岩龙眼山村人，1940年参加抗日游击队地下工作，1942年9月18日在羊台山战斗中牺牲，时为游击队地下工作者。周振东（1893—1941），石岩麻布村人，1939年参加抗日游击队，为第二大队战士，1941年10月在公明楼村就义，时为抗日游击队情报员。

羊台山龙眼村革命烈士墓

马史烈士墓

　　马史烈士墓位于宝安区石岩街道罗租社区罗租岭公园内。

　　马史（1923—1944），又名马裕，惠东县白花镇新墟街向南坊人。1939年，经地下党员陈少英介绍，加入中国共产党。1941年夏，参加广东人民抗日游击队第三大队。1944年12月19日，东江纵队第三支队和第一支队的一部在当地民兵的配合下，向沙井的敌伪据点发动袭击。当时，沙井驻有伪区署及守敌1个连和伪沙井联防大队的2个中队，还有日军特务机关。战斗持续半个多钟头，歼敌数十人。时为第三中队指导员的马史在战斗中率队出击，身先士卒，在跨越障碍物时中弹牺牲。战友们将他葬在石岩罗租岭上。

马史烈士墓于1965年立，坐南朝北，由青砖砌筑，平面呈正方形，边长1.50米，由底座、碑身和攒尖顶组成，碑身有两块碑文，一块书写"马史同志永垂不朽"，一块书写马史个人简历。

马史烈士墓

刁亮烈士墓

刁亮烈士墓位于宝安区石岩街道浪心社区宝源居委会料坑垃圾转运站右侧。

刁亮，惠阳县打禾岗大岭厦人，广东人民抗日游击队珠江大队第一中队长，共产党员，战斗英雄。1943年1月在观澜作战中光荣牺牲。

刁亮烈士墓坐南朝北，偏东20°，呈覆斗状，平面呈长方形，长3.6米，宽1.85米，墓

刁亮烈士墓

前墓碑书写"刁亮同志之墓"。

固戍革命烈士纪念碑

固戍革命烈士纪念碑位于宝安区西乡街道固戍社区后山山顶东北侧。

固戍革命烈士纪念碑原为两广纵队烈士高班长、梁锦余同志之墓，后于1999年修建为纪念碑。纪念碑坐东向西，由碑身、基座和小广场组成，基座高90厘米，宽60厘米，通体高约4.8米。碑面使用棕色大理石砌筑，刻有"革命烈士永垂不朽"字样。碑身使用水磨石米

固戍革命烈士纪念碑

砌筑，地面用水泥铺砌。碑文书："烈士两广纵队高班长、梁锦余同志，原籍山东省人，于一九四九年三月十六日在固戍海面与国民党余匪搏斗壮烈牺牲。"

兴围革命烈士纪念碑

兴围革命烈士纪念碑位于宝安区西乡街道后瑞社区第一工业区兴围路侧。

1942年秋，广东人民抗日游击总队深入宝太线敌后，收复黄田失地。同年12月，南头日、伪军200余人袭击黄田税站，宝安大队第一中队奋起反击，将敌击退。入夜，中队领导人黄密、卢耀

兴围革命烈士纪念碑

康和王天锡率领2个班到黄田基围隐蔽休息。国民党顽军闻讯后出动成千兵力包围黄田。卢耀康率队退守珠江大堤，以寡敌众，自晨至午后，击退顽军多次冲击。因白天退潮，无法从海上撤退，卢耀康小队战斗至弹尽粮绝，17人壮烈牺牲。

兴围革命烈士纪念碑于1987年12月25日黄田战斗45周年由宝安县人民政府重修，纪念碑呈四方锥形，由碑身、基座和小广场组成，基座长约2米、宽约2米，通体高约10米。基座和碑身用花岗岩石砌筑，地面铺砌花岗岩石。碑身镌刻"革命烈士永垂不朽"。纪念碑基座正面为革命烈士纪念碑碑文，背面镌刻"留取丹心照汗青"，两侧镌刻革命烈士芳名和生平事迹简历。

乌石岩革命烈士纪念碑

乌石岩革命烈士纪念碑位于宝安区石岩街道龙腾社区石岩居委会乌石岩庙后石岩成人文化学校校内。

乌石岩革命烈士纪念碑

　　纪念碑坐南朝北，偏西15°，由碑基、碑身组成，碑基、碑身均由花岗岩石条砌筑。碑基雕刻革命烈士简介，碑身正向书"革命烈士之墓"。该革命烈士墓是原宝安县石岩镇政府于1987年5月为纪念朱金玉、王丽、刘忠、李敏、无名氏等5位烈士而修筑的。

　　朱金玉（1922—1942），女，越南华侨，祖籍广东南海。抗日战争爆发后，参加华侨回乡服务团，转道香港到达东江，加入由曾生领导的新编大队从事政治工作。1940年加入中国共产党。同年7月被安排到香港三八女子商店工作，年底回到王作尧第五大队做民运工作，并与时任副大队长的周伯明结为夫妻。1941年春，被派到龙华上水径村开展民运工作，帮群众劳动，教群众文化，宣传抗日救国方针。7月，国民党顽军偷袭洪田村时被捕。敌人将她押到乌石岩墟，囚禁在慈石寺阶梯下的石洞里。国民党军大队长黄文光亲自在太和学校对她进行审讯。朱金玉在敌人严刑拷打下坚贞不屈。敌人一无所获，便将她拖到石岩沙河坝簕竹头下当众枪决。当地群众捐资将她埋葬在石岩上排沙公坳的牛湖窝。

王丽，女，原为泰国华侨工人，广东人民抗日游击队卫生员。1942年5月，王丽为掩护伤员被俘。顽军连长审讯王丽，逼她供出游击队的情况，还答应娶她为小老婆。王丽坚贞不屈，敌人暴跳如雷。王丽趁机冲上前夺枪扣扳机，可惜子弹未上膛。敌人将王丽打得奄奄一息，后将王丽囚禁于乌石岩慈石寺的地下室中。敌人几次对她进行严刑逼问均无所获，最后将王丽吊死在乌石岩村边的一棵大榕树上。

刘忠（1914—1943），男，广东东莞人。1941年参加广东人民抗日游击队，后任副中队长。1942年底至1943年初，国民党顽军黄文光部驻扎在田心村四层高的土炮楼，鱼肉百姓，收取苛捐杂税，人民怨声载道。当时，刘忠所在游击队在上排村活动，和田心村的敌炮楼仅相距500米，决定拔除这个据点。炮楼四周用松椿及铁丝网围着，戒备十分森严，前后左右是居民。经过研究决定，部队派对情况比较熟悉的刘忠执行爆破任务。1943年春的一天，先由情报员秘密疏散炮楼附近群众，以免伤及无辜。晚上，风雨交加，刘忠摸到炮楼底下准备安装炸药包。这时，他发现装炸药时漏掉了导火索，只好返回拿了导火索后迅速地跑向炮楼。当他正接近铁丝网时，一阵电闪雷鸣，楼顶上的敌人发现了他，一排子弹扫射下来，他中弹牺牲了。第二天，战友们将他埋葬在乌石岩山顶。

文物　遗物

福永炮楼攻坚战作战地图，珠江队队长彭沃手绘。原件存坪山东江纵队纪念馆。

福永炮楼攻坚战作战地图

东江纵队缴获的日军物品和相机。原件存坪山东江纵队纪念馆。

东江纵队缴获的日军物品和相机

广东人民抗日游击队东江纵队胸章。原件存广东革命历史博物馆。

广东人民抗日游击队东江纵队胸章（广东革命历史博物馆供图）

东江纵队战士使用的子弹盒。原件存坪山东江纵队纪念馆。

东江纵队战士使用的子弹盒（何图摄影）

东江纵队军医马烈使用过的听诊器、针灸针。原件存坪山东江纵队纪念馆。

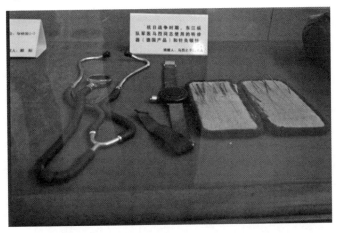

东江纵队军医马烈使用过的听诊器、针灸针（何囡摄影）

东江纵队叶仕云抗日战争时期使用的包袱皮。原件存坪山东江纵队纪念馆。

东江纵队叶仕云抗日战争时期使用的包袱皮（何囡摄影）

解放战争时期，陈枫同志任小队政治服务员时使用的皮挂包。原件存坪山东江纵队纪念馆。

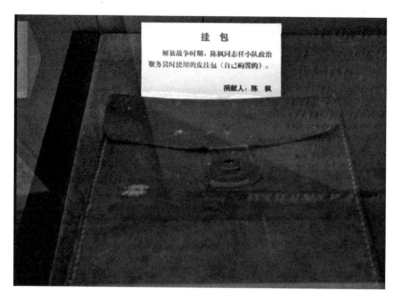

解放战争时期，陈枫同志任小队政治服务员时使用的皮挂包（何图摄影）

惠东宝人民护乡团独立营营长郭际1947年使用的毛毡。原件存坪山东江纵队纪念馆。

惠东宝人民护乡团独立营营长郭际1947年使用的毛毡（何图摄影）

　　解放战争时期，东江第一支队司令员蓝造送给护乡团独立营营长郭际使用的望远镜。原件存坪山东江纵队纪念馆。

解放战争时期，东江第一支队司令员蓝造送给护乡团独立营营长郭际使用的望远镜（何图摄影）

附录四 大事记

（1924—1949）

1924年

8月21日，中共党员黄学增、龙乃武、何友逖以国民党中央农民部特派员身份来到宝安，在发展中共党员、建立党组织、开展农民运动的同时，组织农民自卫军。

年底，黄学增、龙乃武在宝安县四、五区发展了一批党员。

1925年

2月，国民革命军东征。2月13日，奉命东征的黄埔军校学生军进驻龙岗。周恩来率领校政治部部分人员，随后到达宝安县，在平湖、深圳等地军民联欢大会上发表讲话，阐明讨伐陈炯明的意义。

4月26日，宝安县农民协会成立。

6月6日，滇军杨希闵、桂军刘震寰部发动叛乱。宝安、东莞两县农民协会组织临时军事委员会，派出农军配合革命军荡平杨刘叛军残部。

6月19日，省港大罢工爆发。中共广东特委在深圳设立香港罢工工人接待站。

7月9日，省港罢工委员会发出封锁香港的通告。广东省农民协会派郑奭南以省港罢工委员会特派员身份到宝安县，组织农军配合陆海军大元帅府铁甲车队和工人纠察队封锁香港。

7月中旬，中共宝安县支部成立，黄学增任书记。

7月23日，省港罢工工人纠察队第三大队第九支队进驻宝安县，沿沙头角至沙头边境60里范围之水陆要冲布防，封锁香港。随即，陆海军大元帅府铁甲车队100多人，由队长周士第、党代表廖乾五率领，进驻深圳之蔡屋围、沙头角、莲塘、罗坊、黄贝岭、福田、新村、南头等处，协同工人纠察队和农民自卫军封锁香港。

是年，宝安县农民协会组建农民自卫军模范队，军营设于南头郑氏宗祠。省农民协会派来3名黄埔军校学生帮助军事训练，共办两期，训练100多人。

1926年

2月，平湖山厦村农民协会成立，并建立有120多人的农军，装备有步枪20多支、炮4门和几支手枪。

3月，各区党组织负责人会议召开，决定撤销县党支部，建立中共宝安县党部，推选龙乃武为县党部负责人。

1927年

1月，宝安县总工会成立，下辖11个基层工会。

6月，中共宝安县党部改组，产生中共宝安县第一届委员会，郑奭南任县委书记。要求各区农军实行"坚壁清野"，进行秘密活动。同时整顿农军，准备武装斗争。

11月，中共广东省委召开东莞、宝安两县党领导人联席会议，决定共同组织东宝两县工农革命军，并立即成立东宝工农革命军总指挥部。会后，宝安县委决定改编农军，作为工农革命军的基本队伍，随时准备起义。

12月上旬，中共宝安县委调整，产生第二届委员会，刘伯刚任县委书记。

12月14日，宝安举行第一次工农武装暴动。县委组织工农革命军2 000多人，武装配合广州起义，攻打深圳镇和宝安县城南头。

1928年

2月23日，中共宝安县委在燕川村召开全县党代表大会，选举产生第三届委员会，郑奭南代理县委书记。会上，中共广东省委巡视员阮峙垣总结第一次暴动的经验教训。

4月上旬，中共宝安县委根据广东省委指示，开始制定暴动计划，决定组织第二次暴动，并明确暴动的任务是：响应东江各县暴动，实行土地革命，建立"苏维埃的宝安"。

4月19日，广东省委派黄学增到宝安指挥暴动。4月29日，宝安县农会集中各乡农民武装包围迳背，毙敌4人、伤敌2人。宝安县委本来决定集中全县农民武装，进一步扩大暴动成果。后因各乡负责人动摇，暴动未能按计划完成。

5月初，中共宝安县委决定举行第三次暴动。上旬，暴动在第五区发起，因被国民党军队、民团包围于新围，遂退至东宝边，与东莞部分武装联合，进行游击战争。

5月下旬，东莞、宝安两县工农武装负责人周满、周光赤各率部进入东宝交界之东山，在东山庙举行联席会议，按红军制度进行整编；决定以东山为中心，扩大红军和赤卫队，向东宝乡村发展，深入开展土地革命。但在国民党残酷"围剿"下，部队粮草、武器缺乏，武装斗争被迫停止，人员被疏散到香港。宝安县的武装革命斗争从此处于低潮。

1931年

12月，因叛徒出卖，宝安党组织和皇岗交通站遭到严重破坏，交通线中断。

1935年

冬，大鹏半岛坝岗进步知识青年黄闻、蓝造等成立"海岸读书会"，开展抗日救亡活动。

1936年

1月，坑梓进步知识青年黄达、黄云鹏、黄秉等分别成立"坑梓生活读书会""新桥围生活会"，开展抗日救亡活动。

12月，中共南方临时工作委员会（简称南临委）派共产党员梁金生、张权衡到宝安草埔小学，以教书作掩护，开展抗日救亡活动。

1937年

2月，中共香港海员工作委员会组织部长曾生介绍共产党员陈铭炎、傅觉民等到坪山小学和大井育贤小学，以教书作掩护，开展抗日救亡活动。

6月，中共南临委派遣共产党员吴燕宾、张伟烈、何柏华（女）到草埔，协助梁金生工作。

8月，坝岗黄闻等进步青年，成立"海岸流动话剧团"，在大鹏半岛各地进行抗日宣传演出。

8月，梁金生等创办草埔民族中学，成立党支部（直属南临委领导），以民族中学学生和草埔青年农民，组建宝安县第一支民众抗日自卫队；并组织抗日宣传队，到深圳、布吉、龙华、黄贝岭等地宣传抗日救国。

11月，中共广州市工委派遣王启光带领10多人，以救亡呼声社国防前线工作队的名义，到南头、西乡、乌石岩、沙井、黄松岗、龙华、深圳等地，开展抗日救亡活动。

12月，中共广州外县工委派遣刘向东、黄木芬带领10多人，以抗战教育实践社流动工作团名义，到观澜、天堂围等地，开展抗日救亡活动。

1938年

1月，梁金生任宝安县立第一初级中学校长，开展党的秘密活动，恢复宝安县党组织。

1月，黄木芬等在开明绅士吴盛堂、曾鸿文支持下，在观澜、龙华征集民间枪支，组织抗日自卫队等形式的民众抗日自卫武装。

1月，中共香港海员工委派遣严尚民、叶锋、刘宣带领香港惠阳青年回乡救亡工作团18人，回到惠宝沿海地区，在淡水、坪山、坑梓、葵涌、大鹏等地，开展抗日救亡活动。

5月，蓝造等进步青年，组建坝岗抗日自卫队；谢坚在观澜章阁村、库坑村分别组织了30到100余人的自卫队。

8月，中共深圳总支部成立，书记黄庄平。

10月14日，八路军驻香港办事处主任廖承志召集中共香港海员工委书记曾生和中共香港市委组织部长周伯明及香港区委书记谢鹤筹等开会，主张回东江开展抗日游击战争。10月24日，曾生等带领共产党员、进步青年60多人，从香港回到坪山。随后，中共香港海员工委和九龙区委又动员68人回到坪山。

10月30日，中共惠宝工委在坪山羊母嶂村成立，书记曾生，隶属东南特委。

10月，中共东莞中心县委决定，在宝安观澜章阁村成立县一级领导机构中共东宝边区工作委员会，张广业任书记，黄高阳和黄木芬为委员，负责宝安县及铁路沿线地区的对敌斗争工作。

12月2日，有100多人的惠宝人民抗日游击总队在惠阳县周田村成立，总队长曾生，政治委员周伯明，副队长兼参谋长郑晋（郑天保）。

12月中旬，东宝惠边人民抗日游击队第一、第二大队于章阁村成立，共200多人，黄木芬、蔡子培分别任大队长。

12月下旬，中共东宝县委在宝安县观澜白花洞村成立。

1939年

1月1日，中共东南特委决定，东宝惠边人民抗日游击队第一大队和东莞抗日模范壮丁队40多人，在东莞县苦草洞村整编为东宝惠边人民抗日游击大队，大队长王作尧，政训员何与成，总支书记黄高阳。

3月开始，南洋各地爱国青年，由爱国侨领资助组队，先后回到坪山参加曾生部队；其中有文森队、吉隆坡队、两才队、暹罗队、安南华侨青年国防话剧团宣传队等。

4月，王作尧部队取得国民党当局给予的番号第四战区第四游击纵队直属第二大队，简称"第二大队"。

4月，中共东南特委将阮海天带领的增城抗日武装100多人枪，调到宝安编为第二大队第三中队。至此，大队下辖2个中队，200多人枪，以乌石岩、龙华为基地，在宝太线和宝深线开展抗日游击战争。

5月，曾生部队取得国民党当局给予的番号第四战区第三游击纵队新编大队（简称"新编大队"），大队长曾生，下辖3个中队、1个特务队、1个民运队和1个医务所，以坪山为基地，在惠宝沿海、沙头角、深圳、横岗、龙岗等地开展抗日游击战争。

5月，中共中央派延安警备区参谋长梁鸿钧，并从中共中央南方局调卢伟良，到坪山加强东江地区抗日游击战争的领导。

5月，中共东江军事委员会在坪山成立，统一领导曾、王两部，书记梁广，梁鸿钧负责军事指挥，委员有尹林平、曾生、王作尧、何与成。

8月上旬，第二大队摧毁宝深线大涌桥，破坏日军通信设施，迫使日军龟缩于孤立据点。

8月13日，日军第十八师团重占宝安，国民党守军一五三师、一五九师溃败，宝安大部沦陷。

9月，中共中央派李振亚、中共广东省委派邬强到坪山，主持省委举办的游击训练班，培训了近百名军事骨干。

12月1日，第二大队收复宝安县城南头，是广东抗日战争以后首次收复县城。

1940年

2月底，地方党给东江军委送来"国民党顽固派加紧进攻坪山、乌石岩部署"的确切情报。

3月1日，东江军委在坪山竹园村召开紧急会议，研究对付国民党顽固派军队的军事进攻，决定曾、王两部东移海陆丰；李振亚、邬强分别担任东江军委正副参谋长。

3月至5月，曾、王两部在东移过程中，遭到顽军尾追、堵截，损失惨重，武装人员剩下100多人（曾部70多人，王部30多人）。后获悉中共中央指示，重返东惠宝地区。

6月，中共广东省委在南雄召开省委扩大会议，决定将东江人民抗日武装和惠阳、东莞、宝安党组织移交东江特委领导，东江特委书记尹林平兼东江两支人民抗日武装的政委。

8月，中共东江前线特别委员会（简称"前东特委"）成立，尹林平任书记，以加强党对抗日武装工作的领导。

9月中旬，中共前东特委书记尹林平在上下坪村召开干部会议（史称上下坪会议），总结东移经验教训，确定深入敌后打击日寇、积极开展独立自主的游击战争、建立敌后根据地的方针。根据独立自主的原则，将部队番号改称为广东人民抗日游击队，整编为第三和第五大队。曾生、王作尧分任两个大队大队长，尹林平任政治委员，梁鸿钧负责军事指挥，在惠东宝敌后开展抗日游击战争。

10月，第五大队根据上下坪会议确定的方针，在宝安开拓以羊台山为中心的抗日根据地。

1941年

1月，宝安抗日自卫总队成立，曾鸿文任总指挥，下辖8个中队，有兵员600多人。

3月，第五大队副大队长周伯明率领20多人的小分队挺进坪山、龙岗等地区活动，在老大坑多次击退进犯的日军小分队；领导惠阳短枪队、长枪队和茜坑、马鞍岭、塘埔抗日自卫队的抗日工作，开拓坪山抗日游击基地。

5月，羊台山根据地建立第一个抗日民主政权，布吉、民治、龙华、石岩等乡成立民主政府并设立联乡办事处，陈坤任主任。

6月17日，驻南头日军开始"扫荡"羊台山抗日根据地，到9月间，先后8次进犯，共出动2 000多人次。王作尧、周伯明指挥第五大队和抗日自卫队，在油松、望天湖、水黄田、牛地埔、板田等地，组织伏击战、阻击战、麻雀战，共毙伤日军100多人，取得反"扫荡"的胜利。

12月9日，第五大队派出武工队，由周伯明、曾鸿文率领，紧随日军之后进入"新界"、元朗、鹿颈一带。

12月11日，第三大队和惠阳短枪队抽调30多人，与茜坑马鞍岭抗日自卫队一部，组成一支武工队，由蔡国梁、黄冠芳率领，进入西贡半岛清剿土匪，收集英军遗留武器，发动群众组织抗日自卫队。

1942年

1月，广东人民抗日游击队根据八路军驻香港办事处主任廖承志转达的中共中央南方局的指示，配合香港地下党，经两个多月紧张斗争，营救出被困在香港的何香凝、茅盾、邹韬奋、夏衍、胡绳等爱国民主人士、文化界精英和各界人士共800多人，这些人士大部分经龙华白石龙、坪山田心中心接待站、惠东等地，转往大后方。

1月下旬，中共南方工作委员会副书记张文彬在宝安白石龙主持召开干部会议（史称白石龙会议），总结部队3年来对敌斗争经验，决定成立东江军政委员会和广东人民抗日游击总队。

2月，港九大队在西贡半岛成立。

3月，宝安大队在羊台山抗日根据地成立，配合主力第五大队作战。

4月14日，顽军共3 000多人，重点进攻羊台山抗日根据地，占领龙华、乌石岩等地。17日，顽军出动1 500多人，向羊台山纵深蕉窝村进犯，第五大队第三中队毙伤顽军数十人后突围，44名指战员阵亡。19日，顽军向白石龙总队部进攻，第一中队在樟坑阻击顽军，20多名指战员阵亡。东江抗战进入日、伪、顽军夹击的艰苦时期。

8月24日，第五大队整编，改称"珠江队"。

秋，港九大队海上小队在西贡半岛龙船湾成立，1943年秋扩编为海上中队。

12月24日至25日，黄田战斗。激战整日，顽军伤亡100多人，第一中队政治指导员黄密、副中队长卢耀康等17名指战员阵亡。

1943年

1月，中共广东省临时委员会在土洋村成立，统一领导广东各地党组织和全省抗日游击战争。

2月下旬，中共广东省临委和东江军政委员会，在"新界"乌蛟腾石水涧村召开联席会议（史称乌蛟腾会议）。会议确定了坚决进行反顽斗争和积极主动打击日、伪军的方针。

5月2日，珠江队第一次使用爆破技术，攻克宝太线上伪军重要据点——福永，全歼伪军吴东权部1个连。宝安大队又突袭固成伪军据点，全歼伪警察中队。

7月中旬，独立中队在大鹏半岛枫木浪村，扩建为护航大队，下辖2个陆上中队和1个独立小队、短枪队，2个海上中队，200多人。执行挺进稔平半岛任务，以第一中队进入巽寮地区，发动群众建立抗日自卫队；以海上部队进入大亚湾，在坝岗、巽寮等地建立海上基地。

8月24日，新华社在《解放日报》上发表《国共两党抗战成绩的比较》和《中国共产党抗击的全部伪军概况》，第一次向全国和全世界宣布广九铁路地区有中国共产党领导的抗日游击队在抗击日军。

10月4日，防守羊台山抗日根据地的宝安大队粉碎了国民党顽军独九旅陈智伯营（由朗口出发）、直属特务中队（由天堂围沿铁路出发）、黄文光两个中队（由大船坑出发向乌石岩进攻）的三路进攻，游击队牺牲战士一名，顽军伤亡20多人。

10月11日，珠江队并指挥宝安大队、钢铁队（港九大队长枪队），突袭塘头厦火车站徐东来支队通信机关，歼其副支队长以下30多人。至此，顽军对羊台山抗日根据地的重点进攻被粉碎，一八七师退走，根据地被占地区全部收复。

12月2日，广东人民抗日游击队东江纵队在葵涌土洋村宣告成立并发表《东江纵队成立宣言》。纵队下辖7个大队，共3 000多人。

12月4日，宝安日军出动500多人，分两路"扫荡"羊台山抗日根据地，王作尧指挥珠江队、宝安大队和抗日自卫队，在大水坑、青湖等地伏击、阻击日军。5日，日军由乌石岩向黄麻埔一带进犯，宝安大队于水黄田伏击，两天共毙、伤日军50多人。

1944年

1月，东纵成立后，纵队领导机关和中共广东省临委、东江军政委员会领导机关，驻在惠宝边土洋、坪山周围和大鹏半岛等地，坪山抗日根据地成为领导东江和广东抗日游击战争的中心地区。

2月28日，宝安大队在沙井衙边全歼伪军麦浩部一个小队，并迫使护沙队一个中队投诚。

4月6日，宝安大队再袭沙井，全歼伪军麦浩部。

5月26日，美军十四航空队轰炸大亚湾日军运输舰，1架B-25型轰炸机被日军炮火击中，5名飞行人员跳伞降落附近海面，被护航大队叶昌中队救起，转送大后方。

7月1日，东江抗日军政干部学校在大鹏城东山寺成立。

7月24日，宝安大队再袭沙井伪军，毙伤400多人。

8月16日，宝安大队全歼固戍伪联防中队。

8月，中共广东省临委和军政委员会在土洋村召开联席会议（史称土洋会议），作出向北、向东、向西发展全省抗日游击战争和成立支队一级建制等重要决议。

8月28日，护航大队奇袭暗街（今港口），全歼伪"中国海军粤东警备司令部陆战队第三大队"。9月再袭平海，全歼伪盐警中队。稔平半岛抗日游击基地开始形成。

9月，东纵根据土洋会议决定对部队进行整编，建立支队建制。在路西，以东莞大队、宝安大队、第三大队为基础，组建第一支队；在路东，以惠阳大队、惠阳自卫大队、铁东大队、独立第三中队为基础，组建第二支队；以第五大队为基础，抽调其他部队，建立超地区作战的第三支队；同时和农工民主党和国民党退伍团长陈友芳协商，以独立第四大队（原护航大队）、大鹏联防大队、澳万乡抗日自卫大队，合编为中共领导的、统一战线形式的"大亚湾人民抗日自卫总队"。

10月7日，美军第十四航空队派欧戴义到坪山地区东纵司令部，要求合作建立情报站。经中央军委批准，从1944年12月至1945年7月，东纵向美方提供了香港日军重要目标和东江日军部署等重要情报。

12月2日，坪山、龙华33 000多人，分别举行庆祝东纵成立一周年集会。各区开展参军、劳军运动，其中宝安黄田群众捐赠棉衣100件。

1945年

1月1日，宝安县二区成立民兵大队；坪山、土洋、葵涌、坑梓、横岗等村成立脱产的自卫大队。

3月9日，在华美军司令部派出海军上尉甘兹，率工作组到坪山地区，要求东纵司令部协助到大亚湾沿海进行测量工作，准备盟军登陆作战资料。

8月10日，日本政府向同盟国发出乞降照会。朱德总司令命令各解放区抗日武装，向附近城镇日、伪军发出通牒，限期投降缴械。8月11日，东纵向部队发出紧急命令，动员全体军民，包围附近敌伪据点，解除敌伪武装。宝安大队接到命令后，动员羊台山抗日根据地抗日自卫队、常备队和人民群众，包围宝太线和宝深线敌伪据点，进行迫降。

8月15日，日本宣布无条件投降。8月19日，宝安大队收复西乡、固戍，迫使伪军2个连投降。8月20日，东纵一支队宝深线特派室率领抗日自卫队进入深圳墟，接受伪区署和伪警投降，收缴各种枪300多支。同时改深圳镇为特别市，郑珠明任市长。8月23日，东纵第二支队光复沙头角、平湖。8月30日，东纵第一支队接受南头城日军和伪联防大队投降，收缴各种枪600多支。至此，深圳地区全境光复。

9月中旬，尹林平率领中共广东区党委和东纵领导机关由罗浮山冲虚观转到坪山地区，与前期到达的曾生会合，接连召开干部会议，讨论和决定反击国民党军进攻和执行中央军委"分散坚持斗争"的部署。

9月，东纵江南（惠东宝地区）指挥部在坪山地区成立，下辖第一支队、第七支队、第六团（由第二支队为基础编成）。

12月12日，国民党新一军、新六军、五十四军第三十六师、六十三军第一五三师、第一五四师及徐东来支队等部，大举进攻东纵江南解放区，江南地区全面内战开始。

本月，在国民党军大规模进攻的情况下，曾生、尹林平在大鹏半岛、西贡等地区，坚持对粤北、江南、江北、东进各部队的指挥。江南指挥部实施分散部署，指挥员卢伟如、政治委员黄宇率第一支队、第七支队各一部和第六团、警卫营在内线（惠东宝老区）坚持斗争；设立"热河"指挥部，由副指挥员兼参谋长高健、政治部主任黄高阳率第一、第七支队各一个大队和港九大队一个中队转到外线（惠阳、紫金边），分散坚持斗争。

1946年

1月10日，国共双方签订《关于停止国内军事冲突办法》的协议，双方同时下达"1月13日午夜生效"的停火命令。

1月25日，军调处执行部第八小组到达广州。该组由国民党代表黄伟勤少校，中共代表方方少将，美国代表米勒上校等组成。2月7日，方方致电军调处执行部，呼吁制止国民党军对东江解放区和东纵的进攻。

2月20日，第八小组到达樟木头，转赴淡水视察，由于国民党军的阻挠，无法与东纵部队接触，于22日返回广州。

3月9日，东纵政治委员尹林平由香港飞抵重庆。11日，按照周恩来的安排，举行记者招待会，介绍中共领导的华南抗日纵队发展概况及八年抗日战绩，揭露国民党当局发动内战、否认广东有中共武装存在、阻挠第八小组开展工作的事实。

3月27日，三人委员会在重庆开会，国民党广州行营主任张发奎上将、东纵政治委员尹林平少将等与会。经过谈判斗争，张发奎不得不承认广东有中共武装部队存在，并签订了东江纵队北撤烟台的协定。

3月31日，重庆三人委员会军事代表团（中共代表廖承志、国民党代表皮宗阚上校、美国代表柯夷上校）到广州，会同第八小组与国民党广东军事当局谈判东纵北撤的具体措施。张发奎、尹林平同机到达广州。

4月2日，重庆三人委员会军事代表团和第八小组，与中共武装人员代表尹林平少将、国民党广州行营代表王衡少将在广州沙面举行联席会议，达成联合会议决议。

4月4日，东纵司令员曾生以华南武装人员代表身份，于当日下午和尹林平等，由九龙乘火车到达广州，参加东纵北撤具体细则谈判。

4月8日，第八小组与国民党代表王衡少将、中共代表曾生少将和尹林平少将，就东纵各地部队集中地点、国共军事分界线、行军路线、使用的通信工具等问题达成初步协议，并发表了第八小组第一号公报。

6月23日，东纵分散在东江和北江两岸、粤北、湘南、赣南39个县的部队3 174人，冲破国民党军的重重障碍，集中于葵涌地区。随东纵北撤的珠江纵队、韩江纵队等部北撤人员，也相继秘密到达葵涌集中。

6月30日，以东江纵队为主的2 583人，在沙鱼涌登船北撤山东烟台。东纵北撤后，在宝安坪山保留了余清小分队12人、12支枪。

8月23日，中共广东区党委号召在广东坚持斗争的共产党员和武装人员，"以坚强的必胜信心，毫不松懈地坚决斗争下去"。

11月27日，中共广东区党委作出"恢复武装斗争"的决定。

1947年

年初，广东区党委在香港召开各地党组织负责人会议，传达中共中央关于开展南方游击战争的指示，讨论如何尽快开展广东武装斗争。

2月下旬，中共江南工委在坪山建立"惠东宝人民护乡团"，下辖3个大队，其中第二、第三大队活动在东宝边和惠宝边地区。

冬，从1947年初重建武装开始，深圳地区各地即相继组建武工队。至此，在路东地区（现龙岗区）先后组建了坪山队、大鹏队、定南队、沙湾队、盐田队、龙岗队、横岗队、坑梓队、坪地队等；在路西地区（现宝安区）先后组建了布吉队、龙华队、乌石岩队、平湖队、观澜队、民治队、公明队、新桥队、沙头队等。武工队担负宣传、发动、组织武装群众的工作，开辟新区，杀敌锄奸，筹措粮款，输送兵员，摧毁国民党基层反动政权，建立人民乡村政权，配合主力部队作战。

1948年

2月，中共江南地委在坪山成立。

3月，护乡团整编为"广东人民解放军江南支队"，司令员蓝造，政委王鲁明，参谋长曾建，政治部主任刘宣，下辖5个团，第一、第二、第三团战斗在惠东宝地区。

3月，国民党广东当局发动第一期"清剿"，在江南地区以当地驻军第一五四旅、虎门守备总队、保安第八团和地方团队进行策应性进攻。江南支队与地方武工队配合，粉碎了国民党军的"清剿"计划。

6月下旬，国民党广东当局发动第二期"清剿"。7月初，集中7个团的兵力，重点进攻江南地区，准备从东、西、北三面合击江南支队于坪山地区。7月16日，江南支队先发制人，主动向驻沙鱼涌的国民党军出击，全歼1个营，解除了南面威胁，打乱国民党军"清剿"部署。7月23日，江南支队于横岗山子下伏击向坪山推进的国民党军，歼1个营，击溃2个连。8月3日，江南支队于龙岗西北红花岭阻击国民党军的进攻，打退13次冲锋，国民党军队死伤300余人。9月下旬，江南支队在红花岭战斗后，积极出击，在龙华、镇隆、梅塘等地歼国民党军数百人。至此，国民党军的第二期"清剿"失败。江南支队共歼灭国民党军1 500多人，缴获八二迫击炮和六〇炮8门、轻重机枪31挺、长短枪700多支。

1949年

1月1日，"中国人民解放军粤赣湘边纵队"宣告成立，尹林平任司令员兼政治委员。江南支队改称"粤赣湘边纵队东江第一支队"，原支队主要领导人不变，增加副政治委员祁烽。下辖8个团和2个独立营。

8月下旬，撤销中共宝安县地方委员会，成立中共宝安县委、县政府，驻乌石岩泥岗村，黄永光任县委书记兼县长。

8月底，宝安县地方武装大队——县大队成立，归县人民政府领导，下辖3个连。同时成立宝深军事管制委员会，刘汝琛任主任。

9月上旬，宝安成立以周吉为主任的宝安县支前委员会并筹粮10万担。

10月1日，中华人民共和国宣告成立。参加广东战役的中国人民解放军南下大军进入广东省境内，两广纵队从江西省定南县进入和平县。边纵东江第一支队第二、三、八团于大鹏王母墟会师。

10月19日，宝深军事管制委员会接收国民党地方政权——深圳镇公所。

同日，驻深圳国民党税警团和护路大队共1 500多人宣布起义并开赴石龙整编。

10月20日，中共宝安县委、县政府随军队进驻南头，接管宝安县政权。

10月30日，深圳镇和3个联乡办事处、10个乡人民政府成立。

12月，中共宝安县委改隶东江地委领导。

主要资料来源及主要参考文献

公开出版

1．广东省档案馆编：《东江纵队史料》，广东人民出版社，1984年。

2．中共惠州市委党史办公室编：《粤赣湘边纵队史》，广东人民出版社，1989年。

3．曾生：《曾生回忆录》，解放军出版社，1992年。

4．中共广东省委党史研究室编：《广东工农武装起义》，广东人民出版社，1991年。

5．王国梁：《大营救》，花城出版社，2014年。

6．深圳市史志办公室：《中国共产党深圳历史》修订本，中共党史出版社，2012年。

7．宝安区档案局（馆）、宝安区史志办公室编著：《中共宝安地方史大事记》，中国社会出版社，2003年。

8．宝安区史志办编：《中共宝安人物传》，中国文联出版社，2004年。

9．中共宝安县委党史办公室编：《回顾东纵电台工作》，广东人民出版社，1989年。

10．中共宝安县委党史办公室编：《回顾东纵统战工作》，广东人民出版社，1989年。

11. 中共宝安县委党史办公室编：《回顾东纵交通工作》，广东人民出版社，1987年。

12. 中共宝安县委党史办公室编：《回顾东纵卫生工作》，广东人民出版社，1987年。

13. 中共宝安县委党史办公室编：《大鹏忠魂——宝安革命烈士传》，广东人民出版社，1989年。

14. 钟紫：《风雨忆同舟》，广东人民出版社，1987年。

15. 宝安县地方志编纂委员会编：《宝安县志》，广东人民出版社，1997年。

16. 宝安区志编纂委员会编：《深圳市宝安区志》，方志出版社，2012年。

17. 陈秉安：《大逃港》，广东人民出版社，2016年。

18. 深圳市宝安区文体旅游局编：《宝安历史文选·近现代文献辑要》，中州古籍出版社，2017年。

19. 深圳市宝安区羊台山文史研究会编：《东纵风云》（羊台山文史研究会系列丛书之五），中国图书文献出版社，2010年。

20. 深圳市宝安区羊台山文史研究会编：《龙华风雷——羊台山革命根据地斗争纪实》（羊台山文史研究会系列丛书之四），中国图书文献出版社，2009年。

21. 相关各年度《宝安年鉴》，不逐一列出。

22. 宝安区档案馆、宝安区史志办合编：《激荡30年——我们的宝安》，海天出版社，2010年。

23. 深圳市史志办公室编：《广东省革命遗址通览·深圳市》，广东人民出版社，2013年。

档案、档案编研资料、内刊、内部使用资料、无全国书号书籍、陈列类

1．宝安区档案馆藏相关档案及编研资料。

2．《深圳党史资料汇编》1—4辑，中共深圳市委党史办公室编。

3．《宝安区军事志资料长编》1—3，宝安区军事志编纂小组编。

4．《两广纵队史料》，广东省人民武装斗争史编纂委员会办公室、中共宝安县委党史办公室合编。

5．李征：《东纵回忆录》。

6．相关各期《宝安史志通讯》，宝安区档案馆、宝安区史志办主办。

7．《宝安人民抗日斗争纪事》，宝安区档案局（馆）、宝安区史志办编。

8．《回眸千年宝安》、《宝安区纪念中国人民抗日战争胜利60周年》、《光荣的宝安——宝安区纪念中国共产党成立八十周年》图片集，宝安区档案局（馆）、宝安区史志办编。

9．周肇仁：《宝安边境斗争纪事》。

10．东江纵队纪念馆有关陈列品。

后记

　　《深圳市宝安革命老区发展史》的编著工作，由中共宝安区委领导，宝安区史志办（宝安区档案馆）承担编著任务。

　　接受编著任务后，区史志办（档案馆）领导，包括前任分管领导王国丰同志、现任馆长黄慧锋同志、吴晓涛同志等，给予了高度重视、全力支持。具体编著工作由申晨同志负责统筹、组建写作班子；何囡同志负责工作协调，并承担部分摄影和资料征集与提供任务；简慧霞同志负责协助资料征集工作及部分具体联络工作；档案馆其他同志均大力为此书的编辑工作提供协助与方便。可以说，这部书的编著，是史志办（档案馆）集体智慧和劳动的结晶。

　　本书在编著过程中，经过初审、分送有关专家审读、复审、终审后，综合吸收所有领导和专家及广东省老区建设促进会的意见，五易其稿。

　　特别需要鸣谢的是：

　　广东省史志专家侯月祥、叶文益同志，认真审读，在提出宝贵意见的基础上字斟句酌地修改书稿，从史实、行文等多方面把关，对本书的修改发挥了重要作用；

　　深圳市史志办王地久副主任、毛剑峰处长、傅曾阳与市委党校王定毅博士、区委党校胡晓地教授等同志，从提高政治站位、体例、部分史实的表述方式、部分内容的详略等多方面严格把关，为提高本书的质量起到了关键作用；

宝安区孙明、程建、张建利等专家在本书初审过程中，从史实订正、笔误、行文等各方面提供了宝贵的修改意见，等等。

由于编著者水平所限，缺点和错误在所难免，恳请读者不吝指正。

宝安县革命老区发展史编委会
2019年12月